中国式现代化：

德阳发展战略及路径

中共德阳市委党校◎著

西南财经大学出版社

中国·成都

图书在版编目(CIP)数据

中国式现代化:德阳发展战略及路径/中共德阳市委党校著.—成都:
西南财经大学出版社,2024.4
ISBN 978-7-5504-6151-2

Ⅰ.①中… Ⅱ.①中… Ⅲ.①现代化建设—研究—德阳
Ⅳ.①D677.13

中国国家版本馆 CIP 数据核字(2024)第 073959 号

中国式现代化:德阳发展战略及路径
ZHONGGUOSHI XIANDAIHUA:DEYANG FAZHAN ZHANLÜE JI LUJING
中共德阳市委党校　著

策划编辑:高小田
责任编辑:高小田
责任校对:王青杰
封面设计:墨创文化
责任印制:朱曼丽

出版发行	西南财经大学出版社(四川省成都市光华村街55号)
网　　址	http://cbs.swufe.edu.cn
电子邮件	bookcj@swufe.edu.cn
邮政编码	610074
电　　话	028-87353785
照　　排	四川胜翔数码印务设计有限公司
印　　刷	郫县犀浦印刷厂
成品尺寸	170 mm×240 mm
印　　张	18.25
字　　数	361 千字
版　　次	2024 年 4 月第 1 版
印　　次	2024 年 4 月第 1 次印刷
书　　号	ISBN 978-7-5504-6151-2
定　　价	79.80 元

前　言

党的二十大报告对中国式现代化的一系列重大理论和实践问题作了全面、系统、深入的阐述，是习近平新时代中国特色社会主义思想的最新成果，是新时代新征程推进中国式现代化的行动指南。中国式现代化的推进路径涉及国家、省域、市域三个层面，中央关于推进中国式现代化的战略目标方针、省域关于推进中国式现代化的战略规划要求、市域对国家及省推进中国式现代化战略方针的贯彻落实共同交织聚合成现代化的实现过程。作为市域层面的现代化承载个体，德阳面临着推进中国式现代化的时代使命与推进自身现代化的战略任务。目前是国家及省重大战略叠加和自身发展势能增强的历史交汇期，机遇和挑战并存，德阳市锚定"四大目标"，实施"五大战略"，强化"五大专班"，突出"六大抓手"，明确了以中国式现代化引领德阳现代化建设的战略路径。本书总揽全局、抓纲带目，从中国式现代化的本质要求出发，由总任务再到全面落实德阳现代化建设"五大战略"总牵引，从理论中来，到实践中去，层层递进，深刻梳理，努力在德阳现代化建设的谋篇布局中形成可复制、可推广、可借鉴的经验，以期将现代化建设德阳篇章的涓涓细流汇聚成实现中华民族伟大复兴的磅礴力量。

本书著作委员会由中共德阳市委党校副校长潘宗保任主任，中共德阳市委党校常务副校长李伟、副校长韩贵英以及科研科科长杨千玲任副主任。周世学、陈池明两位老师参与了本书的框架拟定和统稿工作，朱颖秋、何勇、刘丹、柯萍、刘洪斌、曹敏、杜静静等老师参与了本书编撰过程中的组织统筹和统稿工作，在此对以上人员表示由衷的感谢！本书的编写安排如下：第一章、第二章由潘宗保编写；第三章由鞠谦编写；第四章由廖珂编写；第五章由朱颖秋编写；第六章由彭柳编写；第七章由苏亮编写；第八章由李好编写；第九章由殷君霞编写；第十章由何勇编写；第十一章由倪婷编写；第十二章由杨千玲编写；第十三章由刘丹编写；第十四章由李佳悦编写；第十五章由罗磊编写；第十六章由张剑南编写；第十七章由罗正祥、张华溢编写；第十八章由范婧编写；第十九章由张英娜编写；第二十章由杜静静编写；第二十一章由张清良、柯萍编写；第二十二章由杨秀平编写；第二十三章由蒋华编写；第二十四章由李勇编写；第二十五章由曲卫玲编写；第二十六章由刘洪斌编写；第二十七章由郑洁予编写；第二十八章由刘晓毅编写；第二十九章由常迎英编写。

本书的编写得到了德阳市市级及县市区各部门特别是德阳市委政策研究室、德阳市协同发展局、德阳市交通局、德阳市教育局、德阳市医保局、德阳市卫健委、德阳市民政局、德阳市经信局、德阳市政务和大数据局、德阳市生态环境局、德阳市文旅局、三星堆管委会、德阳市农业农村局、德阳各县市区农业农村局、旌阳区委组织部、旌阳区发展和改革局、罗江区委办公室、罗江区政府办公室、四川罗江经济开发区管理委员会、罗江区发展和改革局、罗江区科教新区管理委员会、罗江生态环境局等部门的大力支持。在本书出版之际，本书编写组谨向这些部门致以衷心的谢忱。

由于中国式现代化的德阳实践与路径涉及面广、前瞻性强，相关理论提炼及实践剖析难度较大，加之编者的水平有限，本书难免存在不足之处，敬请读者批评指正。

本书著作委员会

2023 年 10 月

目　录

工业强市篇

县域进位篇

文旅争先篇

乡村振兴篇

总论篇

第一章　中国式现代化的
内涵特色与战略安排

党的二十大提出"从现在起，中国共产党的中心任务就是团结带领全国各族人民全面建成社会主义现代化强国、实现第二个百年奋斗目标，以中国式现代化全面推进中华民族伟大复兴"，这指明了今后前进的方向，谋划了具体的实施路线与战略安排。

第一节　中国式现代化的内涵

"中国式现代化，是中国共产党领导的社会主义现代化，既有各国现代化的共同特征，更有基于自己国情的中国特色"。"社会主义""中国共产党领导""中国特色"是理解中国式现代化的核心定语。"社会主义"彰显了中国式现代化的根本性质，对此，邓小平深刻指出"不讲社会主义。这就忘记了事物的本质，也就离开了中国的发展道路"[①]；"中国共产党领导"是实现中国式现代化的政治前提与领导力量，历史和现实都证明，没有中国共产党，就没有新中国，就没有中华民族伟大复兴；"中国特色"则表明中国式现代化是从中华大地走出来的基于中国发展实际与历史文化传承的社会主义现代化。学者王义桅将其概括为"三非"（非西方、非美国盟友、非宗教国家）"四特"（特大规模、特长历史、特世俗社会、特殊崛起）。特大规模，指中国拥有 4 亿中产阶级，到 2035 年翻一番，届时中国中产阶级人口将超过整个西方人口的总和；特长历

---

① 邓小平. 邓小平文选：第 3 卷［M］. 北京：人民出版社，1994：204.

史，指中国是个历史悠久的国度；特世俗社会，指儒释道并存，以集体理性超越个体理性；特殊崛起，指中国从全球化浓缩版到全球化未来版，参与并引领了工业革命经济全球化①。

首先，根据马克思主义关于社会根本矛盾的原理，现代化首先体现为生产力发展水平的剧变与跃升，中国式现代化则是这一特征的集中体现。林毅夫指出，在 18 世纪之前，人类社会的经济发展非常缓慢，人均 GDP② 每年的增长只有 0.05%，人所拥有的物质需要 1 400 年才能翻一番，但进入工业革命以后，人所拥有的物质水平翻一番，所需要的时间从 1 400 年缩短为 70 年。19 世纪中叶以后，开始现代化的这些西欧国家和北美国家，它们的人均 GDP 增长又翻了一番，从 1% 增加到 2%。人均 GDP 翻一番所需要的时间缩短为 35 年③。据统计，从 1978 年到 2022 年，中国连续 44 年平均每年的经济增长达到 9%，人均 GDP 平均每年增长 8%，发达国家长期以来是 2%，我们是其 4 倍。截至 2022 年，中国人均 GDP 为 1.26 万美元左右，距离高收入国家的门槛仅一步之遥（高收入国家的标准门槛是 13 205 美元），如果按照购买力评价计算，中国已经是世界第一大经济体④。

其次，现代化是因制度创新而引发的社会变革过程。回顾改革开放四十多年的历程，我们经历了三次重大的制度创新，引发了三次巨大的生产力水平的跃进与社会的巨大变革。第一次是 20 世纪 70 年代，发轫于安徽小岗村的家庭联产承包责任制，其催生了中国

---

① 王义桅. 西方话语体系的"中国悖论"[J]. 学术界，2022（9）：64-74.

② GDP（国内生产总值），是一个国家（地区）所有常住单位在一定时期内生产活动的最终成果。GDP 是国民经济核算的核心指标，也是衡量一个国家或地区经济状况和发展水平的重要指标。人均 GDP 是人们了解和把握一个国家或地区的宏观经济运行状况的有效工具，常作为发展经济学中衡量经济发展状况的指标，是最重要的宏观经济指标之一。人均 GDP 将一个国家核算期内（通常是一年）实现的国内生产总值与这个国家的常住人口（或户籍人口）相比进行计算，得到人均国内生产总值，是衡量各国人民生活水平的一个标准，为了更加客观地衡量，其经常与购买力平价结合。

③ 林毅夫. 中国式现代化的实现路径和高水平对外开放 [EB/OL]. [2023-05-24]. https://www.aisixiang.com.

④ 同③.

经济社会的新巨变；1992 年，邓小平的南方谈话，打破了人们的思想禁锢，成为确立社会主义市场经济体制的宣言书，引发了改革开放的第二次高潮；2001 年，中国成功加入世贸组织，与国际规则的接轨，引发了制度上更为深刻的变革与生产力的更大释放，推动中国迅速成长为世界第二大经济体。

再次，现代化是人的解放与自主性确立的过程。中国共产党最高理想和最终目标是实现共产主义，而共产主义就是克服人的异化，确立人的自主性，实现人的全面自由发展。国家统计局统计资料显示，中国 2021 年人均预期寿命为 78.2 岁，超过了全球平均的 71 岁，也超过了美国的 76.6 岁。联合国粮农组织《世界粮食安全和营养状况》报告指出，2019—2021 年，印度人口中的 16.3%还饱受营养不良的影响，这个数字在中国则低于 2.5%。人力资本方面，中国的文盲率为 1%，印度的文盲率为 25%。人民至上，生命至上，为人民谋幸福，促进人的全面自由发展是中国共产党矢志不渝的初心与使命。

最后，中国式现代化是一种全新的人类文明形态，既有各国现代化的共同特征，也有基于自己国情的中国特色，展现了现代化的另一幅图景，打破了"现代化＝西方化"的迷思，证明了现代化不是少数国家的"专利品"，不能搞简单的千篇一律、"复制粘贴"。

第二节 中国式现代化的特色

中国式现代化是中国共产党领导的社会主义现代化，具有人口规模巨大、全体人民共同富裕、物质文明和精神文明相协调、人与自然和谐共生、走和平发展道路五个特色，既切合中国实际，体现社会主义建设规律，也符合世界大势，体现人类社会发展规律。

一、中国式现代化是人口规模巨大的现代化

人口规模巨大是中国的基本国情，如果 14 亿多人口整体迈进现代化社会，其规模将超过现有发达国家人口之和，届时将彻底改变世界现代化的人口结构与版图。人既是生产者，也是消费者，在一

定时空结构之中，人口规模巨大会释放巨大的人口红利，成为经济社会变革与发展的主要推动力，但巨大的人口规模、人口结构的变化与老龄化社会的提前到来，也会带来资源不足、分配不均等社会问题，引发人的心理普遍预期与现实获得的落差感，成为进一步改革与发展的重大压力。国家统计局统计资料显示，2022 年年末中国人口总规模为 141 175 万人，比 2021 年减少 85 万人，人口自然增长率为-0.60‰。这意味着，中国人口于 2021 年达到峰值，从 2022 年开始了负增长。2021 年中国的老龄化率为 14.2%，标志着中国进入老龄化社会，同年总人口也达到峰值，可以说中国已经进入居民消费趋于疲软的轨道，但同时政府支出特别是社会性支出占 GDP 的比重却趋于加大。

二、中国式现代化是全体人民共同富裕的现代化

习近平总书记指出："共同富裕是社会主义的本质要求，是中国式现代化的重要特征。我们说的共同富裕是全体人民共同富裕，是人民群众物质生活和精神生活都富裕，不是少数人的富裕，也不是整齐划一的平均主义。"① 全体人民共同富裕既集中体现了社会主义的优越性，彰显了中国式现代化的中国特色，也是推进和拓展中国式现代化必须遵循的本质要求。根据恩格尔系数的国际通行标准，当一个国家的恩格尔系数达到 20%~30%，就表明这个国家已进入富足阶段。据统计，经过几十年的奋斗，2021 年中国的恩格尔系数比重达到 30%，表明中国已进入富足阶段，具备了良好的实现现代化的前提条件，但同时富裕起来的人们对高品质生活、对社会公平正义的追求也愈发强烈。因此，我们要适应新时代变迁的新需求，不断完善分配制度。坚持按劳分配为主体、多种分配方式并存，坚持多劳多得，鼓励勤劳致富，促进机会公平，增加低收入者收入，扩大中等收入群体。规范收入分配秩序，规范财富积累机制②，形

---

① 习近平. 扎实推动共同富裕 [J]. 求是, 2021, 10 (20): 4-8.
② 习近平. 高举中国特色社会主义伟大旗帜 为全面建设社会主义现代化国家而团结奋斗——在中国共产党第二十次全国代表大会上的报告 [EB/OL]. (2022-10-25) [2023-07-30]. http://www.news.cn/politics/2022-10/25/c_1129079429.htm.

成更加公平的共建共享社会。反观西方现代化却是贫富两极分化日
益严峻，加剧了社会族群的撕裂与社会阶层的固化。据美联储数
据，美国最富有的 1%的人所拥有的财富占所有人财富的比例，从
1989 年的 23.6%上升到了 2021 年上半年的 32.3%，截至 2021 年第
二季度，最富有的 1%的美国人掌握约 43.27 万亿美元的财富，超
过底层 90%的美国人的财富（40.28 万亿美元），其财富更是最底
层 50%的美国人财富（3.03 万亿美元）的 14.3 倍。这种巨大的不
平等必然带来资源、财富、权力的进一步集中，成为美国各种严重
社会问题产生的根源。

三、中国式现代化是物质文明和精神文明相协调的现代化

中国式现代化与西方现代化的一个本质区别在于中国式现代化
既注重物质层面的富足，也强调以人为中心，促进人的自由全面发
展。中国式现代化的这一特色深深植根于优秀的传统文化之中，历
经千年，历久弥新。中华文明具有深厚的人文情怀，强调修己达
人，注重人性的自我完善与价值的自我实现。传统文化的核心理念
"仁"就凸显了中华文化的这一特质。所谓"仁"就是能够彰显人
的内在光明德性，并能发乎其外，符合外在社会的行为规范，而践
行仁要靠自我主体性的发挥，并以社会规范规则约束自我行为，推
己及人，实现自我价值。颜渊问仁，子曰："克己复礼为仁。一日
克己复礼，天下归仁焉！为仁由己，而由人乎哉？"颜渊曰："请问
其目。"子曰："非礼勿视，非礼勿听，非礼勿言，非礼勿动。"①
这深刻阐释了仁的深厚的内涵意蕴。当然，中国文化不仅强调个人
的价值，而且强调以个人为圆心，通过修己达人、推己及人，建设
物质文明与精神文化相协调的"庶、富、教"相统一的和谐社会。
子曰："庶矣哉！"冉有曰："既庶矣，又何加焉？"曰："富之。"
曰："既富矣，又何加焉？"曰："教之。"②这就是孔子的"庶、富、

---

① 李竞恒. 论语新札：自由孔学的历史世界 ［M］. 福州：福建教育出版社，2014：
213.

② 同①：232.

教"思想，其核心是先富后教，物质富足是精神富有的前提与基础，精神富有是物质富足之后的必然要求，两者是辩证统一的相辅相成的过程，这也是中国时至今日仍然要继承发扬的独特的政治智慧与治国理念。我们要坚持以马克思主义为指导，推进优秀传统文化创造性转化创新性发展，激活中华优秀传统文化中富有生命力的优秀因子并赋予新的时代内涵，扎实推进物质文明与精神文明相协调的中国式现代化的建设。

四、中国式现代化是人与自然和谐共生的现代化

人与自然是相依相连、共存共荣的生命共同体。习近平总书记强调，"生态兴则文明兴。我们应该携手努力，共同推进人与自然和谐共生，共建地球生命共同体，共建清洁美丽世界"①。如果没有敬畏，只知无止境地向自然索取，则必然会遭到大自然的报复。世界自然基金会发布的《地球生命力报告2022》显示，1970年以来，全球受监测的野生动物种群数量减少了69%，极大地影响了生态多样性，削弱了地球的自我调控与修复能力，使得地球越来越不适合人类生存。中华文明历来崇尚天人合一、道法自然，追求万物并行不悖，人与自然和谐共生。党的二十大对未来五年乃至更长时期事关生态文明建设的重大方针政策进行了科学谋划，提出以国家重点生态功能区、生态保护红线、自然保护地等为重点，加快实施重要生态系统保护和修复重大工程；推进以国家公园为主体的自然保护地体系建设；实施生物多样性保护重大工程等；构建了以中央层面的碳达峰碳中和工作领导小组为统领的"1+N"法规政策体系②。据统计，2020年中国碳排放强度比2015年下降18.8%，超额完成

---

① 习近平. 在《生物多样性公约》第十五次缔约方大会第二阶段高级别会议开幕式上的致辞［EB/OL］.（2022-12-15）［2023-07-28］. http://www.news.cn/politics/leaders/2022-12/16/c_1129211994.htm.

② "1"是指碳达峰、碳中和指导意见，在碳达峰碳中和"1+N"政策体系中发挥统领作用；"N"包括2030年前碳达峰行动方案以及重点领域和行业政策措施和行动。具体包括能源、工业、交通运输、城乡建设等分领域分行业碳达峰实施方案，以及科技支撑、能源保障、碳汇能力、财政金融价格政策、标准计量体系、督察考核等保障方案。

"十三五"约束性目标，比2005年下降48.4%，超额完成了中国向国际社会承诺的到2020年下降40%~45%的目标，累计少排放二氧化碳约58亿吨，基本扭转了二氧化碳排放快速增长的局面①。与此同时，中国经济实现跨越式发展，消除近1亿农村贫困人口，完成了消除绝对贫穷的世界难题。从2005年到2020年，中国在相关领域的贡献基本均占全球总量的30%~50%，对世界的减排贡献显而易见②。

五、中国式现代化是走和平发展道路的现代化

回顾近代西方现代化的发展史，可以清晰地看到西方实现现代化的道路是一条充满血腥、掠夺与杀戮的道路，从英国羊吃人的圈地运动、对华的鸦片战争、非洲奴隶贸易以及美国印第安人消亡之谜等，无不述说着其剥削掠夺的本性。"1776年美国宣布独立后，美国政府先后发动了超过1 500次袭击，攻打印第安部落，屠杀印第安人，占领他们的土地，罪行罄竹难书。1814年，美国颁布法令，规定每上缴一个印第安人的头盖皮，美国政府将奖励50~100美元。弗雷德里克·特纳在1893年发表的《边疆在美国历史上的重要性》中承认：每条边疆都是通过一系列对印第安人的战争而获得的。"③ 马克思一针见血地指出：鸦片贩子在腐蚀、败坏和毁灭了不幸的罪人的精神存在以后，还杀害他们的肉体。我国坚决不走西方通过战争、殖民、掠夺等方式实现现代化的老路。我们坚定地站在历史正确的一边、站在人类文明进步的一边，高举和平、发展、合作、共赢旗帜，在坚定维护世界和平与发展中谋求自身发展，又以自身发展更好地维护世界和平与发展。

---

① 中华人民共和国国务院新闻办公室. 中国应对气候变化的政策与行动 [EB/OL]. (2022-10-27) [2023-06-18]. https://www.gov.cn/zhengce/2021-10/27/content_5646697. htm.

② 郭爽，金晶. 特稿：数据说话，看中国减排贡献有多大 [EB/OL]. (2021-11-18) [2023-06-18]. https://www.gov.cn/xinwen/2021-11/08/content_5649796.htm.

③ 外交部. 美国对印第安人实施种族灭绝的历史事实和现实证据 [EB/OL]. [2022-03-28]. https://www.mfa.gov.cn.

第三节　中国式现代化的战略安排

推进中国式现代化是一个系统工程，需要立足两个大局，统筹兼顾、系统谋划、整体推进。两个大局是推进中国式现代化的立足点，百年未有之大变局是当下时代的特征，从国际看，百年未有之大变局体现为世界经济版图发生的深刻变化前所未有，一大批发展中国家群体性崛起，新兴经济体和发展中国家在世界经济中占据越来越大的份额，国际力量对比发生了革命性变化，发达国家内部矛盾重重、实力相对下降，世界经济重心加快自西向东位移；新一轮科技革命和产业变革带来的新陈代谢和激烈竞争前所未有，深刻改变人类社会生产生活方式和思维方式，推动生产关系变革，给国际格局和国际体系带来广泛深远影响；全球治理体系的不适应、不对称前所未有，西方发达国家主导的国际政治经济秩序越来越难以为继，发展中国家在国际事务中的代表性和发言权不断扩大，全球治理越来越向着更加公平合理的方向发展；人类前途命运的休戚与共前所未有，各国相互联系和彼此依存比过去任何时候都更频繁、更紧密，整个世界日益成为你中有我、我中有你的命运共同体。从国内看，发展不平衡不充分的问题仍然突出，推进高质量发展还有许多瓶颈，科技创新能力还不强；确保粮食、能源、产业链供应链可靠安全和防范金融风险还须解决许多重大问题；重点领域改革还有不少硬骨头要啃；意识形态领域存在不少挑战；城乡区域发展和收入分配差距仍然较大；群众在就业、教育、医疗、托育、养老、住房等方面面临不少难题；生态环境保护任务依然艰巨；等等。

基于对国际国内形势的深刻分析，立足两个大局，党的二十大明确提出实现中国式现代化两步走的总体战略安排。即从二〇二〇年到二〇三五年基本实现社会主义现代化；从二〇三五年到本世纪中叶把我国建成富强民主文明和谐美丽的社会主义现代化强国。在基本实现现代化的基础上，我们要继续奋斗，到本世纪中叶，把我国建设成为综合国力和国际影响力领先的社会主义现代化强国。

第二章　以市域现代化推进
中国式现代化建设

郡县治，天下安。秦汉以后逐步定型的郡县制，是维持中国古代长期统一与繁荣稳定的重要政治制度创设与载体。改革开放以后，中央（国家），省（自治区、直辖市、特别行政区），市（地区、自治州、盟），县（区、旗、县级市），乡（镇、街道）五级划分的行政运行模式逐步完善定型。进入 21 世纪，伴随着城镇化率的提升，人口、资源加速向区域中心城镇集中，一县域范围一般向县城集聚，一市（设区）域范围一般向市区中心集聚，一省域范围一般向省会城市集聚，加速了乡村的空心化过程。作为基层与省的联结点，拥有更强大治理体系、治理能力和治理资源的设区市级政府，因为能更好地发挥整合资源、促进要素流动、带动整体发展的作用，逐步成为促进我国经济社会发展与推进社会治理的重要引擎。

第一节　市域与市域现代化

关于"市域"的概念界定，目前学界主要有两种观点。一种观点认为"市域"就是设区的市所辖区域，强调其空间的完整性；另一种观点基于行政层级划分，认为"市域"就是指区的行政区域范围，是自成一体、职能完备的社会治理单元。本书提出的市域是指设区的市级政府所辖范围，包括其区域内的城镇和乡村全域范围。作为承上启下的一级行政单位，其具有向上承接中央与省域大政方针，向下统筹谋划，引导督促所辖县域的经济社会发展与治理，向外联络协调同级市域相关工作。市域现代化实质上就是按照中央关于推进中国式现代化的战略目标方针，省域关于推进现代化的战略规划要求，基于本地经济社会发展实际与资源禀赋，因地制宜地、创造性地把国家和省推进中国式现代化战略方针政策在本区域内贯彻落实、实现现代化的过程。

作为设区的地级市，德阳所辖范围就是一个完整市域，在推进中国式现代化建设中，起着承上启下的连接纽带作用。如何把党的二十大关于中国式现代化的战略方针与省委关于推进中国式现代化建设的重大政策谋划在本区域内落地落实，需要德阳立足本区域资源禀赋与优势，全盘谋划，统筹整合本市域范围内各级各类资源，以市域现代化推进中国式现代化建设。

一要充分发挥德阳的主体性，努力把中国式现代化建设的蓝图在本区域内变成美好的现实。党的二十大已经对中国式现代化建设进行了系统谋划，蓝图已经绘就，接下来需要各省各市根据自身条件，努力拼搏，奋力把宏伟蓝图变成美好的现实。扎实推进中国式现代化建设，党中央和政府出台符合中国国情的评价考核实施政策与指标体系，设置具体的任务和指标，层层传达到各级地方政府。各级地方政府需要根据党中央和政府的任务要求，发挥主体作用，结合本地实际，创造性地把中央大政方针在本地不折不扣地落实。德阳作为一级市域，需要彰显自身主体性地位，充分发挥承上启下的连接纽带作用，创造性地推进市域现代化建设，实现高质量发展，使国家和省的战略方针在本区域内彻底得到实施。

二要充分发挥德阳比较优势，促进本市域经济社会全面发展。现代化的首要任务是实现高质量发展，实现高质量发展既需要发挥政府这只看得见的手的作用，也需要发挥市场这只看不见的手的作用，两手配合协调同时发力，才能实现目标。推进现代化建设，实现德阳高质量发展，需要德阳市域内外互通与广泛的联动与融合，通过市场基础性决定作用的发挥，促进县域经济与市域经济的联动互融，支撑本地经济社会全面协调发展。县域经济与市域经济如车之两轮，鸟之双翼，只有两个轮子同时转，两只翅膀同时动，德阳现代化建设才能可持续和较快地健康发展。

三要正视推进市域现代化建设堵点难点问题，创新机制促进德阳高质量发展。实现中国式现代化的目标，推进德阳市域现代化发展，构建现代化产业体系是物质支撑和重要标志。目前，德阳以机械装备、材料化工、食品饮料、数字经济"3+1"主导产业为主攻方向，形成德阳现代产业体系的主体支撑。但工业制造业发展还存在不少短板和薄弱环节，比如传统产业比重过大，还存在大量低端低效环节。2020年德阳市的战略性新兴产业主营业务收入仅占规上企业主营业务收入的22.6%，高技术制造业增加值仅占规模以上工业增加值的8.2%，产业结构仍有提升空间。此外，缺乏龙头骨干企业，企业科技创新能力不强，转型压力较大，产业功能区质量不高等都是需要突破的难关。同时，实现现代化高质量发展需要可持续的人才支撑。根据第七次人口普查，德阳是人口净流出与老龄化形势较为严峻的城市，要实现高质量的市域现代化建设，不仅需要留住相当一部分人口，更需要吸引并留住一部分有人力资本和社会资本的能人，加速营造天下英才入我彀中为我所用的社会环境与氛围。

第二节　实施五大战略，推进德阳现代化建设

如何把党的二十大战略蓝图变成美好现实，中共四川省委十二届二次全会对以中国式现代化引领四川现代化建设进行了系统谋划部署，明确以成渝地区双城经济圈建设为总牵引，以"四化同步、城乡融合、五区共兴"为总抓手，坚持"讲政治、抓发展、惠民生、保安全"的工作总思路。德阳市委深刻分析当下国际国内形势，结合中共四川省委十二届二次全会的要求，作出德阳正处于国省重大战略叠加和自身发展势能增强的历史交汇期的判断，明确德阳正由工业化中期向中后期转型、城镇化加快推进、农业现代化提质增效、信息化动能释放、城乡发展深度融合、人民生活全方位改善、机遇和挑战并存的关键阶段的发展定位，这是德阳谋划本地发

展思路与战略的基本立足点和根本依据。基于此，德阳市委全会明确提出以中国式现代化引领德阳现代化建设，锚定"四大目标"，实施"五大战略"，强化"五大专班"，突出"六大抓手"，以"四五五六"发展总思路，努力在高质量发展中开启德阳现代化建设新征程。

一、实施同城融圈战略，以同城融圈战略统揽区域发展

具体措施有：对标成都补短板，对标成都公园城市建设美丽宜居德阳，积极争取成都优质公共服务向德阳延伸，对标成都营商环境5.0版，深化"放管服"改革；紧跟成都接带动，紧跟成都产业发展方向，健全"研发+转化""总部+基地""终端产品+协作配套"等模式，共建现代高端产业集聚区；服务成都扬优势，充分发挥与成都距离近、成本低的优势，加快建设成都消费分中心、会展分中心，积极争取成都优质公共服务向德阳延伸，吸引更多成都市民来德阳消费；联动成都强合作，共建现代高端产业集聚区；联动成都强合作，共建开放大通道，共建开放大平台，加快成德眉资同城化综合试验区建设。

二、实施工业强市战略，以工业强市战略提升产业能级

2022年，德阳与宜宾的GDP差距从2021年的491亿元进一步扩大至610亿元，与绵阳的GDP差距从2021年的693亿元进一步扩大至810亿元。德阳市应正视差距，因势利导，精准发力，以工业强市战略提升产业能级；聚焦机械装备、材料化工、食品饮料和数字经济"3+1"主导产业精准发力，到2025年工业总产值突破7 000亿元，到2027年突破1万亿元，形成装备制造产业、材料化工产业、白酒、烟草产业体系，数字经济产业集群；坚持优存量、扩增量共同发力，推动存量倍增，实施"蓝鲸倍增"行动，支持企业扩产能、强品牌、拓市场，大力弘扬企业家精神；推动增量突破开展重大产业化项目招商引资专项行动，加强产业研究，创新招商方式、优化招商队伍。

三、实施县域进位战略，以县域进位战略壮大底部基础

做强产业引领，围绕主导产业优化工业布局，加快延链补链强链优链，推动产业集聚集群发展；做牢园区支撑，争创全省"5+1"重点特色园区，深化"亩均论英雄"改革，统筹要素资源向产业功能区倾斜；做深城乡融合，加快构建"1+8+26"市域城镇发展体系，加快"德阳之窗"等15个城市公园建设，打造文庙、玄珠湖等五大商圈，推进金鑫、工农村等四大片区改造；做实责任担当，严格考核激励，强化责任落实，按照一季一拉练、半年一通报、一年一结账的要求，精准落实容错纠错和澄清保护机制，督促各地比学赶超、创先争优。

四、实施文旅争先战略，以文旅争先战略增强城市魅力

以"三星堆+"带动全域旅游发展，深度融入环成都文旅经济带和巴蜀文旅走廊建设，把准价值取向、产业走向、着力方向，推进古蜀文化名城、天府后花园、成渝研学游行高地建设，全面提升德阳文化影响力；坚持以文塑旅、以旅彰文，重点实施"1098"文旅融合发展工程，在引领性文旅重大项目、特色文旅活动、精品旅游线路上实现新突破；加快建设三星堆国家文物保护利用示范区和三星堆文化旅游发展区，整体推进，深入挖掘丰厚文旅资源，打造龙头文旅。

五、实施乡村振兴战略，以乡村振兴战略促进城乡融合

打造现代农业西部示范，坚持粮食安全党政同责，要抓住耕地和种子两个要害，全面落实田长制，严格执行"长牙齿"的耕地保护措施，扎实推进良田建设、耕地保护、高产创建等工作；打造改革创新四川示范，持续深化城乡融合发展、农村土地制度等重点领域和关键环节的改革，建立农业农村优先发展的投入保障机制；打造和美乡村德阳示范，加强"软件"建设，强化乡村党建引领和人才支撑，加强乡村传统文化保护，提升乡村治理效能和乡风文明程度。

第三章　现代化都市圈建设理论与实践概述

城市化是现代化最直接、最集中的表现，都市圈是城市化发展到高级阶段出现的一种城市空间形态。党的二十大报告明确指出"以城市群、都市圈为依托构建大中小城市协调发展格局"，可见都市圈本质上是实现大中小城市协调发展的突破口，是我国城市发展格局和实现高质量发展的关键支撑。

第一节　都市圈的基本理论

实践的需要催生理论研究不断深入，对都市圈理论的研究为探讨现代化都市圈建设问题提供了认识依据。国内外关于都市圈的基本概念、理论基础、形成条件及其关键性阶段同城化的研究成果，不断促进都市圈理论的发展。

一、都市圈的基本概念

"都市圈"这一概念最早起源于美国。美国人口普查局在1910年首次使用"都市区"进行人口统计，这是"都市圈"概念的前身[1]。日本学者木内信藏在1951年提出了"三地带学说"，而后将其发展为"都市圈"理念，并得到了政府的认可，随后日本行政管理厅在1954年首次提出了"都市圈"的概念。

---

[1]　陈红艳，骆华松，宋金平. 东京都市圈人口变迁与产业重构特征研究 [J]. 地理科学进展，2020，39（9）：1498-1511.

我国学者关于都市圈的研究始于 20 世纪 80 年代后期，且对都市圈概念的研究大多是在法国地理学家戈特曼提出的城市群概念的基础上逐渐衍生出来的。虽然我国学术界对都市圈概念的探讨存在一些观点的差异，但仍有以下共识：一是都市圈是由核心城市和周边城市组成的区域，核心城市通过辐射效应与周边地区发生相互作用和联系。二是都市圈的形成有助于优化资源配置，提高区域经济效益和竞争力。三是都市圈的范围一般以核心城市的经济辐射距离为半径来界定，涵盖了核心城市及其周边城市的区域。四是都市圈的发展需要功能互补、分工合作和经济联系密切等方面的合作与交流。这些共识可以帮助我们更好地理解都市圈的概念。

总的来说，随着我国城市化进程的加速和区域协调发展，我国学者对都市圈概念的研究逐渐从引入和描述转变为规划和治理，以及经济发展和竞争力研究。2019 年国家发改委公布的《关于培育发展现代化都市圈的指导意见》，从国家层面明确了都市圈的概念——"都市圈是城市群内部以超大特大城市或辐射带动功能强的大城市为中心、以 1 小时通勤圈为基本范围的城镇化空间形态"[1]。这无疑为我国都市圈的规划和发展提供了更好的理论指导。

二、都市圈的理论基础

都市圈的主要理论基础有增长极理论、核心-边缘理论、空间相互作用理论、协同发展理论和区域分工理论等。

增长极理论认为经济发展在时间和空间上都不是均衡分布的，是以不同的强度首先出现在一些增长点或增长极上，然后通过不同渠道向外扩散。都市圈是城市之间共同形成辐射力、扩散力与竞争力越来越强的板块经济，都市圈发展的城市为地区经济发展的增长极[2]。核心-边缘理论提出的城市空间相互作用和扩散的特点是构建

---

[1] 国家发展改革委关于培育发展现代化都市圈的指导意见 [EB/OL]. (2019-02-21) [2023-06-30]. http://www.gov.cn/ xinwen/2019-02/21/content_ 5367465.htm.

[2] 张秋梅. 整体化治理视域下同城化政府合作研究 [J]. 重庆科技学院学报（社会科学版），2012（2）：13-24.

都市圈理论的基础。空间相互作用理论阐述了互补性、移动性、介入机会三个空间相互作用的特点，以都市圈为研究对象，认为经济发展中可以互通有无，加强联系，从而拓展发展空间，获得更多发展机会，促进双方经济发展①。协同发展理论研究了远离平衡状态的开放系统在与外界有物质或能量交换的情况下，如何通过自身内部协同作用，自发地出现时间、空间和功能上的有序结构②，都市圈发展的过程是一个的漫长博弈过程，其间不可避免地经历博弈协同突变，再博弈再协同再突变等重复循环的非线性螺旋式上升过程，每次博弈协同突变过程都将推进城市之间发展，迈向高级协同阶段。区域分工理论认为空间布局合理、区域分工明确、区域特色产业的增长极效应和城市协同发展等都将有效促进都市圈的发展，从而实现区域经济的快速增长。

三、都市圈的形成条件

（一）强大的核心城市

一个强大的核心城市是都市圈形成最重要的条件。核心城市具有较强的经济实力、产业集聚效应和创新能力，是整个都市圈的经济中心和核心引擎。首先，核心城市的经济实力强大，可以吸引大量的投资和企业总部落地。这些企业和投资带来了更多的就业机会和经济增长，促进了周边地区产业的发展。核心城市的高密度经济集聚也使得各种产业链条更加完整，形成较高的产出效率。其次，核心城市的创新能力和科技发展水平较高。核心城市集聚了大量的高等院校、科研机构和技术人才，是科技创新和研发的重要中心。这种创新能力和科技发展的优势吸引了更多的人才和企业加入，形成了创新生态圈，推动了整个都市圈的科技和产业创新。此外，核心城市的基础设施和公共服务水平较高，包括交通、教育、医疗等。这些基础设施和公共服务的完善为企业和人才的流动提供了便

---

① 黄鑫昊. 同城化理论与实践研究 [D]. 长春：吉林大学，2013.

② 解学梅. 都市圈协同创新机理研究：基于协同学的区域创新观 [J]. 科学技术哲学研究，2011，28（1）：95-99.

利，促进了资源的优化配置和人员的流动性。最后，核心城市具有较强的辐射力和带动效应。核心城市的经济磁场辐射到周边地区，吸引了更多的人口、资本和资源流入。这种流入进一步增强了周边地区的经济活力和发展潜力，促进了整个都市圈的形成和发展。

（二）充分发展的周边城市

周边中小城市的充分发展对于都市圈的形成和整体发展非常重要。这些中小城市具有较大的经济腹地和辐射范围，能够为核心城市提供支撑和补充。在国外的一些代表性都市圈中，周边中小城镇的 GDP 贡献通常占到 40% 以上，这表明周边城市的经济实力和产业能级对都市圈整体的发展推动至关重要。在国内，像长三角和珠三角这样的发达地区，中小城镇众多且产业集聚度较高，这些中小城镇不仅承接了核心城市产业转移，而且实现了与核心城市的协同发展，为都市圈的发展壮大提供了有力支持。发展周边中小城市，一是可以吸引和承接核心城市的产业转移，实现资源的优化配置。这不仅可以减轻核心城市的经济压力，而且可以提升周边城市的发展水平，实现共赢。二是可以提供更多的就业机会，促进人口流动和就业分布的均衡。这有助于减少核心城市的人口压力，提高就业率，同时也可以提升周边城市的人口素质和生活水平。三是可以和核心城市形成产业协同效应，实现产业链的延伸和产业集聚的加强。这有利于提升整个都市圈的产业能级和国际竞争力。四是可以促进城市间的合作和交流，实现资源共享和互补。这有助于推动区域一体化发展，提升整个都市圈的综合竞争力。

（三）完善的交通基础设施

完善的交通基础设施对于都市圈的发展至关重要。交通基础设施的建设和改善可以促进要素的流动和优化分配，加速都市圈的形成。完善的交通设施能够将中心城市和周边地区紧密联系起来，形成高效的物流、人流、经济流和信息流。一是可以促进中心城市和周边城市之间的通勤，提高通勤率，减少交通拥堵和时间成本。二是可以实现快速的货物运输和物流配送，促进产业链的延伸和产业集聚的加强，这有利于提升都市圈的产业能级和竞争力，推动经济的快速发展。三是可以加强城市间的联系和互动，实现资源共享和互补，这有助于推动区域一体化发展，提升整个都市圈的综合竞争力。

四、同城化是都市圈形成的关键性阶段

同城化不是舶来品，而是我国学者根据国内区域发展和城市化进程中的实际情况提出的概念[①]。同城化是都市圈的生命线，是都市圈发展的一个关键性阶段。同城化不是同一化或者同体化，更不是简单的规模扩张，它强调的是城市间基础设施的联通对接、要素的自由流动、资源的高效配置、产业的关联配套和公共服务的便利共享等关键环节。这些举措，可以在空间上临近且经济联系密切的城市之间构建网络化统一体，提升都市圈整体的竞争力、协同力和辐射力。同城化的核心目标是实现跨行政边界的办事成本、交易成本和资源流动成本的最小化。通过拆除壁垒和降低门槛，可以促进城市之间的互相借势和互补，实现物理空间和公共领域的多层次高水平互联互通和互认互动。这样的跨界合作可以实现功能提升、品质提升和带动力提升，开启都市圈深度融合的新时代。

在同城化的过程中，政府在制定政策和措施方面起着重要的作用。政府可以通过推动基础设施建设和改善、简化行政手续、促进要素自由流动、加强区域协调和合作等方式，为同城化提供必要的支持和保障。同时，政府还应着重解决城市之间的合作机制、权益分配、公共服务标准等方面的问题，以建立起良好的合作关系和共同发展机制。同城化的实施将有助于提升都市圈的整体竞争力和影响力。通过形成市场统一和高质量一体化的板块经济，都市圈可以更好地发挥各城市的优势和特色，形成良性循环和合作共赢的局面。同时，同城化也将为居民提供更多的就业机会、更好的生活质

---

① 焦张义，孙久文. 我国城市同城化发展的模式研究与制度设计 [J]. 现代城市研究，2011，6：7-10.

量和更便捷的公共服务，提升居民的福利水平①。总而言之，同城化是都市圈发展的关键性阶段，实现城市之间的互联互通、互认互动和借势互补，可以提升都市圈的整体竞争力和协同力，推动都市圈的深度融合和发展。

通过对都市圈理论的梳理，我们可将现代化都市圈理解为由一个或多个核心城市及其周边地区组成的相对集中的人口经济活动区域，该区域具有现代化的城市基础设施和服务设施，并在一定程度上形成了城市间的紧密联系和协同发展。现代化都市圈不仅在经济上具有较高的集聚度和竞争力，而且具备较完善的交通网络、教育、医疗、文化、科技等公共服务设施，能够有效满足居民的生活和工作需求。同时，现代化都市圈也应具备较强的可持续发展能力，注重环境保护和资源利用的合理性，追求经济、社会和环境的协调发展。

第二节　现代化都市圈发展的实践概述

国内外都市圈的发展实践为都市圈理论的发展提供了良好的实证基础和宝贵的经验启示，有利于完善和发展都市圈理论，为都市圈的可持续发展提供更有力的理论支持。

一、国外现代化都市圈的发展情况

国外的都市圈主要集中在发达国家，其中巴黎、伦敦、东京、纽约和旧金山是全球影响力最大、最具有代表性的都市圈，它们在国际经济、科技创新、文化艺术交流和信息传播等方面都起着重要的作用。这些都市圈不仅对本国的经济和社会发展有着重要意义，而且对全球的发展产生着深远的影响。这几大都市圈的发展情况因国家和地区的不同而有所差异。

---

① 鲁全，鲍晓鸣. 同城化趋势中的社会保障问题研究［J］. 现代城市研究，2011，6：11-14.

美国是全球最早形成都市圈的国家之一，其最著名的纽约都市圈总面积约为 3.4 万平方千米，人口约 2 000 万，GDP 接近 2 万亿美元。纽约都市圈是美国最大的生产基地和商贸中心，世界最大的国际金融中心，其集结了许多国内外知名的高校、金融机构和科技企业，通常以经济活动、交通和人口流动为核心，为周边地区提供经济和人口支持。日本以东京都市圈为代表，东京都市圈是全球人口最多的都市圈，其总面积约为 1.3 万平方千米，占全日本国土面积的 3.5%，人口约 3 700 万，占全日本人口的 1/3 以上。东京都市圈还是全球最大的城市级经济圈，城市化水平超过 90%，GDP 为 1.6 万亿美元。东京都市圈不仅集结了政治、经济、文化和人口资源，而且还注重通过高速铁路等交通设施加强各城市之间的联系，形成相对紧密的区域一体化。欧洲国家的都市圈发展较为多样化。如法国的巴黎都市圈以巴黎为核心，周边地区形成了经济、文化和人口的集聚，而德国的莱茵-鲁尔都市圈是欧洲最大的工业区之一，以重工业和化工业为主导。

尽管国外都市圈的发展情况因国家和地区的不同而有所差异，但它们都在都市圈规划中注重优化空间布局，并通过培育中心城市、创新机制以及构建便捷交通体系等方式，推动都市圈的可持续发展。

二、我国现代化都市圈的发展现状和问题

我国建设现代化都市圈的历程可以追溯到 20 世纪 80 年代末、90 年代初。随着改革开放的深入和城市化的加速，中国的城市规模和数量不断增加，城市之间的联系和互动也越来越紧密，建设都市圈成为了中国城市发展的重要战略。经过几十年的发展，截止到 2021 年底，我国 34 个都市圈以全国 18.6% 的土地集聚约 63% 的常住人口，创造了约 78% 的 GDP。这些都市圈按照发展水平可分为成熟型、发展型、培育型三类① （见表 3-1）。

---

① 清华大学中国新型城镇化研究院. 中国都市圈发展报告 2021 ［M］. 北京：清华大学出版社，2021.

表 3-1 全国都市圈发展类型图

都市圈类型	都市圈名称
成熟型都市圈（6）	广州都市圈、上海都市圈、杭州都市圈、深圳都市圈、北京都市圈、宁波都市圈
发展型都市圈（17）	天津都市圈、厦门都市圈、南京都市圈、福州都市圈、济南都市圈、青岛都市圈、合肥都市圈、成都都市圈、太原都市圈、长沙都市圈、武汉都市圈、西安都市圈、郑州都市圈、重庆都市圈、昆明都市圈、长春都市圈、沈阳都市圈
培育型都市圈（11）	呼和浩特都市圈、银川都市圈、石家庄都市圈、大连都市圈、南昌都市圈、贵阳都市圈、乌鲁木齐都市圈、西宁都市圈、哈尔滨都市圈、兰州都市圈、南宁都市圈

资料来源：清华大学中国新型城镇化研究院编制的《中国都市圈发展报告2021》。

其中，成都都市圈以成都市为中心，与联系紧密的德阳市、眉山市、资阳市共同组成。主要包括：成都市，德阳市旌阳区，什邡市，广汉市，中江县，眉山市东坡区、彭山区、仁寿县、青神县，资阳市雁江区、乐至县，面积2.64万平方千米，截至2020年年末常住人口约2761万人。由清华大学中国新型城镇化研究院、清华同衡规划设计研究院联合编制的《现代化成都都市圈高质量发展指数》表明，成都都市圈高质量发展水平位居中西部地区领先地位，城镇化基础不断增强、发展质量效益持续提升、同城化水平优势显著，现代化都市圈初具雏形，正乘势跃升迈向新征程。

尽管我国都市圈发展初显成效，但建设现代化都市圈仍面临着以下主要挑战：

一是整体发展水平不高。目前，我国大部分都市圈还处于起步或培育阶段，发展程度相对较低，与成熟都市圈相比，还存在很大差距，并且在地理区位上呈现东高西低的空间分布格局。处于起步期的都市圈基本都未形成规划和布局，都市圈发展任重道远。

二是中心城市的带动作用不强。通常情况下，中心城市作为都市圈的核心，承担着重要的经济、政治和文化职能，具有较高的产业集聚能力和辐射带动作用。中心城市的发展越好，往往意味着都市圈内的经济实力、基础设施建设和公共服务水平等方面也越先进。但我国目前大多数都市圈的中心城市发展水平都不高，对周边城市的带动作用不明显，同时也缺乏协作机制，中心城市的反哺和带动作用较弱。

三是周边城市建设滞后。对于都市圈的发展，中心城市的外溢资源需要依靠周边城市承接，形成有效的协同发展关系。如果周边城市不具备承接能力和基础条件，那么中心城市的发展就会受到限制，都市圈的整体发展也会受阻。当前我国大多数培育型和发展型都市圈的周边城市发展程度都较低，无法与中心城市有效协同发展，形成了发展的"瓶颈"。

四是缺乏协同合作。都市圈是由中心城市及其周边城市组成的一个相互依存的区域，其中的城市与城市之间的协同合作对于整个都市圈的发展至关重要。然而，由于各个城市之间存在着行政区划、市场条件、资源配置等方面的差异，资金、人才、技术要素自由流动还有一定的限制，行政壁垒依然明显，政府的促进和协调作用有限。

三、发展现代化都市圈的实践经验

国内外都市圈的发展经验对我国建设现代化都市圈具有重要的指导意义。

一是建立统一的规划和管理体系。都市圈的发展需要统一的规划和管理，以确保各个城市之间的协同合作和资源配置。政府应该制定统一的发展战略，明确各城市的定位和发展重点，避免都市圈发展的同质化，消除行政壁垒，建立协同的管理机制。

二是优化产业结构。现代化都市圈的建设需要优化产业结构，实现资源和市场的互补，促进城市之间的协同发展。政府可以通过制定一体化的产业政策，引导产业转移和升级，引导企业在不同城市之间进行产业链的延伸和合作，形成有利于经济增长和就业的产业集群。

三是加强交通和基础设施建设。现代化都市圈的建设需要加强基础设施建设和交通运输体系建设，以提高城市之间的交通和物流便利程度。这需要政府加大对公路、铁路、航空等交通工具的投资，加强规划和管理，提高交通联通性，建立高效便捷的交通网络。同时，加强水、电、气等基础设施的建设，为都市圈的发展提供有力支撑。

四是加强环境保护和生态建设。现代化都市圈的发展必须兼顾环境保护和生态建设。政府应该建立统一的环境保护标准以及环境监管和治理机制，确保都市圈内的城市在发展过程中不造成环境污染和资源浪费，实现可持续发展。

五是促进人才流动与合作。人才是现代化都市圈发展的核心驱动力。政府应该推动人才的自由流动，打破行政边界的限制，鼓励人才在不同城市之间的合作与交流；同时，加强人才培养和引进，提升都市圈的创新能力和竞争力。

六是推动城市治理和社会管理创新。现代化都市圈的建设需要推动城市治理和社会管理创新，以提高城市的治理能力和服务水平。这需要政府部门加强政策创新和管理创新，推动城市之间的经验交流和合作，促进城市之间的治理协同和互补。

总之，发展现代化都市圈是一个综合性、系统性的任务，需要政府、企业和社会各方共同参与和努力。除了前述的解决交通限制、加强协同发展、打破市场壁垒、促进要素流动等方面的措施外，还应该注重优化产业结构、促进创新和科技进步、保护生态环境等方面的工作，这样才能实现都市圈的可持续发展。

同城融圈篇

第四章　打造互联交通圈

建设现代化都市圈不仅是实现社会主义现代化的有效手段，而且是高质量城镇化进程中的重要内容。2021 年，四川省人民政府发布《成都都市圈发展规划》（以下简称《规划》），高度概括成都都市圈在四个方面的着力点，分别是便捷高效的交通通勤圈、协同共兴的产业生态圈、便利共享的优质生活圈和开放合作的国际朋友圈。共建便捷高效的交通通勤圈是成都都市圈、成德同城化发展的先导，只有减少都市圈内城市的通勤成本，提升通勤的便捷度、舒适度、愉悦感，实现人员往来高效顺畅，才能带动资金、技术等生产要素的自由流动，促进资源的有效配置，从而有效带动产业生态圈、优质生活圈和国际朋友圈的发展。

第一节　成德综合交通运输体系建设情况

以完善的立体交通网络缩短都市圈内部各城市的时空距离，是推动成都都市圈"破界成圈"的基础。目前，成德两地聚焦打造成都都市圈最佳通勤城市，已形成"6 高 7 快 4 轨"的同城综合交通体系，交通设施互联互通初步成型。

一、两地交通同城顶层设计不断完善

成德交通同城相关规划设计已经全面展开，组织架构已经基本建立。早在 2013 年，成都市政府和德阳市政府签订《成都德阳同城化发展框架协议》，通过规划工业经济、交通、教育等八个领域的合作事项，加快推进两市在交通连接方面同城化发展。2017 年，

《推动成德一体化发展合作备忘录》中也明确"交通建设"为六个协同之一，初步构建科学的成德一体化发展空间格局，奠定了打造优质互联交通圈的良好基础。

近几年发布的《成都都市圈发展规划》《成德同城化空间发展规划（2020—2035）》《德阳市推进成德同城化发展"十四五"规划》等同城化总体规划，进一步对交通领域同城进行谋划布局，提出未来要构建"10高18快13轨"的成德同城化综合交通体系目标。《成德眉资同城化综合交通发展专项规划（2020—2025年）》《成德眉资同城化暨成都都市圈交通基础设施互联互通三年行动实施方案（2020—2022年）》等一系列专项规划相继出台，一系列重大交通基础设施工程正在进行。

二、多层次多制式轨道交通网正加快构建

《规划》提出"打造轨道上的都市圈"，统筹布局以成都为中心枢纽的多层次轨道交通网络，推动干线铁路、城际铁路、市域（郊）铁路和城市轨道交通"四网融合"。一是持续推动城际铁路公交化运营。现有成德动车日均开行量约100趟，有效提高了市民出行便捷度，加快成德两地人口流动、资源交互。二是加快市域铁路建设落地。在建重点项目成都经广汉至德阳市域铁路S11线已于2023年3月正式启动建设，该线起于成都地铁1号线韦家碾站，止于德阳火车北站，全长70.869千米。该线路既是打造轨道都市圈的重要一环，也是两地真正实现同城化的基本特征，还是支撑成德城市组团发展的重要纽带。三是积极推进都市圈环线铁路建设。都市圈环线铁路（成都外环铁路）一期工程已纳入《成渝地区双城经济圈多层次轨道交通规划》建设项目，涉及什邡西至德阳北段38千米，目前由蜀道集团牵头开展相关前期工作，德阳市全面融入成都轨道交通网络步伐加快。

三、内联外畅的高快速公路网基本形成

"十四五"以来，德阳已建成成都都市圈环线高速德阳段，广

青路、三凤路，正加快推进 G5 成绵高速扩容、G42 成南高速扩容、德阳绕城南高速、广堂路、金简仁快通北延线等项目规划建设，全面融入成都都市圈高、快速公路网，形成了内联外畅的高、快速公路通道。一是打通"断头路"。目前，德阳共有三批断头路打通计划，第一批断头路打通计划共 6 条，分别是"广大路""广金路""沿山路""德阳至天府机场快速通道""货运大道"和"积淮路"，均已顺利完成任务。二是拓展高速。目前，德阳段多条高速正加速扩容建设，如 G5 京昆高速扩容项目（德阳段）、G42 成南高速扩容项目（德阳段）；多个高速枢纽项目开工建设，如成都三绕高速孝感枢纽互通、双东互通枢纽，进一步优化德阳市高速路网布局，增强同城化黏合度。三是推进快速路建设。加快推进天府大道北延线工程，成都段将启动三环路至围城路段二标段施工，德阳段有望实现全线通车并加快实施天府大道北延线延长线（长江路—宝成线）改造工程。

四、两地交通运输服务"网"逐步建立

近年来，成德两地建立便捷舒适的出行服务体系的要求，不断加强了跨区域公交、城市候机楼建设和旅游线等连接，不断推进两地运输服务提质增效，实现交通"软连接"。一是跨区域公交便民化。成德两地启动了成德公交"一卡通"，成德两市居民可刷卡乘坐当地公交、地铁并同享当地乘车优惠政策。2019 年，德阳市以政府补贴市民出行的方式共开通六条城际公交线路（摆渡车），以地铁站、交通枢纽为主要接驳点，累计运送旅客达 300 余万人次，不断推进运输服务提质增效。二是航空运输联程化。德阳—成都双流国际机场城市候机楼于 2019 年投入使用，其一站式便捷运输服务不仅成为德阳改善营商环境、对外交流的窗口，而且能为市民的便捷出行提供方便。三是旅游服务需求化。精准打通游客同城游玩体验线路，开通天府"三九大"成德国宝旅游专线，串联金沙遗址、熊猫基地、三星堆等成德特色旅游景点。

第二节　成德同城综合交通运输体系推进难点

目前，成都都市圈在交通基础设施互联互通方面已初见成效，但都市圈交通通达深度仍显不足。对标国内较为成熟的都市圈交通发展模式，成都轨道交通运营线路条数、客运量与北京、上海、广州仍具有一定差距，其"中心城区地铁网+周边轨道交通网"叠加的运营模式，运行时间长、换乘次数多等问题较为突出。对标国际，2020年以前，东京都市圈市郊铁路长度已达4 476千米，伦敦、纽约和巴黎都市圈市郊铁路长度分别为3 071千米、1 632千米和1 296千米，而根据成都都市圈远景规划，到2035年成都都市圈轨道交通才会达到1 666千米线网规模。由于成都都市圈交通规划历史欠账较多，内部结构不均衡、通而不畅等问题仍存在。成德距离实现高质量交通互联互通的目标还有一定差距，尚不能满足两地经济联系的需求，交通网络化建设有待完善，对公共设施的支撑能力有待提高。

一、体制机制存在障碍

关于交通规划建设、运输服务、行业管理层面，成德尚存在行政壁垒和体制机制障碍，低成本、高效率、舒适化的通勤问题尚未完全解决。在交通规划布局、建设层面，涉及共建项目的利益划分、公共服务受益群体隶属等问题，原有的"行政区经济"思维在一定程度上限制了双方深度合作。在交通管理服务层面，一体化客运服务水平有待提高，两地运输和协调机制有待加强。如何不打破行政隶属，却能打破行政边界成为都市圈交通一体化建设亟待思考的问题。

二、要素保障有待完善

当前，土地、劳动力、资本、技术、数据和生态环境等多要素是影响交通同城化进程的关键。在成德交通同城化建设中，一是受土地、生态保护政策制约。近年来土地、生态政策不断紧缩，建设指标报批制约因素多、环节多、要求高、时间长，这些因素影响了交通项目规划建设进度。二是资金保障不足。交通建设投资规模大，资金需求量大，受国家控制地方债务影响，融资和工程建设资金保障困难。此外，交通基础设施建设养护支出较大，同城化交通网络越完善，同城化通勤选择越多，政府养护资金需求越大，共同养护难度越大。

三、综合交通网络有待提升

两地同城化深度不够，多层次一体化轨道系统尚未建立，轨道交通"有线无网"。按照《成渝地区双城经济圈多层次轨道交通规划》，成都外环铁路项目德阳市仅什邡西至德阳北纳入了近期建设计划，交通协同发展布局未全面铺开（各区市县参与度参差不齐）。同时，市域铁路 S11 线处于施工前期，建设周期较长，短时间内轨道交通难以成网成环。此外，交通网络支撑同城化发展进程仍需加快。当前交通体系存在"有而不通、通而不畅、畅而不快"的明显问题，枢纽性、连接性弱。加速项目建设、优化运输服务、提高交通管理质量等方面亟待重视。

四、智慧交通有待提升

"绿色""智能""安全"是现代化交通体系的高频关键词。现代化交通体系要求坚持运输方式、运输工具的清洁化转型，坚持"保护优先、避让为主"的建设原则，加快 5G、物联网、大数据、人工智能等先进技术在交通领域的应用，促进智能交通一体化。目前，成德同城综合交通运输体系绿色清洁、智能化程度尚低，全生命周期信息共享渠道尚未打通。传统仅依靠物理层面规划的交通布局难以支撑新型城市空间拓展；缺乏对海量大数据信息的把握与应用，难以向市民提供个性化、精细化、高品质的交通服务。

第三节　成德同城综合交通运输体系优化路径

成德要以通制度、建网络、聚资源的"互通"模式为指导，各相关职能部门要凝心聚力，打造以网络化、立体化、智慧化、绿色化为特征的"三网"融合、"四向"畅通的现代立体交通网络。以"10 高 18 快 13 轨"为目标，全力推进成德同城交通先行，全面主动融入成都城市轨道、干线公路、公铁空枢纽"三张网"，深度嵌入成都"半小时经济圈"，加速融入成渝"1 小时经济圈"。不断畅通交通大通道，提升人民群众交通出行的幸福感、获得感和满足感。

一、坚持"破立并举"，提高政策统一性、规则一致性、执行协同性

第一，打破行政壁垒、强化政策协同。成德眉资同城化并非城市间的结盟，而是从中央到省一级都主抓的重点工作，应将政策指导摆在首要位置，破除阻碍一体化进程、依赖行政壁垒的政策机制，进一步细化优化微观化已有政策，使政策可执行、方案可落地。第二，进一步理顺各城市间、各部门间的权责利，优化完善决策协调机制，让要素在更大范围畅通流动。加强部门主要领导小组制、责任制、联席会议制建设，以合理分工形成更强大合力。

二、培育壮大枢纽经济新业态，加快吸引人流、物流，聚"财流"

根据《国家综合立体交通网规划纲要》提出的"推进以公共交通为导向的城市土地开发（TOD）模式"，在公共交通站点周围 400~800 米（5~10 分钟步行距离）范围内建立集工作、商业、文化、教育、居住、旅游等功能于一体的，有活力、多样化的宜居社区。对德阳来讲，以公共交通引导的城市开发模式或将以大型交通

枢纽为着力点发展枢纽经济，集中在德阳市高铁站、市域轨道 S11 线建成后部分人流密集的站点。一是打造交通枢纽商业体，由枢纽向商业，出行向消费转变。既要充分借鉴国外先进经验，又要结合德阳实际抓好整体科学布局，挖掘、打造特色地标、差异化场景。例如，建立以 100 米为核心区的极高密度开发范围，打造具有辨识度的城市地标，如德阳文庙、三星堆 IP 场景等；以 300 米为次核心区的高密度开发范围，塑造灵活多样的城市场景，如购物、演出、文创街区等。二是提升交通枢纽的信息化、智能化、专业化水平。依托交通枢纽流量监测智慧平台，利用大数据技术精准识别站点需求并实时引导人流、货流、交通流、资金流、商流等信息流的汇集与联动，进一步实现枢纽经济带动德阳市产业发展，最终实现"站产城"[①] 的融合协调。

三、设计智能交通运输系统，建立信息资源共享交换平台

《"十四五"现代综合交通运输体系发展规划》中强调"注重新科技深度赋能应用，提升交通运输数字化智能化发展水平。"数字化是交通运输业高质量发展的重要特征，是现代综合交通运输体系的关键要素，主要包括数字化基础设施和装备、数字化管理与服务。具体措施如下：一是搭建智能交通运输系统，建立信息共享交换机制。依托信息化服务公司，以项目设计、外包、运营等实现智能交通运输系统搭建，接入气象、路段流量等动态交通数据，实现统一的交通运输监控、协调的路网管理、高效的交通应急处置和智能的交通信号控制。基于大数据的城市交通感知、预测、仿真等，为决策提供科学合理的辅助支持，提升城市精细化管理水平。为便利公众出行，系统将通过交通信息实时共享、交通热线等为公众出行提供服务保障。为打破部门间的数据壁垒，政府主动建立信息共享交换机制，为公安、城乡建设、文旅等部门提供适用的信息管理系统。二是培育专业化人才队伍，推进精细化运营管理。为持续实

---

① 站产城融合，即实现车站、城市、产业的良性互动、有机协调。

现更高品质的交通服务，要注重专业化人才队伍培育，程序化、精细化规范管理流程，优化数据管理、挖掘与应用。

四、加快交通运输服务再提效，推动物流经济优化升级

建设好成都都市圈不仅要畅通道路的"硬连接"，还要打通服务同城化的"软连接"。交通运输服务水平提高是提升都市圈通勤服务品质的直接表现。具体措施如下：一是探索多样化、便捷化出行服务方案。大力发展"公铁空水"联程运输、多式联运，提升城市客运服务能力。不断深化城际铁路、市域（郊）铁路公交化运营，提高公众出行需求与城市交通规划的适配度。二是加快建设综合客运枢纽"零距离"立体换乘体系。深化枢纽站场之间互联互通，进一步缩短各种交通方式的衔接时间。三是逐步统一都市圈公共交通一卡互通、票制资费标准。推行月票、年票、积分等多样化票制，让都市圈内无障碍享受公共交通成为都市圈公共服务的亮点。四是"互联网+道路客运"加速发展。鼓励客运班线小型化、定制化发展，为旅客提供城际"门到门"运输服务。

第五章　共建产业生态圈

同城化作为区域一体化发展的高级形式，主要特征是各城市之间保持行政上的独立性和城市核心要素发展上的协同性，全面实现交通互联互通、产业互动共融、公共服务异地共享、生态环境共保共治等。其中，形成高层次的产业分工协作体系，实现产业的协同发展是同城化的核心和难点所在。在成都都市圈、成德同城化建设的背景下，成德两地需要冲破行政区划的掣肘和壁垒，形成产业领域的优势互补、相互成就，在协作中获取分工利益和产业结构升级，实现区域经济跨越式发展和整体竞争力提升。

第一节　成德产业协作共兴的基本情况

目前，成德两地建立了"都市圈发展规划+专项规划+三年行动计划+年度工作要点"近中远期目标任务紧密衔接工作框架，形成了"领导小组统筹、同城化办公室协调、省直部门指导、成德眉资四市主体推进"的工作局面，产业协同发展已经取得了一定成效。2022年成德两地 GDP 达 2.36 万亿元，两地"研发+制造""头部+配套"合作模式加快构建，成德 700 余家企业形成协作配套，33 家德阳企业在成都设立研发机构，产业建圈强链持续推进，逐步实现了成德间上下游配套衔接、左右岸要素共享。

一、共建先进制造业集群成效初显

一是共建世界级重大装备制造产业集群取得新进展。"成德高端能源装备产业集群"入选全国 25 个先进制造业集群之一，"成德高端能源装备产业集群创新中心"成功创建，两地逐步形成了以水电、火电、核电、风电为主，以燃气轮机、地热装备、储能装备等为辅，相关材料和零部件企业配套的能源装备产业体系。凯州新城高端装备制造、电子信息、先进材料产业与成都东部新区共融发展。广汉市与新都区、西南石油大学三方签署油气钻采产业战略合作协议，共同打造"一城一镇两基地"的油气产业生态圈。二是共建医药食品产业集群初具规模。围绕优质白酒联合编制《成都都市圈白酒产业融合发展规划》，绵竹与四川省酿酒研究所签订战略合作框架协议，正式成立四川省酿酒研究所绵竹中心，共同举办四川国际美酒博览会。三是通用航空、电子信息产业合作稳步推进。成德同城化示范项目中航智一无人机总体研发生产项目落地，总部研发在金牛、生产制造在什邡，共同打造无人机研发、制造、销售一体化基地和民品结算中心，共建"飞地园区"。罗江经开区同郫都区现代工业港签订《共建产业协同发展合作示范园区战略合作协议》，探索推进罗江与成都在电子信息产业领域的合作。

二、成德现代服务业协作持续深入

一是文旅融合发展不断加快。成德眉资四市文旅集团签订战略合作协议，联合发布精品旅游线路 11 条、文旅项目 43 个，成都旅投集团通过战略投资融入德阳"三星堆"文旅融合示范园区建设。加快打造三星堆世界级 IP，回忆博物馆新馆建设及三星堆遗址-金沙遗址联合申报世界文化遗产进程。启动成德区域联动街头艺人合作项目，开展常态化点位交流演出、共办文旅联动活动，着力将街头艺人项目打造成为区域文化交流合作示范品牌。二是共同推进现代物流产业快速发展。成德两港①一体化运营持续推进，蓉欧冷链运营中心、保罗（西南）大健康供应链基地等项目建设稳步推进，同开国际班列，截至 2023 年 2 月底，德阳国际铁路物流港共开行"蓉欧+"东盟、中欧、中亚国际班列 203 列，其中"蓉欧+"东盟

---

① 两港，指成都国际铁路港、德阳国际铁路物流港。

国际班列 16 列。三是外贸产业合作有序推进。加快建设成德跨境电商综合试验区，正式印发《中国（四川）自由贸易试验区德阳协同改革先行区跨境电子商务发展规划（2021—2025）》，推动德阳企业开设跨境电商线下体验店，将仓库前置在成都，形成"成都发货通关+德阳售卖"的模式。

三、现代高效特色农业示范区稳步推进

一是农业农村发展蓝图实现共绘。成德共同编制出台了《成德同城乡村振兴示范带规划》等，全面推进全省首批镇村规划试点，加快乡村分区划片和规划编制，绘就农业农村发展蓝图。二是"米袋子""菜篮子"合作逐步深化。德阳出台了《打造更高水平"天府粮仓"德阳片区实施意见》，新建高标准农田 19.43 万亩（1 亩≈666.67 平方米），实施"五良融合"宜机化改造 1.5 万亩，主要农作物综合机械化率达 76%。三是现代农业园区合作共建初见成效。彭什川芎现代农业产业园率先探索建立"领导小组+管委会+平台公司"建设模式，联合种植加工川芎中药材，市场占有率超过 70%。（彭什）黄背木耳（食用菌）现代农业产业园区、青广现代粮油合作产业园、四川（金广）农旅融合产业园入选成德眉资交界地带融合发展第二批精品示范项目。金堂-中江蔬菜（食用菌）产业园获批成渝现代高效特色农业带合作园区试点，金中灯笼产业融合发展示范园已建成金龙鸿发灯笼厂、森沃特花椒基地、大柏山兔业养殖园等重点项目。

第二节 成德产业协作存在的问题与困境

成德同城化处于起步期，两地产业分工协作水平不高，呈现零散性、低层次、低效率等特征，全域产业横向竞争仍然大于纵向合作，产业结构趋同、产业链协作配套不足、产业发展政策标准不一和体制机制不健全等问题明显，严重影响了区域产业竞争力的提升。

一、两地产业同构现象明显，区域竞争仍然大于合作

产业同构既是区域经济发展的瓶颈，又是发展的基础。政府引导和市场经济手段能够将产业同构转换为产业聚集效应，形成群体规模优势，但如果协作不足，形成恶性竞争，则会成为区域经济发展的瓶颈。成德两地产业结构相似系数为0.81，客观也存在产业同构现象，但由于产业错位发展动力不足，城市间产业竞争仍然大于合作。一方面，传统优势制造业发展存在"抢拼"。成德两市在发展中已形成各自的工业体系，但传统优势产业和未来重点发展方向重合度较高。如成都传统优势产业主要是机械制造、电子信息、医药健康、绿色食品等，德阳传统优势产业为装备制造、食品饮料、新型化工、生物医药和绿色建材，两地传统优势产业交叉明显，但由于两地产业已经独成体系而联系偏低，产业链供应链相关环节目标企业存在重合，因此在资源、项目、投资等方面仍然存在同质竞争。另一方面，现代服务业协同合作尚存"隔阂"。受行政区域和现行政策限制，成都相关自贸试验区的资质、功能及先行先试政策向德阳复制延伸仍然受限。两地现代物流产业分工不明显，铁路站场、集货范围等存在较大重叠，两港合作层次不深，建、管、运以及利益分享机制尚不完善，成都口岸功能向德阳物流港延伸受限。德阳作为生产型城市，消费载体建设相对滞后，高端消费供给不足，而成都作为国家中心城市，整体能级较高，对德阳的消费虹吸效应明显。

二、产业链条分工协作紧密度不够，集聚效应未显现

同城产业合作的核心就是两地形成全产业链分工协作、优势互补，实现在同一产业链水平的价值链合理分工。由于成德两地统一规划和深入合作不够，尚未建立起产业生态链，因此合力打造优势产业集群成效不明显。一是产业链协作顶层设计不清晰。成都明确轨道交通、集成电路、新型显示、高端软件等方面20条产业链，但针对"建圈强链"的产业图谱尚未制定和发布，成德重点产业链的

现状和协作配套的路径不清晰，重点区县、产业功能区错位协同的定位不精准。二是围绕产业链的协作配套不完善。成德两市总部型、链主型企业数量较少，总部企业多为区域性总部和功能性总部，与区域业务联系互动较少，普遍存在原材料、销售"两头在外""有业无链"的现象，牵引带动区域产业链延伸能力不足。如成德高端能源装备产业集群大部分企业集中于基础铸锻件制造、普通结构件制造等领域，高附加值产品占比不足 10%，头部企业本地配套率不足 40%，两市尚未完全形成龙头企业引领、中小企业配套发展的局面。三是推进产业链协同招商成果不明显。成德两市除招商信息共享和宣传外，尚未有亮点的共同招商项目实现落地，尚未形成有亮点的协同招商成果。成德产业协同发展基金尚未成立，省级平台公司出资问题尚未得到解决。

三、产业政策协同度不高，要素市场一体化不充分

由于成德资源禀赋、政治地位、经济水平等方面的差距，两地产业扶持、市场准入、要素保障等政策标准不一，阻碍各类资源要素合理流动和高效配置的行政壁垒尚未完全消除，统一开放的市场体系尚未形成。一是产业扶持政策差异较大。成都作为国家中心城市和省会城市，享有更多国家和省级层面的政策支持，制定财政奖补、税收优惠、金融支持、人才招引等政策标准普遍优于德阳，增强了对流动人才、科研机构、总部经济等的吸引力。二是要素市场化改革有待深入。受行政区划限制，土地综合整治产生的节余指标跨市域流转尚未实现。跨区域重大基础设施项目资金来源渠道单一，社会资本参与度低。专业性、行业性、区域性人才市场发展不充分。公共数据社会化开放、市场化运营尚处于起步阶段。三是市场准入标准不一。两市商事制度改革有待深化，"证照分离"和"照后减证"需进一步推广，两地统一企业登记标准仍需完善，企业注册登记管理与许可管理的衔接尚不充分。审批服务跨区域通办仅在广汉与青白江等毗邻区县探索，各类审批流程标准化和审批信息共享互认有待推广延伸至成德全域。

四、区域利益博弈矛盾突出，产业协作机制仍需突破

共同做大利益蛋糕是成德产业协作的最终目的，但受当前GDP考核制度和财税体制的限制，地方政府仍是以自身利益最大化而不是以整个区域利益最大化为出发点。有效的区域合作机制尤其是利益分享机制尚不完善，挤压了双方产业实质性合作的空间。一方面，工作推进机制不健全。目前，省级成立了省推进成德眉资同城化发展领导小组及其办公室、组建了15个专项合作组，推动各项具体任务落实。但同城化发展未单独纳入省委省政府目标绩效考核体系，缺乏调动省级部门参与的有效激励手段，导致部分确需省级层面统筹、协调、支持的重大项目、重点改革推动不理想。跨市域产业发展专项规划衔接不够，拼凑叠加的情况多，缺乏有效推动资源互补、分工协作、市场一体、互利共赢的一揽子产业协同发展政策措施。另一方面，利益分享机制不完善。跨市域的利益共享机制尚未破题，对具体的产值、税收、利润、统计指标共享等操作层面的研究探索不够，在重点项目、合作园区等方面尚未出台成本共投、利益共享实施细则，飞地园区、合资公司等区域协作建设模式还不普及，仅在金牛-什邡等个别结对区域取得实质性进展。

第三节　加快推动成德共建产业生态圈的对策建议

成德两地要以成都都市圈、成德同城化为契机，加快产业领域的"互通、拆墙、合体"，以"强链条、育集群、建体系"为重点，加快推动产业创新融合发展，协同共建跨区域产业生态圈。

一、深化产业链配套协作，实现产业错位分工布局

一是共同打造重点产业链。成德两地可以围绕具备较好产业协作基础的电子信息、装备制造、生物医药、先进材料4大主导产业和智能终端、轨道交通、新型材料等7个重点产业链进行合作，确

定各自在产业链中的定位和主攻领域，强化产业链上下游垂直分工，建设稳定的前后向供应链关系，打造具有战略性和全局性的完整产业链。二是探索推进共同招商。探索成德招商政策一体化，建立招商成果分享机制。围绕两地重点产业发展和龙头企业需求，系统梳理各功能区产业链缺失环节、关键环节，瞄准研发设计、专利就地转化等产业链关键环节和核心技术开展链条招商。三是围绕产业链组建产业联盟。支持两地围绕产业链上下游企业等联合组建高层次、实运行的产业联盟。推进成都的企业沙龙等企业座谈交流活动对德阳企业的覆盖，两地定期召开"切入口小、针对性强"的行业主题沙龙和产品应用推广、行业讲座培训等产业联盟活动，充分发挥"链长制""链主制"作用，为两地企业发展提供行业资源。

二、聚焦优势产业协同合作，打造区域特色产业集群

一是发挥重大装备制造产业集群优势。推动德阳与成都围绕清洁能源发电装备、智能输变配电装备、绿色节能用电装备、电化学储能及机械储能装备等领域形成紧密的产业链上下游合作关系，协同打造世界级清洁能源装备制造基地。鼓励东方电气、国机重装等龙头企业与成都科研院所及装备制造重点企业牵头组建跨区域产业创新发展联合体，强化电站成套装备制造、储能装备制造等领域关键核心技术联合攻关，推动清洁能源装备产业链加速向高附加值核心环节延伸迈进。二是推动白酒产业集群发展壮大。充分发挥绵竹、邛崃白酒产业基础优势，联合编制《成德白酒产业融合发展培育方案》，支持共建白酒产业合作示范区，定期联合举办"中国美酒名城酒业博览会"，支持两地共建白酒文化展览展示中心，共创标志性白酒品牌，打造千亿级白酒产业集群。三是培育数字经济产业集群。重点围绕电子元件和工业互联网，着力突破行业数据处理、智能分析和服务集成领域，以四川国家数字经济产业园及配套基础设施、中江高新区电子元器件产业园基础设施（一期）等项目建设为抓手，打造西部一流的数字经济示范基地。积极引进富士康、仁宝、纬创等知名代工企业的上游配套企业，共同做强智能终

端、行业电子等产品零部件制造，提升数字产品协同配套能力。

三、推进重点区域协作先行，形成深度合作样板区

一是推进重点产业功能区协作。依托德阳经开区装备制造产业功能区、凯州新城装备制造产业功能区、成都天府新区智能制造产业功能区，推进两地在整机及关键零部件研发制造环节加强协作。依托天府数谷，联动成都电子信息产业功能区、成都芯谷，前瞻开展量子计算机等新型电子器件和微电子技术联合攻关，重点发展传感器等关键零部件研发、软件开发等产业价值链高端环节。探索两地产业功能区的空间共建和资源共享，如两地功能区研发平台、设施设备、技术人才和关键工艺的有偿共用。加快推动金牛-什邡、成华-旌阳、郫都-罗江共建"飞地园区"。二是加快边界地区产业合作突破。推动凯州新城与淮州新城共建凯淮融合发展示范区。持续推进彭什川芎现代农业产业园、金中成渝现代高效特色农业带合作示范园、彭什黄背木耳（食用菌）现代农业产业园、青广现代粮油合作产业园建设。三是深化两港一体化运营。推进两港深度合作，在平等协商的基础上确定税收分享比例和经济指标核算划分并动态调整，争取在同一铁路港名义下共享成都国际铁路港的国际班列始发站、国家铁路港开放口岸功能方面得到国家支持。推进德阳国际铁路物流港完善保税物流中心（B型）功能配套，推动进口保税开展仓储业务，提高保税仓运营效率，夯实申报保税物流中心基础，争取早日获批。

四、提升产业政策整体性，实现资源要素有序流动

一是增强两地产业政策系统性。成德内部要打破壁垒、拆除藩篱，建立两市产业领域制度规则和重大政策沟通协调机制，提高政策制定统一性、规则一致性和执行协同性。以产业政策的系统性、整体性带动产业发展的分工协作，以产业政策的协调性鼓励企业在两市开展配套合作，继续加强两地在企业登记、土地管理、投融资等领域的政策协同。二是深化要素市场一体化改革。深化"人地"

挂钩制度改革，探索建立跨区域统筹用地指标、盘活空间资源的土地管理机制。在成都都市圈范围内统筹建设用地指标，支持建设用地指标重点向都市圈同城化重大功能平台、跨区域重大基础设施、重大生态环境工程项目倾斜。依法推进农村集体经营性建设用地使用权出让、租赁、入股，实行农村集体经营性建设用地与国有土地同等入市、同权同价，盘活区内土地存量。实现专业技术人员执业资格、职称、继续教育学时等互认，破除人才流动限制。

五、完善产业协作长效机制，促进合作实质性突破

一是健全工作推进机制。将同城化发展单独纳入省委省政府目标绩效考核体系，调动省级部门参与同城化建设，发挥省级层面统筹、协调、支持的重大项目、重点改革力量。加强跨市域产业发展专项规划衔接，出台有效推动资源互补、分工协作、市场一体、互利共赢的一揽子产业协同发展政策措施。二是建立区域间成本共担利益共享机制。探索建立跨区域产业转移、重大基础设施建设、园区合作的"成本共投、利益共享、风险共担"机制，完善重大经济指标协调划分的政府内部考核制度，研究对新设企业形成的税收增量属地方收入部分实行跨地区分享，分享比例按确定期限并根据因素变化进行调整，彻底打破两地因行政区划导致的"水油"分离局面。建立财政协同投入机制，积极对接成都推动设立成德同城化产业发展基金，统筹用于区内建设。

第六章　构建多元创新圈

党的二十大指出，要"坚持创新在我国现代化建设全局中的核心地位"。创新驱动发展是全面建设社会主义现代化国家的一项重要战略。在成渝地区双城经济圈发展大框架，四川"四化同步、城乡融合、五区共兴"大格局，成都都市圈建设大共识背景下，推进成德区域协同创新能够有效整合区域内创新资源，激发创新活力，推动产业升级与建圈强链，是推动区域经济高质量发展的重要支撑和保障。

第一节　成德区域协同创新发展现状

成德区域经济已经进入以区域协同高质量发展为主要趋向和以创新驱动为主要特征的新发展阶段。2022 年成德两市贡献了全省41.64% 的 GDP、36.67%的工业增加值、50.63%的服务业增加值，拥有了一定实力的装备、技术、人才条件和聚集优势。近年来，成德两地坚持以建设成德眉资创新共同体为引领，集聚高端创新要素，共同提升协同创新、技术研发和成果转化能力，努力跑出成德经济动力转换"加速度"。

一、深化产学研合作，加强关键核心技术攻关

成德区域创新型大学、研发机构、创投基金等科创平台和创新要素密集，聚集了全省六成高校及科研院所、六成研发投入和专利授权以及几乎全部的国家大科学装置，积累了一定的科技创新资源。从国家、省级科研机构来看，成都、德阳占据了全省六成左右

的国家级重点实验室、工程技术研究中心。从科研投入产出来看，成德两市贡献了全省近 60% 的 R&D 经费投入，科技创新活力十足。为此，聚焦重点产业发展需求，德阳加强与成都高校、科研院所的对接合作，拓展合作领域，支持本地企业联合大院大所开展关键技术攻关、科技成果转化，引进聚集一批高层次人才或团队。围绕国家科技成果转移转化示范区建设，不断深化产学研合作，共同支持成德两地高校、科研院所围绕能源装备、轨道交通、新能源汽车、通用航空等产业强化需求导向的科技研发。加快构建开放式政产学研协同创新体系，推动两市国家重点实验室、重大科研基础设施、大型科研仪器、科技文献、科学数据等科技资源合理流动。

二、协同推进平台建设，推动科技成果转移转化

围绕建设世界级重大装备制造基地，德阳依托成都高新区国家自主创新示范区等平台，共同探索各具特色的科技成果转化机制和模式。一是共建成德协同创新中心。成都知识产权交易中心德阳服务中心挂牌运行，成德协同创新中心落地运营，与重庆大学共建的"德阳智能机器人研究院"落地凯州新城。加快与成都高新区共同打造成德高端能源产业集群创新中心。二是协同共建中国西部（成都）科学城。成德协同参与中国西部（成都）科学城建设，共同打造科技创新中心的重要载体。共同引聚国家（重点）实验室、工程（技术）研究中心、产业（技术/制造业）创新中心等高层次科创平台，积极推进国家和省级重大科技基础设施、重大科技专项落地建设。三是共建重点实验室等创新平台。以企业为主体，与国内知名高校、科研院所共建重点实验室、工程技术研究中心、创新联合体等创新平台。成功承办"汇智成渝·科技之春"协同创新大会，"国家科技创新汇智平台德阳中心"现场揭牌，该平台是国家级平台在川内的首个区域平台。推动德阳"科创通"平台上线运行，联合成绵眉资发布六批城市机会清单共计 531 条需求信息。四是共建高端能源装备产业集群创新中心。2023 年"成德高端能源装备产业集群创新中心"揭牌成立，成德将共建新型孵化平台，为企业发展

提供融合服务，并协同探索建立科技成果跨区域转化机制以及项目投资和投后服务等合作机制；深度开展项目引进，强化在高端装备制造领域的项目导入，共建项目库；围绕双方产业发展政策，互相推荐、共建共享高端装备制造等行业储备人才库；探索设立高端装备产业专项基金等，势必会在构建区域协调发展体系、共同打造先进制造业产业集群上产生示范引领作用。

三、激发区域创新活力，加强科技创新资源共享

成德两地共同开展重点产业路线图研究，整合产业链、创新链关键环节，实现优势互补、集群成链，打造区域发展共同体。以深化产业功能区校院企地深度融合为抓手，全面梳理两地产业园区功能及产业布局，推动两地产业、园区结对错位发展，实现资源共享。共同实施科技型企业梯度培育计划，推动高校院所科技成果落地产业功能区，催生培育一批科技型中小企业。深化产学研用深度长效合作，促进科技企业创新能力提升，引导企业加大研发投入、加快关键核心技术突破和产品创新。推动成德两市国家重点实验室、重大科研基础设施、大型科研仪器、科技文献、科学数据等科技资源合理流动，探索共建科创资金池，优化科技创新券政策体系，重点在资源共享协调、创新券跨区域"共通共用"政策协同等领域建立新机制，推动协同共享科技资源。共建成德科技创新资源共享平台，探索建立大型科研仪器共享服务机制。全面开展成德眉资同城化区域科技创新券互认互通试点，促进区域创新资源共享共用。

四、协同共建科创走廊，优化区域创新空间布局

《成渝地区双城经济圈建设规划纲要》明确提出要把成渝地区建设成为具有全国影响力的科技创新中心。《成都都市圈发展规划》也提出要协同提升创新驱动发展水平，建设成德眉资创新共同体。成德共建天府大道科创走廊，是事关发展全局、提升创新战略位势的核心路径，具有"一子落、全局活"的关键作用。成德两市强化

科技合作，合力推动天府大道科创走廊建设，开展总体战略研究，出台《天府大道科创走廊（德阳）建设方案》，配合成都科技部门制定总体建设方案。成德眉资四市签订《成德眉资同城化科技协同创新合作协议》，会同四市高新区发布《成德眉资协同推进高新技术产业开发（园）区高质量发展的倡议书》，助推四市协同发展。

第二节　成德区域协同创新发展存在的问题

虽然成渝地区双城经济圈、成都都市圈建设急速升温，为成德创新共同体建设提供了前所未有的契机，但立足发展现状，发展不平衡不充分问题突出，仍然面临一些薄弱环节和深层次制约。

一、协同创新行政壁垒制约

与一些国内外自发形成的区域创新共同体相比，成德协同创新进展较为缓慢，目前的"一体化建设"更需要打破行政壁垒，充分发挥政府"有形的手"进行推动和主导。两市隶属不同的行政区划单元，处于不同的经济发展阶段，发展状况、发展需求、发展方式差异较大。成德两市在体制机制上存在差异，技术攻关、项目实施、成果转化、科技创新券互认互通等政策落实兑现均有相关制度规章进行管理，这导致财政资金无法实现跨区域自由流动，限制创新主体的协同互动，影响成德两地科技同城的深度和广度。

二、区域协同共建机制不全

从目前来看，两地坚持高质量发展的目标具有一致性，但如何推动一体化还处于摸索阶段。一是体制机制障碍尚存。围绕共性关键核心技术的协同攻关机制尚未建立，科技创新资源开放共享程度较低。飞地园区、合资公司等区域协作模式仅在金牛-什邡等个别结对区域取得实质性进展，其他区域实践不够。二是区域合作层次不高。天府大道科创走廊总体规划、建设方案尚未编制完成，缺乏一体化发展合作框架。成德协同创新中心缺乏深度对接，区域合作层次不高。两市之间的科技创新政策不统一、创新支持力度不协调、利益共享机制不完善，导致创新资源要素流向偏向于政策支持力度较大的成都，"虹吸效应"制约德阳的发展。三是创新综合实力差距较大。国家赋予成都建设西部（成都）科学城、成渝综合性科学中心的历史使命，天府实验室、国字号创新平台大多布局在成都区域内，创新要素高度集聚。相比之下，德阳市尚未打造出彰显城市科技创新实力的名片，人才、金融等资源较匮乏，协同创新双向互动不够。

三、科技创新成果转化率偏低

成德两地如何将科技创新成果转换为及时、高效的产业与产品，突破科创成果转移转化的"最后一公里"面临诸多制约。一方面，部分成果向生产转化的成熟度还不够。长期以来存在一种误区，认为科技成果转化率偏低是投入过低造成的。而从科研投入来看，成都 R&D 经费占全省投入总经费的 50% 左右，德阳市 R&D 经费占全省投入总经费的 7% 左右，投入强度较大。而科技成果不能转换为生产力的根本原因之一，就在于部分成果未能达到向生产转换的成熟度，即"成果还不是成果"，真正的成果过少，成果乱象依然存在。另一方面，成果转化主体明显不足。2020 年成德两地的专利申请分别占全省约 60%、5%，专利授权分别占全省约 60%、4%，位于全省前列。但高校、科研机构、企业等主体协同创新体系未形成，导致创新服务供给和创新需求之间存在结构性矛盾。目前，虽然成都有 1 个国家级、4 个省级科技成果转移转化示范区，德阳有 1 个国家级、2 个省级科技成果转移转化示范区，但两地承担科技成果转化的主体明显不足，就德阳而言，目前仅有中国民航飞行学院、四川省建筑职业技术学院、四川工业科技学院 3 所学校有部分成果进行转化。

四、科技创新资源结构性短缺

区域创新资源虽然较为丰富，但总体创新实力不强，产业趋同现象较为明显。成德在电子信息、重大装备制造、航空航天制造、生物医药制造、先进材料等重点产业方面均具有西部引领优势，已经初步形成了一批有规模、有技术、有实力的先进制造业产业集群。2021 年工信部公布先进制造集群，四川省成都市软件和信息服务集群，四川省成都市、德阳市高端能源装备集群成功入选。但两地产业定位同质化较为明显，两地在招商引资、产业布局等方面相互重复与低水平竞争，不利于两地间的产业分工和创新协作。

第三节　成德区域协同创新发展对策建议

本书建议以成渝地区双城经济圈建设为战略引领，以"同城融圈"战略为抓手，强化相向发展合力，打造科创生态圈、形成创新共同体。

一、以完善体制机制为供给，明晰目标导向

基于"需求—供给"理论框架的制度变迁模式决定着协同创新的"宽度"，而强制性制度变迁能够带动诱致性制度变迁的发生，这是成德协同创新的基本动力。一方面，革新生产关系，推动顶层设计先行。成德创新协同推动高质量发展，"高质量"强调的是生产力发展水平，"共建"强调的是生产关系的协同，因此打破各自"一亩三分地"的制度性障碍是关键。以"层次分明、功能互补、统一衔接"为原则，加快推动两市区县、市级部门的对接合作，强化政策的正向溢出效应，以达到成都对德阳的反哺，解决创新体制"内部失灵"的问题。另一方面，争取省级支持，强化体制机制引导。成德隶属于不同的行政区划，仅仅依靠两市的合力，某些领域难以破冰，需要争取省委省政府的战略支持。以省级层面为牵引，

共同探索建立成本共担和利益共享机制，跨区域布局重大项目、重大平台。进一步推动成德两地科技与知识产权服务平台、机构等创新资源的对接与合作，建立科技成果与知识产权项目共建共享机制，推进成德两地创新资源互联互通，推动成都创新资源优势向德阳辐射，实现成德优势互补、资源共享，协同提升创新驱动发展水平，助力成德两地产业高质量发展。

二、以加强平台载体建设为基石，撬动资源共享

以天府大道科创走廊、区域协同创新中心建设等重点任务为突破点，依托国家科技创新汇智平台德阳中心、成德协同创新中心、"科创通"等，建立成德技术成果池和技术需求池，推动两地资源共享共用。一是加快建设天府大道科创走廊，加紧编制科创走廊建设总体规划方案以及成德共建方案细则，围绕天府大道交通轴线，优化经济和城市空间布局，精准聚焦"科创+产业"，打造罗江经开区、物流港、天府数谷、天府旌城、德阳经开区、德阳高新区、成都大港区、成北新消费活力中心、凤凰新城等，推动沿线产业链分工协作、创新资源开放共享。二是加快建设德阳大学科技园，大力开展招院引所，引入在蓉知名高校院所和龙头骨干企业入驻园区，促进资源要素向德阳流动。三是优化协同创新中心建设运营，推动创新券互认互通，加快组建同城化科创基金。四是推动打造研发、招商、科技成果转移转化等创新平台，实行"研发设计在成都、转化生产在德阳""总部在成都、基地在德阳"的模式，吸引优势"头部""链主"企业在成都设立总部基地、研发中心，将生产基地落户德阳，实现协同创新、互利共赢。

三、以延展产业价值链条为抓手，细化创新分工

产业生态圈是高质量发展的重要增长极，基于科技创新带动产业高质量发展决定着成德协同创新的"力度"。一是推动产业差异化配置。德阳可利用打造中国装备科技城的契机，充分发挥清洁能源装备、数字经济等差异化优势产业，形成各具特色的创新节点，

实现优势互补。二是推动主导产业集群发展。值得注意的是，集聚发展并非盲目发展，而是要引导产业集中布局，着力构建以高新技术产业为主导，以电子信息、重大装备为特色的产业集群带，不能一哄而上，不顾实际条件盲目发展，搞低水平重复建设，围绕科创产业引进一批重大项目，形成多业并举的产业发展格局。三是推动产业"飞地"园区建设。"飞地经济"是跨区域合作的重要模式，能够释放两地互补优质生产要素的红利。坚持"项目为王"，"转出地"和"转入地"要以项目合作为突破。省级层面建立"飞地经济"项目库，实行动态调整。成立电子信息、重大装备、航空航天等产业园区联盟体系，常态化召开联盟建设会议。

四、以促进科创成果转化为支撑，极化创新效能

要防止"摊大饼"式的简单总量扩增，就要提升科创成果的转移转换效率，这决定着科创走廊建设的"深度"。一是强化关键核心技术攻关。探索成德跨区域共性技术联合攻关机制，以"揭榜挂帅"制度作为实现核心科技突破的契机，建立"项目经理人+技术顾问"的管理制度，合力开展重大科技项目立项、遴选、管理，确保关键核心环节自主可控，着力培育一批具有重大经济效益潜力和产业支撑能力的成果，提高科技成果供给质量。二是打破科研生产"两张皮"。畅通成果转化供需渠道，构建纵向联动、横向联通的"省-市"两级科技成果转移转换体系。在市级层面，依托科研院所、企业等成立门类齐全、专业性强的成果转移转化分中心。以需求为导向引导企业成为技术创新投入主体，推动形成区域各创新主体共荣共生的政产学研用联盟，以专业化服务机构为支撑发挥市场化交易平台作用，推动信息对称和交易撮合，加速科研成果落地转化。促进科技金融深度融合，大力推广"天府科创贷"，推动建立"天府科创贷"德阳分中心，加快实施"德阳科创贷"。三是加强科技成果转化人才队伍建设，实现"有人转"。创新要素归根结底还是依靠人才要素，人才是资金和技术的有形载体。专业从事科技成果转化的人才比较少，特别是能提供面向不同项目开放共享的工程

转化团队更为稀缺。建议围绕成德眉资同城化建立环高校科技成果转化人才培养和激励机制，设立专项科技成果转化人才政策，鼓励广大高校毕业生加入科技成果转化事业中来，充分发挥成德眉资人力资源协作优势。以区域人才一体化发展为支点，引导人才向德阳"辐射"。人才柔性流动是系统性工作，需要建立"政府、企业、高校、科研机构"多位一体的协同机制，共建区域人才引进平台、人才信息库、人才需求库，互通区域人才交流信息。

第七章　同享优质生活圈

公共服务是政府直接或间接为公众提供并为所有人共享的服务和设施，涵盖教育、医疗、文化、体育、保障等各个方面。推进公共服务一体化是将区域范围内的公共资源可获得性、便利性以及均等性推进到区域之间，进而实现公共教育、基本社保、医疗卫生、文化服务等公共服务共建共享。当前，区域公共服务一体化建设已经成为推进成德同城化发展进程的关键环节，是必须解决的重要问题，能为两市发展提供重要的要素基础支撑，有利于发挥核心城市辐射作用，带动周边城市激活资源，进而促进成德两地市场、经济产业以及创新等方面的一体化。

第一节　成德两地公共服务一体化发展现状

公共服务一体化不仅是同城融圈的题中之义，而且是成德两地居民的共同诉求。依据共同签署的《关于加快成德眉资同城化发展合作协议》及共同制定的《同城化发展五年行动计划》《同城化发展五年行动计划项目表》，成德两地明确25项重点工作任务以及5个合作项目和事项，重点围绕推进区域规划、基础设施、产业布局、生态环保、公共服务、户籍管理、人才发展、政策机制八个同城化发展重点，与成都形成87项具体任务，初步建立起"清单制+责任制"的工作机制，其中，公共服务是同城化发展的合作重点之一。

随着成德同城化的深入推进，公共服务共建共享逐步有效落实。一是教育资源共享共用有效推进。成德两地深入推进学校结对共建，覆盖学前教育、义务教育、普通高中和职业教育各学段。截至 2023 年 5 月，成德新增德阳中学与成都石室中学、绵竹中学与成都七中、德阳三中与川师附中、市一小与电子科大附小等 22 对学校结对，成德各类结对学校总数达到 107 对。加强教育联盟建设，成德各类教育联盟总数达到 10 个，覆盖党建、德育、职业教育、教育科研、教育评价等多个领域。"十四五"以来，成德累计贯通式培养 1 737 人，德阳 55% 的高校毕业生、50% 的中职毕业生到成都都市圈就业，德阳已有 7 所中职学校分别与成都师范学院等 13 所成都高校开展"3+2"五年贯通培养，教育协同发展不断深化。二是医疗卫生同城合作扎实开展。25 家都市圈医院实现 99 项检查检验结果互认，20 余家医疗机构与华西医院等开展深度合作，异地就医直接结算定点医药机构达 2 100 余家，成德跨市多点执业医师人数达 70 人。建成成德眉资、德渝医疗卫生人才库，在高级职称评审等多个方面建立合作机制，推荐 59 名正高级职称专家入库，推动成都平原经济区卫生人才专家库资源共享。成德共建急救医疗网络体系，打造"急救大平台"，建立院前—抢救—后续治疗全流程"一站式"救治体系，医疗协作不断深化。三是政务服务跨域通办持续深入。166 项高频政务服务事项实现"同城化无差别"通办，全市已受理成眉资跨区域"无差别"事项 1.5 万余件；实现户籍网上迁移一站式办结、养老保险待遇领取资格异地线上核查认证，启动实施住房公积金同城化，就业登记、税收减免认定等信息实现互通互认，两地银行实现同城结算；广汉—青白江在四川省率先实现首批 33 项审批服务跨域通办；成都航空口岸 144 小时过境免签政策区域扩大至德阳等。

第二节　成德两地公共服务一体化存在的问题

成德同城化面临一系列难题和挑战，既有自然禀赋、发展水平、基础条件等方面的结构性障碍，同时也存在制度、机制、政策分割、利益协调等制度性障碍。与国内同城化先进地区相比，成德两地城市发展水平和财力差距过大、公共服务供给不足和供给不均、公共服务均等化缺少有效协调机制等问题突出，严重阻碍了基本公共服务一体化建设的进程。

一、成德两地城市发展水平和财力差距过大

受我国现行财政体制的影响，公共服务的供给大多是由地方财政资源的投入和分配决定的，财政收入的多少由地方经济发展水平决定，各地居民的公共服务水平和生活质量与地方财力直接相关。一方面，财政支出能力存在差距。地方政府依赖财政投入负责辖区内的公共事务，出于各自利益考虑更关注辖区内的地方利益，以当地利益为主虽然具有一定的合理正当性，但是财政支出能力不同必然导致公共服务水平的差距。成德两地财政悬殊，加之公共服务占政府公共财政支出比例一般较低，这直接影响两地公共服务均等化水平。而在供给不足的情况下，地方政府对公共产品和公共服务的"理性"竞争会加重同城圈内供给不均，进一步加剧区域公共服务非均等化差异。另一方面，缺乏财政统筹平台。在都市圈的发展进程中，中心城市的极化效应将直接影响基本公共服务供给的数量和质量，进一步阻碍区域整体基本公共服务的均等化进程，如成德两地医疗服务水平差异较大。而在同城化发展中财政收支分配一直是一个敏感而复杂的问题，成德两地财政由地方财政局独立支配，各个地方根据地区发展规划，由地方政府及地方财政局独立制定财政收支计划或安排，整个同城化区域缺乏一个财政统筹平台，如何分担区域基本公共服务一体化建设责任，财政支出如何合理并有效地配置等一系列问题无法得到解决。

二、成德两地公共服务均等化缺少有效协调机制

公共服务一体化的实质在于依据经济社会发展规律和市场化需求，推进基本公共服务资源跨区域流动和共享，在流动中实现公共效益的最大化和公共服务的均等化。当前成德协同推动公共服务一

体化的工作中缺乏统一的规划和标准，尚未建立区域公共服务的总体布局和明确推进目标，没能形成便利共享的公共服务一体化协调机制。一是缺乏公共服务供给标准的统一协调机制。现有行政体制下，各地公共服务主要由地方政府供给，各地政府依据本地财力和居民需求形成了各自的政府公共服务体系，成德两地同样面临公共服务供给"各自为政"、供给标准不统一的问题，在成德同城化的推进过程中，没能形成有效的保障区域间两地政府供给标准统一协调的机制，两地公共服务水平整体差距仍在扩大。二是公共服务合作机制尚未达成深度共识。成德两地公共服务的共建共享机制没有形成有效衔接和流转，以框架协议为主，缺乏系统规范的配套措施和具体有效的合作机制。以社会保障为例，成德两地不同的社会群体因户籍差异、工作所属单位性质不同，形成了条件不同、待遇不同、独自运行的各类社会保障政策，导致社保制度整合协同难，最直接的表现就是异地就医保险和直接结算仍存在障碍。此外，成德两地在教育资源共享、应急协调等方面尚存在行政壁垒。三是区域公共服务均等化的绩效评估体系不完善。由于同城化发展未单独纳入省委省政府目标绩效考核体系，缺乏调动省级部门参与的有效激励手段，现有成德两地公共服务均等化更多是一种政策要求，尚未形成具有操作性的绩效评估指标，缺乏相应的激励和约束机制，并未将区域基本公共服务均等化纳入政府绩效考核体系。同时，公众对区域公共服务的评价体系缺乏有效参与。四是利益协调机制不健全。区域公共服务一体化出现了多种矛盾和问题的聚集，包括有限的财政供给与实现公共服务的公平性和最大普及性的矛盾、公共地带基本公共服务的建设责任归属矛盾、中心成都与地方德阳之间可得利益矛盾等。如何最大限度地减少行政壁垒带来的区域分割，设计合理的利益分享机制和利益补偿机制，促使地方利益分配公允公平，成为都市圈基本公共服务领域实现便利共享的迫切需要。

三、成德两地公共服务供给主体单一和市场化动力不足

同城化的实施和推进过程，既是地方追求利益最大化的结果，

也是地方政府相互博弈和妥协的过程，成德两地公共服务供给以地方政府为主导，市场化动力不足，公共服务一体化建设受阻。一方面，基本公共服务供给模式单一。现有公共服务供给体系仍然面临着精准性、有效性、适应性、灵活性不足等问题，尤其是在供给主体方面，在供需矛盾的作用下，虽然成德两地开始探索市场机制和引入社会力量的多元化公共服务供给，但总体而言，公共服务供应主要是以地方政府为主导力量的供给模式，地方政府负责公共服务的投入、建设、分配，集决策者、提供者和监督者于一身。这种基本公共服务供给模式制约着基本公共服务的跨行政地区转移，从而增加了名师、名医、人才等公共服务资源要素的流动成本，加剧了成德两地基本公共服务的非均等化。另一方面，区域公共服务供给市场化动力不足。市场能够运用供求机制精准识别公共服务需求并及时将其反馈到供给决策中，这是发挥市场效率优势的前提假设。但公共服务和公共物品一般具有非排他性和非竞争性特点，这导致区域公共服务供给缺乏良性竞争机制，市场化动力受限，降低了供给效率和质量，无法满足民众对基础公共服务的实际需求，造成区域内集中供给与多元化需求的矛盾，成德两地基本公共服务总体不足和局部浪费并存的局面。同时，随着成德两地社会经济的发展，城市居民必然会产生不同的公共服务需求层次和公众偏好差异，现有供给方式显然无法满足多元化需求。

第三节　成德两地公共服务一体化发展路径

在推进成德同城化的发展进程中，要着力从群众的期盼入手，突出均衡化、便捷化、人文化、品质化导向，探索建立公共服务供给的良性合作竞争机制，推动成德两地在公共服务均等化供给领域达成深度共识，同步合理配置以教育、医疗、文化等为代表的公共服务设施，注重生活同圈，避免因地区差异而阻碍居民享受相对均等化的公共服务。

一、平衡公共服务转移支付使用

政府转移支付是实现公共服务一体化的主要手段，它的主要目的在于以转移支付的方式使各地在基本公共服务供给方面达到均衡，使各地区居民共享公共服务的内容，最终实现社会公平。为真正实现公共服务的一体化，应建立一个统筹成德两地的专门机构，对政府转移支付进行合理的分配和使用，保证财政转移支付资金的使用效率。同时，由地方独立的机构对其进行监督和调查，保证财政转移支付资金的公平性，特别是提高一般性的转移支付规模，控制专项转移支付规模。与此同时，在衡量转移支付数量的时候，应将地方财力和富裕程度等指数包含在内，以正确发挥财政转移支付的作用，在保证富裕地区财力不降低到平均水平的前提下，带动同城化地区经济社会共同发展，最终缩小地区之间贫富差距。就成德公共服务一体化而言，成德两地发展程度较高的为成都，财政实力雄厚的也是成都，在财政转移支付及财政统筹层面可适当对德阳实施一定的政府财政支援。

二、健全公共服务区域协同管理制度

在同城化的实施过程中，应做到有"法"可依。由于同城化建设过程中存在的行政制度障碍问题在短时间内无法得到解决，因此这里的"法"更多强调同城化建设中不同服务机制的对接、不同政策的衔接、不同服务标准的统一。为了解决由于行政政策或效率地区不一致带来的问题，必须制定一系列的政策、标准，实现有"法"可依。例如，成德两地在教育、卫生、保障系统等方面可以在省厅的统一领导下进一步规范收费行为，定期开展收费检查，建立健全服务收费管理制度。在加快基本公共服务的相关协同立法的同时，注重整合现有关于公共服务的法律法规，提升法律层次，形成比较完善的基本公共服务法规体系。在此过程中，尤其要发挥中心城市——成都的辐射作用，促进德阳市发展政策保持一致性，规范基本公共服务供给朝着正确的方向发展。建立健全成德两地的公共服务政策及法律体系，针对不同类型的公共服务提供差异化的引导和规范，不断完善区域公共服务均等化供给制度保障。

三、推动区域公共服务信息共享平台建设

充分利用大数据的运转与传输能力，积极推动省级层面建立统一的信息化平台，解决都市圈内"数据烟囱"与"信息孤岛"等问题，借力"互联网+"，建立公共信息数据库，促进区域信用信息、医疗信息、教育信息的共享互认，推动食用农产品、消费品互认互通互监，加强养老保险待遇资格协助认证合作、异地就医结算合作、工伤保险合作等，加快"互联网+户政服务"发展，推动"微户政"平台建设，推动实现户籍便捷迁徙，探索居住证互通互认，建立户籍与居住登记并行的人口服务管理新机制，实现流动人口服务管理"一体化"运行。重点提升社会保障信息化建设水平，推进养老、失业保险关系无障碍转移和联动监管，逐步实现社保制度、经办标准、服务流程同城化；积极推广"社保"一卡通服务模式，以社保卡为载体，在政务服务、交通出行、旅游观光、文化体验等方面率先实现"同城待遇"；同时建立社保基金风险防控合作机制，加强社保欺诈案件异地协查。总之，成德两地应以信息化建设为平台，促进形成智慧教育、智慧医疗、智慧养老等公共服务领域的智慧化、精准化与高效化发展，共建数字化、便捷化与品质化都市圈。

四、实现区域公共服务资源共建形式多样化

一是强化结对共建。以开展城际伙伴学校合作办学、师资对口支援、设立异地分校区、成立跨城市教育联盟等多元化跨域教育资源联动的教育方式，持续探索推进县域整体结对合作和校际集团化结对共建，深化成德优质学校结对共建，推进德阳头雁名校进入成都优质学校联盟，进一步扩大优质学校结对数量。二是推动合作共建。有序扩增检查检验结果互认医疗机构范围和互认项目，争取将中江县人民医院、什邡市人民医院纳入检查检验结果互认医疗机构

范围；深入推进华西医院托管绵竹市人民医院、四川省人民医院托管广汉市人民医院和德阳市第二人民医院，深化医教研、远程医疗、双向转诊等协作，实现医疗卫生资源合作共享。三是拓展跨域通办。重点拓宽公积金政策协同覆盖事项，着力优化同城化贷款业务及服务流程，在前期成德眉资缴存职工在四市区域内非缴存地购房可向缴存地住房公积金中心申请公积金贷款政策的基础上，探索银行配套发放商业贷款，在都市圈范围内实施跨区域组合贷款购房政策；同步协同推进政策覆盖二手房贷款，提升制度吸引并扩大辐射面。

五、形成公共服务同城化常态化发展机制

一是标准化的绩效评价机制。针对成德两地不同类型的公共服务提供标准化的引导和规范，明确各级地方政府职能权责，形成具有操作性的绩效评估指标，完善配套的激励和约束机制，同时将成德两地公共服务一体化建设工作纳入省委省政府目标绩效考核体系、纳入成德两地地方政府绩效评估考核体系。二是规范化的对接协调机制。以成德两地共同利益为导向，探索建立公共服务供给的良性合作竞争机制，推动成德两地在公共服务均等化供给领域达成深度共识，充分发挥好成德同城化发展领导小组的统筹协调职能，着重加强德阳与成都对口部门的衔接沟通，双向发力，共同创新同城化协同发展模式和举措。三是科学化的供给合作机制。充分协调成德两地公共服务供给各主体的利益关系，实现基本公共服务政府事权和财权匹配，在市场侧持续推进公共服务市场化改革，引导多方资源力量参与公共服务供给。同时，持续推行"清单制+责任制"动态管理，定期跟踪督查公共服务领域重点项目及合作事项的推进情况，不断提升公共服务供给效率和质量。

工业强市篇

第八章　工业现代化理论及实践概述

工业现代化是中国式现代化的根本前提和物质基础。习近平总书记多次强调，"工业是我们的立国之本""必须发展实体经济，不断推进工业现代化、提高制造业水平"。由此可见，工业现代化是国家现代化建设的核心。党的二十大报告提出，要推进新型工业化，加快建设制造强国、数字中国，推动制造业高端化、智能化、绿色化发展，推动现代服务业同先进制造业、现代农业深度融合。作为"重装之都"，德阳不断加速从传统工业向现代工业和智慧工业转型，正逐步迎头赶上工业现代化的地区先进水平。

第一节　相关概念及理论溯源

工业革命是工业文明的历史起点和逻辑起点，也是世界现代化的历史起点和逻辑起点。第一次工业革命发生后，工业化这一带有世界全局性、历史阶段性的概念便得以形成。

一、工业革命

近代工业革命的发源地是英国，18 世纪 60 年代，水力纺纱机、珍妮纺纱机、骡机、蒸汽机等机器的相继发明和应用标志着第一次工业革命的开始，标志着人类从农业文明时代进入工业文明时代。19 世纪 70 年代后，发生了第二次工业革命。和第一次工业革命相比，其显著特征是将最新的科学发展与技术革新紧密结合在一起，形成了"科学技术"的力量。这一时期，在能源和交通工具方面取得了重大突破，包括内燃机的使用、电气工业的产生发展以及石油化工、钢铁冶炼、船舶制造的广泛应用。第三次工业革命一般认为发端于二战以后，因为战争的推动及"冷战"竞争的需要，一大批新兴技术得以发展，包括信息技术、新能源技术、空间技术、海洋技术等诸多领域的科技成果层出不穷。第三次工业革命，将世界带入了空间技术、原子能技术和计算机信息技术时代。在第三次工业革命的基础上，现代科学技术又发生了重大变革。随着互联网、物联网、物流网、数字化、云计算、工业机器人、智能化等技术的日益完善，第四次工业革命悄然拉开帷幕。以智能化生产、互联为核心的第四次工业革命以前所未有的方式改变着现代社会的生产和生活方式。

二、工业化

从广义上理解，工业化主要涉及经济领域，与社会经济的发展有着密切的联系，工业化的过程通过生产技术与生产力变革对经济结构进行调整，甚至引起经济体制与社会制度的变化。从狭义上理解，工业化是指在国民经济中，工业产出和工业劳动力占比上升、工业生产方式向全社会渗透的过程，是现代化的主线，其最直接的表现是工业在国民经济中所占比重及影响程度显著持续上升[①]。总之，工业化是一个经济结构不断调整，工业尤其是制造业的占比不断上升，能够对经济发展产生重要影响的过程。

三、工业现代化

从理论上讲，现代化是工业革命以来人类社会经历的一场急剧变革，这场变革以工业化为主要推动力量，从而导致传统农业社会向现代工业社会的大转变过程[②]。工业化不等同于现代化，工业化最终的目的是实现现代化，工业现代化内嵌于工业化进程之中。学

---

① 王薇. 数字经济背景下中国式工业现代化的转型 [J]. 西安财经大学学报，2023，36（2）：12-20.

② 罗荣渠. 现代化新论：中国的现代化之路 [M]. 上海：华东师范大学出版社，2013：17.

界对于工业现代化虽然没有统一的定义，但从政策角度来看，工业现代化是指世界工业先进水平以及达到和保持世界先进工业水平的过程①。随着世界科学技术的不断进步，工业现代化的标准和要求不断提高。从已经或者即将实现工业现代化的国家（地区）的发展经验来看，其是否实现工业现代化，工业增长效率、工业结构和工业环境可持续化发展这三个方面是最主要的标志②。其中，实现工业现代化的一个基础标志是工业产业结构增长由高速转为缓慢，核心标志是工业结构的高级化，环境标志是工业经济与环境的协调可持续发展。

第二节　中国工业现代化的发展脉络

实现中华民族伟大复兴、实现中国梦的一个重要经济因素就是要完成工业化。中国大规模的工业化建设始于"一五"计划，从当时家喻户晓的"156项目"建设再到"三线"建设，不同时期的战略都为中国改革开放和后来的工业化发展奠定了坚实的基础，作出了重大贡献，产生了深远影响。

一、中国工业化的光辉历程

（一）中华人民共和国成立初期的探索

中华人民共和国成立初期，由于缺乏工业发展的经验，"一五"计划的制定主要由苏联帮助完成。"一五"时期最重要的就是苏联驰援中国建设的156个重点项目，这其中有147个属于重工业。"一五"计划充分反映了中华人民共和国成立初期的一段时间内，我国优先发展重工业的道路选择。社会主义工业化建设如火如荼地开

① 何传启. 现代工业的新前沿：中国现代化报告2014—2015：工业现代化研究综述 [J]. 科学与现代化，2015（3）：1-19.
② 刘海洋，盛欣龙. 关于加快实现大庆市工业现代化的调查研究 [J]. 法制与社会，2015（30）：207-208.

展，也奠定了初步工业化的基础。在"一五"计划实施过程中，毛泽东等中央领导人发现了苏联优先发展重工业模式存在巨大的弊端，但是借鉴苏联经验，正如毛泽东所言："这在当时是完全必要的，同时又是一个缺点，缺乏创造性，缺乏独立自主的能力。"① 由此可见，照搬照抄苏联重工业优先发展的模式并不适合我国国情，党中央随后立即对工业化道路进行了反思。以毛泽东同志为主要代表的中国共产党人提出了"两步走"战略，即第一步实现初步工业化，第二步实现"四个现代化"。这一时期的工业发展实践具有中国特色，符合中国发展实情，初步形成了中国特色工业化理论。

（二）"三线"建设的尝试

20 世纪 60 年代初期，美国对越南的战争升级，战火燃烧到中国的南大门，苏联不断制造边境事端且派重兵逼进中蒙边境，印度不断对中国的领土主权进行挑衅，浓厚的战争氛围笼罩在中国领土上空，迫使当时的中国做出新的决策："立足于战争，从准备大打、早打出发，积极备战，把国防建设放在第一位。"1964 年，中国的工业发展转入以国防工业为主导、以"三线"建设为重点的工业化道路。当时，"三线"建设的重点是："尽快地在内地建立一个体系完备的、技术先进的后方战略基地。在一线、二线的各省，也要分别建立小型的国防工业基地。"② "三线"指从外到内将全国划为三个区域，一线地区指沿海和边疆地区；三线地区指四川、贵州、陕西、甘肃、湖南、湖北等内陆地区，其中西南、西北地区俗称"大三线"，中部及沿海地区的腹地俗称"小三线"；二线地区则是指介于一、三线之间的中部地区。我国的十几个省级行政区开展了一场"以战备为中心，以工业交通和国防科技为基础"的大规模基本建设③。国家共投入 2 052 亿元资金和近千万人力，在中西部地区和东

---

① 中共中央文献研究室. 毛泽东文集：第 8 卷［M］. 北京：人民出版社，1999：305.

② 中共中央文献研究室. 建国以来重要文献选编：第二十册［M］. 北京：中央文献出版社，1998：166.

③ 同②：3.

部各省腹地，建设起近 2 000 多个大中型企业、科研和基础设施①。

"三线"建设是特殊时期的特别工业化道路，是在面临日趋紧张的战争环境时所走的一条必然之路。"三线"建设开创了我国工业新布局，初步建成了以能源交通为基础、国防科技为重点，原材料工业与加工工业相配套，科研与生产相结合的战略后方基地②，改变了我国基础工业薄弱、交通落后、资源开发水平低下的工业布局不合理状况。

（三）改革开放后的新发展

20 世纪 70 年代中后期，面对趋于缓和的国际政治环境，我国开始了改革开放的宏伟历程。党的十一届三中全会以后，以邓小平同志为主要代表的中国共产党人结合国内形势，做出了改革开放的伟大战略决策，强调加快推进经济建设，将全党和全国的工作重心转移到经济建设上来，进行社会主义现代化建设。中国步入了优先解决民生问题、以产业结构合理化与现代化为导向的工业化道路。

改革开放包括对外和对内两个方面。对外要开放，积极吸收资本主义国家的先进成果，为我国工业化建设提供宝贵经验与动力。对内要改革，在经济方面进一步改革计划管理体制，始终坚持按劳分配。随着经济体制改革的不断深化，邓小平认为社会主义和市场经济不存在根本矛盾，走社会主义道路，也可以发展市场经济。邓小平在全面把握本国国情和发展状况的基础上，提出了"三步走"战略。先解决人民的温饱问题，在生活条件有保障的情况下发展经济，保障了人民利益，激发了全党和人民的奋斗热情，对工业化建设产生了极大推动作用。

党的十五大提出，要坚持和完善公有制为主体、多种所有制共同发展的基本经济制度。中国工业化并非单一主体，而是多种主体并存、共同参与的结构，多种所有制工业迅速发展，其中非国有工业增长速度上升成为一个突出特点。进入 21 世纪以来，在产业结构

---

① 陈夕. 中国共产党与三线建设［M］. 北京：中共党史出版社，2014：369.

② 同①：18-19.

合理化、转变经济增长方式的基础上，中国走上了以市场为主导、以企业为主体、以创新为中心，工业化与信息化、智能化、生态化高度融合的新型工业化道路。新型工业化道路是完善社会主义市场经济制度、迎接新一轮科技革命兴起的挑战和面对巨大的生态环境压力引起的绿色发展转向的必然选择。

二、中国工业化发展的伟大成就

中国共产党始终坚持依靠人民、为了人民，我国的工业化进程始终得到了人民群众的支持，在短短几十年里取得了巨大成就。

（一）工业产值实现稳步增长

2010 年，我国制造业增加值首次超越美国，成为世界第一制造业大国。2022 年，我国工业增加值突破 40 万亿元大关，占 GDP 的比重达到 33.2%。其中制造业增加值占 GDP 的比重为 27.7%，制造业规模连续 13 年居世界首位。

（二）工业经济结构持续优化

我国传统产业不断升级，钢铁、水泥、煤炭、有色金属等传统产业不断淘汰落后产能，不断加快技术改进。在新一轮科技革命的背景下，新兴产业快速崛起，高技术制造业、装备制造业、工业战略性新兴产业的增加值增长迅速，移动通信、语音识别、掘进装备等跻身世界前列，集成电路制造、高档数控机床、大型船舶制造装备等加快追赶国际先进水平，龙门五轴机床、载人深潜等装备填补多项国内空白，制造业数字化、网络化、智能化水平持续提升，"互联网+制造业"新模式不断涌现。

（三）现代工业体系全面建成

中华人民共和国成立之初，我国工业部门十分单一，只有采矿业、纺织业和简单加工业，经过 70 多年的发展，当前我国已拥有41 个工业大类、207 个工业中类、666 个工业小类，是全世界唯一拥有联合国产业分类中全部工业门类的国家，已成为名副其实的工业大国。

三、中国工业化发展的宝贵经验

（一）坚持中国共产党的领导

中国共产党的领导是中国最根本的制度优势。从世界工业历史发展看，全世界仅有30多个常年社会稳定的国家实现了工业化，说明长期的政策稳定对于一个国家能否实现工业化具有决定性的意义。在中国共产党的领导下，我国仅用几十年时间就走完发达国家几百年走过的工业化历程。新中国始终将工业化作为国家的头等大事，从"一五"计划开始，中国共产党带领中国人民先后完成了十三个五年规划（计划），不断推进中国工业化建设。进入新时代后，面对不断变化的国际局势，中国共产党始终不忘初心，正一步一个脚印地带领中国人民向实现工业化强国的宏伟目标坚定迈进。

（二）坚持以人民为中心的发展理念

中国共产党始终坚持以人民为中心，坚持发展为了人民、发展依靠人民、发展成果由人民共享。中华人民共和国成立以后，党中央深刻认识到中国急需从落后的农业国发展为先进工业国，这是人民幸福、国家复兴的根本保障。选择优先发展重工业的战略决策也是坚定站在人民安全的角度予以实施的。改革开放以后，工业中心调整为人民生活所急需的轻工业产品，用以满足人民日益增长的物质文化需求。新时代以来，中国共产党更是带领中国人民全面建成了小康社会，其中工业发展发挥了重要的作用。在历史性地解决了绝对贫困问题之后，人民群众的获得感、幸福感、安全感显著增强，更加坚定地迈上工业现代化的新征程。

（三）坚持走中国特色工业化道路

中国的工业化发展学习借鉴了苏联的实践经验，但是中国共产党从来没有放弃探索符合中国国情的道路。中华人民共和国成立之初，我国的工业化不可避免地受到苏联模式的影响，但我们党始终坚持实事求是，将马克思主义普遍原理、经济发展和工业化的一般规律与我国特殊的国情相结合。一直以来，中国共产党并没有机械照搬他国模式，在学习借鉴的基础上走出了中国特色工业化道路。党的十八大以来，中国共产党用创新、协调、绿色、开放、共享的新发展理念指导工业化，在构建新发展格局中推进工业化，致力于实现高质量工业化，是新时代对工业化理论与实践的重大创新。

第三节　新时代工业现代化发展的战略方向

党的十八大以来，以习近平同志为核心的党中央提出了一系列治国理政的新理念、新思想、新战略，以创新驱动发展战略和制造强国战略引领工业发展。党的十九大报告庄严地向全世界宣告：中国特色社会主义进入了新时代。新时代，我国工业化进程进入了新的历史时期。新的历史方位下，中国工业化发展的目标是建设工业化强国。党的二十大报告指出，"坚持把发展经济的着力点放在实体经济上，推进新型工业化，加快建设制造强国"。工业是实体经济的主体，只有工业得到高质量发展，才能有效推进实体经济的发展。

《中国制造2025》《中共中央关于制定国民经济和社会发展第十四个五年规划和二〇三五年远景目标的建议》和党的二十大报告等政策文件，明确规划了我国建设现代化产业体系，推进新型工业化建设的宏伟蓝图。当今世界正处于百年未有之大变局，新一轮科技革命和产业变革蓬勃兴起，新技术、新产业、新业态、新模式正不断涌现。以信息技术、互联网、人工智能、大数据等为代表的新一代技术不断升级和广泛运用，给传统工业生产方式、价值创造方式、产业联系与布局等带来巨大变化，不断促进工业转型升级。新一轮科技革命和产业变革使工业竞争力的核心要素从以资本、劳动要素等为主转向以技术、数据要素等为主。集群化、数字化、绿色化和服务化的要求将把工业现代化推向一个全新的轨道。

一、集群化

伴随着工业化的发展，产业集群是在特定区域内的企业集团纵深一体化发展的必然结果。产业集群以其"大分散、小集聚"的空间分布特征使得资源迅速集聚、要素高效集成，以集群内部的联系和互动，降低生产成本，促进技术创新，产生外部经济①，是推动区域经济发展的重要经济组织模式。工业现代化的实现需要有效的产业组织形式，科学完善的产业集群对所在地区的产业结构优化调整具有非常重要的影响。先进制造业集群是产业分工深化和集聚发展的高级形式，拥有一批具有国际竞争力和影响力的先进制造业集群是制造强国的重要标志。未来的集群化发展更加注重各发展实体基于产业和区位的特点，以重大项目和重点企业为核心，推动具有区域主导性的龙头产业集群崛起，同时要求以产业关联为核心，加快建设产业集群内部分工协作的生态系统，具有协同性的各区域可以通过联动，推动跨区域产业集群化模式，在更高层次的区域范围产生空间集群效应。

二、数字化

随着信息技术的进步与工业现代化的发展，"中国制造"向"中国智造"转型已经成为必然趋势。工业现代化过程离不开科学技术的支撑，科学技术与现代技术的深度融合是工业现代化的显著特征。作为一种新的技术经济范式，数字经济具有高创新性、强渗透性、广覆盖性，其产生和发展不仅对生产组织方式形成了强烈的冲击，而且也在深刻地改变着既定的社会经济运行规律②。在数字经济背景下，工业现代化从传统的初级工业现代化转向高级工业现

---

① 闫梅. 中国产业集群发展的历史逻辑、现实与对策［J］. 城市，2022，264（3）：3-13.

② 何传启. 现代工业的新前沿：中国现代化报告 2014—2015：工业现代化研究综述［J］. 科学与现代化，2015（3）：1-19.

代化，其典型生产组织模式也由标准化现代工业向数字智能化现代工业转型[1]。在数字化的生产范式下，数字和人工智能等技术积极赋能，工业生产方式得以重构，生产设备和产品更具有自感知、自学习、自决策、自执行、自适应的能力[2]，研发与生产效率得到迅速提升，产业附加值进而得以提高。工业数字化要牢牢抓住智能制造这一主攻方向，由企业拓展到产业链，由数字化示范园区带动区域经济和产业链数字化转型升级。

三、绿色化

绿色是现代工业的底色，低碳绿色发展是实现制造业转型和"碳中和"的关键所在。中国政府已经承诺在 2030 年前实现碳达峰、2060 年前实现碳中和，加快绿色发展转型，提高低碳能力是中国工业化发展道路的基本遵循。绿色技术创新不但有助于提高高耗能、高污染、资源型行业能源转化效率和资源利用效率，而且能促进节能环保及其相关产业成为新的经济增长点，推动经济结构、产业结构向绿色化方向转型。在生态保护优先的前提下，各个发展实体应更加注重绿色生态制造产业的发展，继续走绿色发展道路，强化产业关联度，强力打造生态加工、生态制造以及制造服务的综合产业链，不断适应低碳化、环保型的经济发展要求，实现工业与环境的双赢。

四、服务化

服务化是工业现代化的重要方向。标准化、批量化生产是传统工业化提高效率的主要途径，信息网络技术的广泛应用有利于工业企业实现设计、生产、销售的直接对接。企业不仅要追求生产数量的增多，而且要努力结合需求进行生产，积极推出个性定制产品或

---

① 任保平. 数字经济引领高质量发展的逻辑、机制与路径 [J]. 西安财经大学学报，2020（2）：5-9.

② 史丹. 以工业现代化推进强国建设 [J]. 财经界，2022，625（18）：1-2.

服务。个性化定制是我国结束模仿型排浪式消费阶段后新的需求浪潮，是扩大内需的重要途径和企业新增利润的来源①。以制造业为例，制造业服务化是制造业转型升级的新方向和新途径。制造业因其产品结构较为复杂和该行业的相对垄断性，可以借助现代服务业对其加以延伸，将原有的服务环节从制造业中剥离，重构产业价值链，作用于制造业价值链更高的价值增值环节，用于满足高端市场的发展，以服务化手段提升制造业的核心竞争力。

---

① 史丹. 以工业现代化推进强国建设 [J]. 财经界，2022，625（18）：1-2.

第九章　制造业集群发展

制造业集群发展是指产业分工深化和集聚发展，集群内大中小企业之间紧密互动，产品和服务结成富有韧性的生产网络，提高了生产效率和市场响应速度，增强了抗风险能力。德阳作为中国重大装备制造业基地，依托良好的工业基础，制造业实现高速发展，但和经济发达地区比较，德阳制造业仍面临规模不大、能级不强、层级不高等突出问题，亟须通过集群化发展实现"制造强市"的战略目标。

第一节　德阳市制造业集群发展的基础和现状

德阳市委、市政府于 2008 年提出构建现代农业体系、推进新型工业化、建设新型服务业体系的产业发展方向；2011 年，大力布局战略性新兴产业，并重点培育高端装备制造、新能源、新材料、生物医药、节能环保等新兴产业；2018 年，围绕打造世界级重大装备制造基地，加快构建"5+5+1"现代产业体系（装备制造、食品饮料、新型化工、生物医药和绿色建材五大支柱产业；通用航空、轨道交通、新材料、新能源、节能环保五大新兴产业；大力培育数字经济）；2020 年，德阳市委八届十二次全会提出构建高端引领、优势凸显的现代产业体系，重点强调要着力推进制造业高质量发展；2022 年，德阳市委九届五次全会提出"工业强市"发展战略，明确了机械装备、材料化工、食品饮料和数字经济的"3+1"主导产业。在市委、市政府的大力布局和推动下，2022 年德阳市入选全国先进制造业百强城市。

一、制造业规模持续扩大

目前德阳拥有比较齐全的工业门类，制造业企业数量从 2016 年的 6 603 个增加至 2021 年的 7 379 个，从业人员数量高达 29 万人，占总就业人口数量的 37.7%。制造业增加值占 GDP 的比重达 41.3%、位居全省第一，百亿企业达 6 户、规上工业企业达 1 466 户、工业总产值达 4 697.2 亿元，三项指标均居全省第二。从"3+1"主导产业看，规模以上主导产业增加值同比增长 4.5%，其中，机械装备产业增加值同比增长 2.2%，材料化工产业增加值同比增长 10.0%，食品饮料产业增加值同比增长 0.1%，数字经济产业增加值同比增长 5.9%。

二、超半数行业实现快速增长

2016 年、2021 年德阳市制造业行业营业收入如表 9-1 所示。

表 9-1　2016 年、2021 年德阳市制造业行业营业收入

单位：亿元,%

行业	2016 年	2021 年	年均增长率
制造业			
农副食品加工业	267.7	386.3	9.6
食品制造业	36.0	103.8	30.2
酒、饮料和精制茶制造业	186.5	305.5	13.1
纺织业	41.8	27.7	-9.9
纺织服装、服饰业	15.0	11.6	-6.2
皮革、毛皮、羽毛及其制品和制鞋业	29.0	7.5	-28.7
木材加工和木、竹、藤、棕、草制品业	19.0	32.9	15.7
家具制造业	56.1	46.4	-4.7
造纸和纸制品业	40.4	72.8	15.9
印刷和记录媒介复制业	35.8	46.5	6.7
文教、工美、体育和娱乐用品制造业	5.2	8.0	11.1
石油、煤炭及其他燃料加工业	8.0	16.2	19.3

表9-1（续）

行业	2016 年	2021 年	年均增长率
化学原料和化学制品制造业	403.3	430.5	1.6
医药制造业	144.7	112.5	−6.1
化学纤维制造业	19.9	4.5	−31
橡胶和塑料制品业	124.3	130.7	1.3
非金属矿物制品业	266.5	449.3	13.9
黑色金属冶炼和压延加工业	98.6	177.0	15.7
有色金属冶炼和压延加工业	98.1	120.4	5.3
金属制品业	141.1	282.3	18.9
通用设备制造业	353.5	314.4	−2.9
专用设备制造业	350.1	283.6	−5.2
汽车制造业	30.2	31.2	0.8
铁路、船舶、航空航天和其他运输设备制造业	43.3	60.1	8.6
电气机械和器材制造业	278.7	351.7	5.9
计算机、通信和其他电子设备制造业	70.5	87.2	5.5
仪器仪表制造业	12.5	33.5	28
其他制造业	9.1	16.4	15.7
废弃资源综合利用业	1.4	9.6	60.5

统计数据显示，"十三五"期间，德阳市 31 个制造业行业中，12 个行业营业收入年均增长 10% 以上，其中废弃资源综合利用业、食品制造业、仪器仪表制造业、石油煤炭及其他燃料加工业、金属制品业分别增长 60.5%、30.2%、28%、19.3%、18.9%。此外，废弃资源综合利用业、食品制造业、黑色金属冶炼和压延加工业、石油煤炭及其他燃料加工业在全省份额分别提高 3.4%、1.4%、0.4%、0.3%。

三、制造业结构不断优化

德阳市政府高度重视现代产业体系的建设，大力推进高技术产业发展，高技术（制造）产业占比逐年提高。统计数据显示，2021年规模以上高技术（制造）产业同比增长 11.0%。其中，医药制造业增长 12.3%，航空、航天器及设备制造业增长 14.9%，电子及通信设备制造业增长 8.1%，计算机及办公设备制造业下降 46.2%，医疗仪器设备及仪器仪表制造业增长 3.0%。

四、产业集聚程度加深

德阳已初步形成了机械装备、材料化工、食品饮料、数字经济等特色优势产业集群，形成产业规模较大、技术装备先进、研制水平领先、配套体系完善的现代能源装备工业体系。截至 2022 年，机械装备、材料化工、食品饮料、数字经济产业主营业务收入分别实现 1 487 亿元、1 612 亿元、826 亿元、211 亿元，机械装备和材料化工已形成千亿元产业集群。"成德高端能源装备产业集群"成为全国 25 个先进制造业集群之一。

第二节　德阳市制造业集群发展存在的问题

一、产业层面

德阳市装备制造、材料化工、食品饮料等制造业集群虽具备一定规模，但集群内部断链、断层、创新能力弱、数字化赋能不够、金融资本支持不足等问题，导致制造业集群整体竞争力不强。

（一）存在缺链、短链、断链的现象

制造业集群发展要求产业链上下游在一定区域内实现聚集，形成规模。从德阳制造业集群发展看，断链、缺链现象较为突出。核电、风电、动力电池等清洁能源装备产业链存在缺失和薄弱环节，关键核心零部件本地配套率低，"有主机、缺配套"现象较为明显。

（二）生产性服务业对集群发展支撑不够

由于制造业集群内部存在断层现象，即龙头企业实现从研发、制造、生产、销售、服务的全产业链发展模式，而配套企业只能提供简单的粗加工，导致本地市场对生产性服务业需求低，生产服务业发展空间受限，无法支撑制造业集群实现高端化发展。

（三）企业间协同创新能力不足

企业间的协同创新能力关系着制造业集群的竞争力，但德阳制造业企业间因缺乏政策、平台的支撑，创新协作能力不强。一方面，龙头企业创新能力强、技术水平高，建立了研发中心或实验室，但主要立足于自身生产需要，缺少一批能够组织技术力量来与大企业形成协同创新的腰部企业。另一方面，大部分中小企业受资金、人才、平台的限制，创新能力弱。而龙头企业和产业链上下游的中小企业在创新能力提升和技术突破上的协作不够，导致其强大的研发和技术创新能力未辐射到中小企业，产业链进一步壮大受限。

（四）数字化转型较难

企业对数字化的认知不统一，导致大部分制造企业在新一代信息技术应用中尚处于初级阶段，以智能制造为核心的深度融合才刚起步，"数字化""智能化"等新兴技术融合应用水平不足。总的来说，资金缺乏、人才短缺、技术不强等问题导致大部分制造企业存在"不敢转、不想转、不会转"的现象。

（五）资本和金融资源匮乏

德阳上市公司数量少，全市仅五家，且市值体量普遍偏小。多层次资本市场利用不够，未充分发挥资本市场对制造业发展的助力作用。同时，存在政府财政收入有限，对产业发展和培育资金投入不足，产业投资基金的总规模偏小，对制造业集群发展的支撑能力偏弱等问题。

二、企业层面

企业层面看，德阳市制造业集群发展的各个主体均未有效发挥作用，龙头企业辐射带动力弱，配套企业系统化专业化配套能力低，企业间协作能力差等问题，严重制约了制造业集群化发展。

（一）龙头企业带动作用不明显

德阳市拥有东汽、国机重装等一批世界知名的制造业龙头企业，特别是"双碳"战略的推进，国家对清洁能源的大力布局，德阳龙头企业面临巨大发展机遇。虽然大部分龙头企业已经形成了主动引领的意识，但其在技术、研发、资金等方面对产业链上下游企业带动作用的发挥仍然不够充分，配套订单较为分散且不稳定，倾向于采购外地配套产品，本地配套率仅为30%左右，龙头企业强大的优势未能转化为产业集群的整体竞争力。

（二）中小企业配套能力弱

"有主机、缺配套"是德阳制造业集群化发展"老大难"的问题，大部分配套企业只能提供简单粗加工，无法满足龙头企业对关键基础件、核心零部件的配套需求，这导致龙头企业"舍近求远"。深层次原因在于，配套企业自身的转型升级意识不强，没能及时跟上龙头企业转型的步伐，仍停留在粗放式发展模式上，同时融资困难、人才引进难等问题进一步加大了企业转型难度。

（三）企业间合作能力不强

一方面，龙头企业和配套企业之间未能形成紧密协作，产业链韧性弱。另一方面，配套企业间未形成分工合作的良性发展生态，产品同质化严重，大部分配套企业集聚在产业链低端环节，形成"1 500家相当于1家"的市场格局。

第三节　德阳市制造业集群发展的对策

一、梯度培育优质企业

（一）大力培育"链主"企业

培育具有生态主导力的产业链"链主"企业，带动上下游、左右链企业，提升产业聚集度。从技术创新能力、行业标准制定、品牌效应和市场控制等层面，系统构建"链主"企业培育标准，特别关注具备关键性"卡脖子"技术突破能力的"链主"企业的培育。以龙头企业和成熟企业为产业提升抓手，采取支持创新、兼并重组、资本赋能和上市等方式，壮大"链主"企业。鼓励"链主"企业通过自建、投资、合作等方式，导入本土材料、零件等资源，发挥自身辐射作用带动本土产业链同步提升。

（二）打造一批专精特新企业

以市场为导向，积极发展和培育一批专注细分市场、聚焦主业、创新能力强、成长性好的专精特新企业，助力企业持续发展、品牌提升、创新升级。鼓励为龙头企业提供配套的中小企业专注核心业务，提高专业化生产、服务和协作配套的能力。支持中小企业精细化生产、精细化管理、精细化服务，以美誉度高、性价比高、品质精良的产品和服务在细分市场中占据优势。鼓励支持中小企业组建研发团队，支持细分领域的领先企业联合国内外技术专家、研究团队开展协同创新，攻克配套技术难题。

（三）促进企业间协作

鼓励"链主"企业向价值链两端延伸，企业间补短做长相结合，促成"链主"＋中小企业的产业组织生态格局。鼓励大型企业和研究机构面向中小企业开展技术赋能，提升配套企业工艺和产品研发能力。支持配套企业积极参与前期技术研发和零部件产品试制，承接零部件和工艺研发任务，支撑"本地研发、本地试制"。鼓励"链主"企业积极联合中小企业建设制造业创新中心，建立风险共担、利益共享的协同创新机制。

二、大力发展生产性服务业

（一）扩大生产性服务业规模

针对德阳市生产性服务业总量偏小和发展滞后的问题，着力扩大规模。引导企业以产业升级需求为导向，打破"大而全""小而全"格局，提高其对现代物流、金融服务、科技服务、检验检测、信息服务等生产性服务业的需求。重点以装备科技城和大学科技城为载体，补齐科技服务业的短板，延伸布局创新链，建立创新孵化器、信息服务机构、科技融资机构、科技评估中心、公共科技信息服务平台等科技创新中介服务机构，加快形成推动制造业高端化发展的生产性服务业集群。

（二）促进生产性服务业与制造业集聚融合

鼓励、引导生产性服务业与制造业协同定位，将生产性服务业中所蕴含的知识技术注入传统制造业之中，实现生产性服务业和制造业"强强联合"。引导文化创意、研发设计、技术咨询等知识技术密集型生产服务业与制造业企业尤其是中小微企业合作，推动企业以"实物产品+服务产品"的形式向服务环节延伸产品价值链，实现由"生产型制造"向"服务型制造"转变。鼓励龙头制造企业积极开展全生命周期管理，推动企业价值增值由单一加工制造环节向需求分析、方案设计、融资租赁、安装运营、使用辅导、维修售后等产品生命周期各个环节延伸。

（三）加大对生产性服务业的政策扶持力度

对生产性服务业的重点企业和项目，在规划、供地、基础设施配套等方面给予与工业企业同等待遇，在税费征缴方面享受优惠扶持。以知识产权质押、仓单质押、保单质押、股权质押、保理融资等多种方式帮助生产性服务业企业融资。鼓励建立生产性服务业企业联盟，定期组织召开企业家座谈会，解决企业发展中存在的困难及问题。

三、积极推动集群数字化改造

（一）推进制造企业数字化转型升级

鼓励龙头企业以示范试点方式推进数字化转型，形成可推广可复制的无人工厂、数字化车间、"灯塔工厂"等建设经验。鼓励和支持行业龙头企业立足自身优势，开放数字化资源，帮助中小企业数字化转型，降低中小企业数字化转型成本。集聚一批面向中小企业的数字化服务商，培育推广一批符合中小企业需求的数字化平台、系统解决方案、产品和服务，助推中小企业实现数字化、网络化、智能化。

（二）培育智能制造新模式新业态

鼓励制造企业与数字经济企业合作，打造数字化转型平台，探索新技术、新模式。围绕 5G、人工智能、数字孪生等新兴融合型技术领域，推动设计和工艺、制造、运维一体化，开展新一代信息技术与制造业融合新模式新场景探索应用示范项目，支持企业探索大规模定制、工业电子商务、供应链追溯等智能制造新模式。

（三）加快工业互联网平台建设

推进德阳市工业互联网加速发展，打造工业互联网先导区，构建工业产业发展"大脑"。深入实施工业互联网创新发展工程，支持集群分行业建设综合型、特色型和专业型工业互联网平台，打造一批省级工业互联网标杆工厂。鼓励在数字基础好、集群效应高的装备制造、通用航空、医药食品、先进材料等行业和智能家居领域率先开展行业级工业互联网平台建设。鼓励骨干企业围绕核心产品的全生命周期，建成企业级的工业互联网平台、工业互联网数字化车间等。

四、着力加强资本和金融支撑

（一）发挥产业基金的作用

积极践行"产业+基金"联动发展模式，高效推动先进制造业基金体系建设。加强与国家、省、市基金的合作，持续提升竞争力，即充分利用产业基金对于产业培育的精准滴灌作用，围绕机械装备、材料化工、食品饮料和数字经济等产业，引进一批项目、培育一批企业。创新运用基金招商，打造"产业基金+资本招商"的新模式，发挥基金管理人优势资源，畅通产业链内外循环，推动优质项目在德阳落地。

（二）推动制造业企业上市

支持德阳市制造业企业利用多层次资本市场，强化政策引领，持续抢抓企业上市注册制改革、科创板推出和新三板"转板"上市等资本市场发展历史机遇，推动优质企业上市，助力企业提质增效，为制造业企业发展壮大提供良好的发展环境和政策支撑。深入对接一批主营业务突出、核心竞争力强、具有发展潜力的企业，做好企业上市挂牌扶持政策宣传解读，推进后备企业与券商对接，营造上市挂牌的良好氛围。

（三）加大制造业信贷支持力度

支持鼓励金融机构，主动对接德阳市制造业龙头骨干企业、单项冠军、专精特新"小巨人"等制造企业，了解企业生产经营情况和存在困难，积极提供支付结算、资金融通等金融服务。强化对小微制造业企业首贷、续贷、信用贷的支持，着力提高信贷可获得性和便利性。强化对科技型制造企业和高新技术企业的金融辅导工作，量身为企业制定金融服务方案。

五、全面优化制造业集群发展生态

（一）加强要素保障

将有限的土地增量资源向先进制造业项目倾斜，对符合土地利用总体规划的优质性、战略性、高端先进性制造业项目的用地计划指标给予优先保障。加大盘活已批未用土地，优先使用批而未供、供而未用、低效用地等存量土地。同时，深化"亩产论英雄"改革，将现有低效工业用地和工业厂房，用于保障先进制造业的发展。加强能源和电力基础设施建设，提升制造业用能用电保障能力。

（二）强化政策支持

进一步完善促进制造业发展的支持政策。对于引进的高质量制造业项目，政府给予投资补助、办公用房补助等。对于行业领军企业、专精特新企业等，政府给予资金奖励。对于制造企业实施技术改造、建立技术研发平台等，政府给予奖励支持。此外，强化人才引育的政策支持，对引进本地的高端人才，在科研经费、教育医疗、落户住房等各方面给予全面保障。

（三）健全服务体系

健全制造业"物流、商流、信息流、资金流"服务体系，搭建研发设计、知识产权、信息服务、金融、商贸等服务平台，完善公共信息化、社会融资担保、企业诚信管理等服务建设，为德阳市制造业高质量发展提供一站式服务链条。

第十章 制造业数字化转型

工业是我国的立国之本，制造业是国家经济命脉所系，推动制造业数字化转型，是发展制造业和加快制造强国建设的必由之路，是增强制造业核心竞争力的重要路径。近年来，德阳认真贯彻数字中国、网络强国，把发展数字经济和企业数字化改造作为落实中央推动成渝地区双城经济圈建设、四川省委实施成德眉资同城化发展战略的重要举措，以建设国家数字经济创新发展试验区（四川）先行区、"5G+工业互联网"融合应用先导区、国家数字化转型促进中心为目标，坚持数字产业化、产业数字化、数据价值化、治理数字化"四化驱动"，着力构建一核（天府数谷）、两带（天府大道科创走廊智能传感和智能制造产业带、凯江流域电子元器件制造产业带）数字产业发展格局，打造数字产业集群。

第一节 德阳市制造业数字化转型现状

2022 年，德阳市数字经济总规模为 1 232.91 亿元，核心产业营业收入 380.7 亿元，同比增长 8.5%；核心产业增加值 110.55 亿元，同比增长 6.7%。2022 年"赛迪顾问数字经济城市发展百强榜、天府数字经济指数、成渝双城经济圈大数据发展指数"三大数字经济指数中，德阳均位列四川前三。

一、大力实施以数招商

德阳正逐步探索数字经济机会清单和政务公共数据授权运营的"以数招商"模式，组建投资集团、西部数字产业基金、工业互联网发展引导担保基金。采取"走出去、请进来"的方式，近年来引入中国电子、海尔卡奥斯、三环电子、华夏鲲鹏等一批行业头部企业，总投资近 700 亿元。同时，德阳与成都高新区签订合作协议，共建数字经济产业飞地园区。2023 年 3 月举办一季度数字经济招商引资集中签约仪式，与东华软件、上海维智等 16 家企业签订战略合作协议。以规划占地 1 000 亩的天府数谷为主阵地，聚集发展大数据、云计算、人工智能、工业互联网等产业，目前已注册各类数字经济企业 119 户，其中规上企业 17 户。

二、持续提高"数改"支撑能力

截至 2023 年 4 月，德阳市累计建成 5G 基站 4 000 余个，完成智能制造知识服务系统及评价诊断平台部署，组织企业开展自诊断 60 余家，开展线下诊断 30 余家。建成工业互联网二级标识解析节点 3 个，东方电机"电机制造业节点"、亚度家具"木制家具制造业节点"已于 3 月 21 日授牌，汉舟电气"输配电及控制设备制造业节点"完成基础设施建设和系统测试。其中，亚度家具"标识解析 5G+工业互联网全链接工厂"在首届中国工业互联网标识创新应用大赛区域决赛（西部赛区）获得银奖，为四川唯一获奖队伍。

三、不断强化平台"智转"服务能力

海川云服工业互联网综合平台完成 2.0 版本迭代，上架 SaaS 应用 233 个，完成企业注册 2 000 余户，累计认证 1 200 余户，已基本实现规上企业覆盖。智慧工业管理云平台政府侧完成一中心、十二板块系统开发和平台功能培训；企业侧完成金路集团、联塑管业、蓝剑饮品等 68 户重点能耗企业上线运行。德阳工业互联网安全态势感知平台已完成规划和相关审批程序，拟于近期正式开始建设，平台建成后，将对全市工业互联网数据安全提供有效保障。

四、发挥项目引领作用

实施工业互联网"1551"工程，坚定数字经济赋能传统产业转型升级。截至 2023 年 4 月，德阳市建成智能工厂、数字化车间 66 个，数字化场景应用 20 个，在建数字化改造项目 77 个，拟建项目 23 个，累计开展协同研发设计、远程设备操控、柔性生产制造、厂区智能物流、生产现场监测等典型应用场景实践探索 20 余次。14 家企业获得工信部两化融合管理体系贯标认证，1 家企业入选工信部智能制造示范工厂，4 家企业入选工信部智能制造优秀场景，2 家企业通过智能制造能力成熟度三级现场评审，2 家企业入选四川省数字化转型区域型、行业型促进中心，7 个项目入选四川省数字经济与实体经济融合创新示范项目，6 个项目入选四川省"5G+工业互联网"标杆项目（连续两年排名四川省第一）。

五、强化要素保障

聚焦金融、人才等要素保障，整合各方资源，全力推动数字化转型走深走实。一是建立金融服务体系。组建工业互联网基金，募集 10 亿元资金组建德阳西部数联网基金；搭建德阳装备制造业供应链服务平台，成立原材料供应中心、物流中心、加工中心，通过互联网有效整合线下优势资源，将数字化进一步应用于装备制造业生产活动场景，围绕供应链上下游企业的生产、交易、融资、流通等，实现信息共享、业务协同、供应链管理协同。目前，该平台已入驻企业 400 余家，入驻服务机构 40 余家，实现营业收入 2.95 亿元，帮助中小装备制造配套企业完成供应链原材料垫资采购 1.3 亿元；搭建德阳政银企大数据金融综合服务平台，利用互联网+大数据等信息技术，实现企业不动产、公积金、水、电等政务数据共享，有效解决银企信息不对称问题，切实解决中小微企业融资难、融资贵问题。二是建设数字人才基地。引入电子科大德阳校区、58 同城大学未来产业学院总部、华为 ICT 人才学院，着力培养数字技能人才，助力数字经济发展。

第二节　德阳市制造业数字化转型存在的主要问题

一、数字化转型的认识不足、基础较弱

当前，政府、企业、社会各界对数字化转型的内涵和本质的认识度参差不齐，差异较大。多数企业缺乏数字化转型素养和专业知识的积累，固守过去的传统思维，缺乏适应数字时代革故鼎新的精神，企业数字化转型举步维艰。此外，德阳产业以装备制造、化工等传统产业为主，数字产业发展较晚，许多中小企业还远未实现信息化升级改造，据不完全统计，德阳市仅10%的企业完成信息化改造。

二、工业互联网改造资金缺口大

工业互联网相关基金数量少、规模小。银行、保险等金融机构对于工业互联网运作模式、风险管理等认识不足，缺乏相关金融产品，目前主要以供应链金融为主，但仍存在整体授信额度低、产品形式单一等问题。

三、典型应用场景打造不足

德阳市建成的"5G+工业互联网"应用场景中，除亚度家居、宏华石油外，其余四个均由"五大厂"建成，应用场景主要集中在装备制造业，医药食品、先进材料均未涉及，行业标杆打造不足，对企业家的市场化冲击不够。

四、企业间和政企间信息资源共享不充分、不顺畅

一是企业间信息资源共享不充分。实地调研企业反映，原本本地企业可以直接承接的本地订单，由于信息不畅，出现本地企业订单通过省外企业中标后转包的现象。对240家企业的调研反映，有52%的企业提出搭建资源共享平台的诉求。二是政府对企业数字化

转型进展情况了解不及时。企业刚上生产设备或新建厂时是数字转型服务商介入的最佳时机，而企业上新设备不需要到经济和信息化委员会备案，加之政企间缺乏有效的沟通交流手段，政府不能及时了解企业生产经营情况，企业因此错失数字化转型良机。

五、相关专业人才紧缺

一是信息化人才缺失。对 240 家企业的调研反映，有 43% 的企业认为缺人才、用工难，有 52% 的企业提出现有人才培训和能力的诉求。同时，根据实地调研反映，政府开展的数字化转型人才培训的针对性和有效性不足，对企业现有人才数字化转型能力提升效果不明显。二是高素质复合型人才不足。数字经济涉及相关网络改造、平台建设和部署应用，需要具备工业技术、IT 技术、运营管理等多方面知识融合的人才，仅依靠德阳市企业和职业院校培育此类人才，难度较大。

第三节　德阳市制造业数字化转型对策建议

结合德阳产业基础和优势特色，立足数据、用户、平台三大核心要素，坚持顶层挂帅、标准先行、数字思维、分类实施、持续改进的原则，按照单点应用、局部优化、体系融合、生态重构的数字化转型模式，协同推进数字产业化和产业数字化，探索形成一套可借鉴、可复制、可推广的数字化转型发展模式。形成具有广泛推广示范意义的典型经验和应用场景，为工业经济的数字赋能找到一条切实可行的实现路径。

一、筑基础：拓展数字基础布局

一是高水平建设 5G 和光纤超宽带"双千兆"网络。加快建设天地一体化信息网络，打造高标准的、高质量的新一代信息通信网络，提升智慧德阳网络承载能力和网络服务能级。积极推进万物互联感知的智能基础设施建设，科学布局智能感知设施。二是推动企业内外网的升级改造。支持企业依托因特网或云端通讯相关协议与技术，改造工业企业内网，加快推进企业内部网络的 IP 化、扁平化、柔性化、灵活组网化。三是建实算力底座。加快建设云上天府云大数据产业园，向市级职能部门，区（市、县），工业园区提供高质量的政务云业务。

二、强赋能：以数字技术赋能产业转型升级

（一）育点：开展中小企业数字化转型诊断行动

借助国家市场监督管理总局和国家标准化委员会联合发布的《智能制造能力成熟度模型》和《智能制造能力成熟度评估方法》，联合数字化转型服务商、行业主管部门等开展调研中小企业数字化转型诊断行动，客观评价德阳工业企业数字化转型状况。找准企业数字化转型的痛点、难点和堵点，提出针对性的措施，定期发布针对不同行业的数字化转型评估报告。一是推动中小企业上云用云。出台中小企业"上云"扶持政策，建立联合激励机制，第一年由政府和云服务商补贴，中小企业免费使用，第二年中小企业根据使用情况自愿续费。二是加强龙头企业示范引领。成立以市经信局牵头，"五大厂"加入的数字化转型联盟。总结、提炼"五大厂"在数字化转型中积累的先进经验，并以标准化的方式形成可复制、可推广的经验，围绕"五大厂"配套供应商，梳理数字化转型目标企业名单，牵引"五大厂"技术专家将配套技术脱敏并输入目标企业中，培训并辅助建成专业化标准 5G+工业厂房。三是强化典型示范应用场景打造。依托重大装备制造业龙头企业，从研发、设计、生产、管理、服务全生命周期采用 5G+互联网模式改造，从供应商、生产者到消费者充分对接，整合产业链上下游、打通生产与消费。开展医药食品、先进材料典型示范应用场景打造。

（二）串线：增强产业链的韧性和弹性

围绕本地龙头企业发展需求，开展产业链全景图、空间布局图、发展路径图、招商名录表分析，针对优势产业链实施"一链一策"，

优化地方产业链结构与空间布局，建立供应链预警沙盘推演模型。

（三）成面：建立数字化转型示范园区

将德阳经开区、天府数谷打造为数字化转型示范园区，给予其政策扶持，快速形成规模化与综合性的示范效果，实现园区科技、人才、资本、土地等要素资源聚集和共享。德阳经开区重点依托"五大厂"开展示范园区建设。"五大厂"按照"园区对园区、产线对产线、模式对模式"的方式，推动单品产业模式向模块化驱动链融合。天府数谷重点依托招引的行业头部企业开展示范园区建设。依托行业头部企业，凭借它们积累的行业经验，围绕德阳市核心产业，按照产业集群的模式开展数字化转型。

三、优保障：优化各类要素保障服务

（一）搭建便捷高效的数字化政企沟通平台

借助"德阳市惠企政策通"平台，搭建权威、高效、便利的统一沟通平台，实现政府与企业之间的实时沟通与互动交流，建立政企双向可靠的点对点资料传输渠道。满足多层级、多场景的双向信息传达。坚持非必要不实地打扰企业的原则，在"德阳市惠企政策通"平台上开发企业问卷填报系统，通过问卷填报系统调研了解企业的真实情况，对症下药、科学制定帮扶措施，增强调研的及时性、科学性和有效性，提升政企沟通效率，建立良好的政商环境，对于问卷填报积极、反映问题真实有效的企业给予相应的政策扶持。借助"德阳市惠企政策通"平台，加强企业生产设备更新和数字化转型进展情况的跟踪，及时了解相关问题，助力企业数字化转型。

（二）保障人才支撑

一要持续开展数字化转型专题培训。支持高校、行业协会、数字经济企业、培训机构等多方主体联合举办数字化转型培训班，重点培训党政有关领导、企业负责人和高级管理人员，特别要加强其对数字时代的认知，通过理念更新打破固有的传统思维，培育其适应时代发展的数字素养。二要发掘技能型人才。依托天府数谷人才特区，支持企业与职业院校合作共建产教融合实训基地、联合实验

室和大学生创业孵化器，共同开发数字化相关专业课程，引导数字化信息化专业毕业生本地就业，为产业数字化赋能提供技能人才支撑。三要强化人才保障。对认定的产业数字化专家和优秀数字化转型赋能企业主要负责人，加强生活保障优化服务，为其提供人才绿卡，享有医疗、子女教育、文化旅游等方面的便捷服务。四要开展订单式人才培训服务。通过"德阳市惠企政策通"企业问卷填报系统，不定期发布人才需求填报问卷，精准识别企业数字化转型人才需求，深入企业定向开展数字化转型人才培训。五要强化公职人员数字能力提升。结合公职人员工作实际，持续开展各类数据软件（如 FineBI、python）实操数据收集、分析、使用的培训，提高公职人员合法地获取、分析、运用数据的能力。

（三）保障市场环境

一是优化营商环境。紧紧扭住"放管服"改革牛鼻子推进营商环境建设，深化园区直通车、企业开办全流程"零成本·小时办"等服务，推广"惠企政策通"服务平台，推进"免申即享"，做实企业全生命周期服务。二是强化金融支撑。深化政银企合作，用好产业基金和德阳政银企大数据金融综合服务平台，鼓励银行、保险、证券等金融机构与数字经济相关企业精准对接，在动产融资、租赁融资、仓单融资、供应链融资、资产证券化等方面开展探索。同时，针对供应链金融中"共管账户"可能被法院冻结的风险点展开研究，制定针对性的解决措施，做大供应链金融规模。三是争取重大政策、重大项目、重大资金。抢抓国家和省数字化转型发展的窗口期，前瞻研究国省数字化转型方向重点支撑领域、资金政策投向、重点支持项目，进一步用好地方政府专项债，以时间换空间。积极争取将天府数谷纳入天府数据中心集群拓展区，在满足本土数字化转型产生大量的数据计算和存储需求的基础上，进一步争取融入全国一体化算力网络成渝枢纽节点数据中心集群布局，服务国家"东数西算"工程。四是加大政策宣贯兑现。通过各大平台，加大数字化转型典型案例的宣传报道，借助"德阳市惠企政策通"平台，加大数字化转型相关扶持政策的宣传推广，并及时申报、兑现相关补助和奖励资金。

第十一章 制造业绿色化发展

"双碳"引领、绿色发展是《德阳市"十四五"制造业高质量发展规划》中的首要原则。德阳地处长江一级支流沱江源头，是长江上游重要生态屏障和水源涵养地，作为"重装之都"，制造业绿色化发展是一条必经之路。近年来，德阳市深入贯彻落实习近平生态文明思想，坚持生态优先、绿色发展理念，将调整优化产业结构、推动产业转型升级与保护生态环境结合起来，深入实施绿色制造工程，大力实施传统产业绿色升级改造，着力推进绿色发展、循环发展、低碳发展，努力构建结构优化、绿色低碳、集约高效的现代工业体系，加快构建高效、清洁、低碳、循环的绿色产业体系，正在经济增长和生态文明互促共进的绿色发展之路上大步前进。

第一节 德阳市制造业绿色化发展现状

党的十八大以来，德阳作出"建设绿色发展示范区"的战略部署，把建设美丽德阳作为推动德阳高质量发展的重要内容；持续加大生态环保考核指标权重，强化考核结果运用；频频出台和修订地方性法规、规章，坚持用最严格制度、最严密法治来保护生态环境，推动生态环境保护纳入法治化轨道。市委九届五次全会提出推动生态优先绿色发展，把碳达峰、碳中和纳入生态文明建设整体布局，深入推进环境污染防治，协同推进降碳、减污、扩绿、增长，提升生态系统质量和稳定性，努力绘就天更蓝、山更绿、水更清的美丽德阳画卷。这为德阳制造业绿色化发展指明了战略方向，提供了行动指南。"重装之都"在系统谋划生态环境保护工作、转方式调结构坚持绿色低碳发展的路径探索中，逐步呈现人与自然和谐共生的美丽德阳新画卷。

一、加快建设世界级清洁能源装备制造基地

清洁能源装备作为能源技术的重要载体和装备制造业的重要组成部分，是实现碳达峰碳中和目标的基础支撑，也是能源装备制造业发展的主攻方向。作为全国三大动力设备制造基地之一、联合国清洁技术与新能源装备制造业国际示范城市，德阳清洁能源装备制造实力雄厚，在国家能源装备制造版图和国家能源安全战略全局中具有举足轻重的地位。当下，德阳"重装"制造已成规模，在碳达峰碳中和的目标引领下，正抢抓低碳优势产业高质量发展的战略机遇，致力做大做强德阳现有清洁能源装备制造产业集群，并完成从"重"装制造向"清"装智造的转变。

一是在国机重装、东方电机、东方汽轮机、东方风电等一批知名清洁能源装备制造企业的带动引领下，德阳的重型燃气轮机等15个清洁能源装备产品市场占有率国内第一，成德高端能源装备产业集群成功入选全国先进制造业集群。二是逐步形成了从材料端到产品端的"源网荷储"全产业链——拥有以风电、水电、核电、气电、太阳能、氢能、地热能为主的"源"端装备，以先进电网装备为主的"网"端装备，以充电桩、节能电动机等为主的"荷"端装备，以抽水蓄能、空气储能、飞轮储能、锂电池等为主的"储"端装备。可以说，基本形成了含水电、火电、核电、风电、气电、太阳能、储能等较为齐全的产业体系。三是作为四川清洁能源装备研发制造主要基地，德阳建成一批清洁能源装备领域国家重点实验室、国家工程研究中心、国家级工业设计中心，近3年累计攻克关键核心技术424项。四是作为中国"重装之都"，德阳正全力打造"清"装这一全新名片，通过持续构建高效、清洁、低碳、循环的绿色产业体系，吸引一批清洁能源项目投资、落地。2022年，德阳市清洁能源装备产值达650亿元，占全市装备制造业产值的43%。一年一度的世界清洁能源装备大会，也正进一步加快德阳清洁能源

装备"走出去"的步伐。

二、扎实推动节能降耗见成效

节能降耗是企业的生存之本，也是制造业绿色化发展之本。近年来，德阳坚持"两手抓"：一手抓节能降耗目标任务。严格对标能源消费总量和强度双控目标，切实加强重点耗能行业和企业能源消费监测工作，及时发布预警，推动每年工业增加值能耗降低目标完成。另一手抓能耗替代保障需求。一是严控项目准入。严格执行节能审查制度，对年综合能耗3万吨标煤以上的改扩建项目实施能耗等量和减量替代，坚决遏制"两高一低"项目盲目发展。二是深挖节能潜力。强化节能审查、对标检查、节能诊断等服务，引导化工、建材、钢铁、有色、造纸等重点行业企业实施节能降碳技术改造项目，不断提高单位产品能耗水平。三是淘汰落后产能。综合运用工艺技术、环保、能耗、安全和质量等标准，依法依规淘汰落后产品、工艺、技术和装备，进一步优化产业结构和能源结构，从源头上减少能源消耗。2022年，4家企业淘汰落后产能，淘汰10万吨食用酒精、4万吨DDGS饲料、4万吨食品级二氧化碳、1万吨黄磷生产线各一条；特变电工、宏达股份、广汉玻瓶3户企业实施节能技术改造，腾出用能空间8.5万吨标准煤。

三、构筑绿色低碳发展新优势

一是构建绿色体系。近年来，德阳市深入实施绿色制造工程，调优产业结构，推动企业、园区绿色转型。结合各产业功能区和重点企业绿色低碳发展情况，积极组织企业、园区创建省级绿色工厂、园区，加快打造绿色制造先进典型，发挥示范带动作用，助力工业领域碳达峰碳中和。截至目前，德阳市已累计成功创建国家级绿色工厂4户，省级绿色工厂25户，省级绿色园区2个。什邡经开区创建省级零碳园区，中江高新区建设循环化改造园区。二是推进绿色改造。在升级产业布局中，推动传统产业向资源精深加工和智能制造方向发展，同时控制高耗能行业产能扩张并开展低碳转型。

截至目前，德阳市引导德阿园区、益海粮油、凯达门业开展绿色园区、绿色工厂低碳化改造，特变电工、宏达股份、源圣德新材料等企业实施节能降碳技术改造和资源高效循环利用，东方电机、申和新材料实施关键核心技术揭榜攻关。三是培育绿色产业。积极培育高端现代绿色产业，确立发展装备制造、医药食品、先进材料、通用航空、电子信息和数字经济五大主导产业，产业结构进一步调优。2022 年，规模以上工业绿色低碳优势产业营业收入 1 012.0 亿元，同比增长 19.0%，超过四川省规定目标的 9%。

第二节　德阳市制造业绿色化发展存在的问题

党的十八大以来，特别是在国家"双碳"目标视域下，以清洁能源装备产业为主线的德阳制造业绿色化发展取得长足进步，但与此同时，其也存在问题短板和难啃的"硬骨头"。

一、工业结构偏重，碳排放总量较大

作为众多"大国重器"的"摇篮"，德阳现有各类工业企业6 000 多家，其中规模以上工业企业近 2 000 家，企业数量、工业总产值已连续 19 年居四川省第 2 位。工业经济仍然在德阳经济社会发展中处于主体地位，机械、化工、建材等传统产业虽经过多次技术升级改造，但因基础条件限制，部分企业单位产品能耗距行业先进水平还有一定差距。2022 年，德阳 1 408 户规模以上工业企业综合能源消费总量 369.1 万吨标准煤。工业能源消费中一次能源比重较大，其中煤折标占规上工业能耗比重超过 20%，气折标占规上工业能耗比重近 40%。机械、食品、化工三大传统产业仍保持一定的发展速度和产业规模，占全市工业的比重超过 75%，要完成"先立后破"式绿色化转型、向资源精深加工和智能制造方向发展会面临历时长、任务重、难度大的挑战。从整体上看，资源消耗型产业占比高，新能源、新材料、高端装备、节能低碳等资源消耗较少的战

略性新兴产业占比较低。

二、制度约束力度不够，配套政策执行不足

德阳制造业仍缺乏绿色制造技术规范、标准、法规体系等配套政策法规的支撑。一是围绕淘汰落后产能、节能减排、污染防治、清洁生产等方面的相关环境政策仍然比较缺乏。二是不同区域之间对环保法规的执行标准和力度存在差异。三是在相关产业准入、财政奖励、财政补贴、税收、信贷、土地要素等方面的激励政策不够系统，有关生态科技创新活动、财税、科技成果转化、科技人才和知识产权保护等方面的法律法规政策亦亟待完善。

三、制造企业绿色化发展意识、技术不足

制造企业污染治理水平普遍不高，清洁生产水平参差不齐，以节能减排为主的产业绿色技术创新偏重末端治理，缺乏全生命周期的绿色生产解决方案。零碳、负碳技术发展不成熟且成本高。从技术创新的承担者来看，相比高新技术行业，制造业企业缺乏相应的绿色技术基础做铺垫，创新趋势不明显。以涉磷化工企业为代表的"三废"处理和再利用技术还需要可靠的技术保障。在绿色技术研发与推广应用方面，企业也表现出极大的懈怠性，十分明显地体现在绿色技术基础薄弱和研发投入不足上，特别是中小企业。从外部支撑环境来看，绿色技术企业、研发机构和市场需求间的对接缺乏相应的协同机制，对绿色技术进行评估进而交易的机制还处于起步阶段。很多企业达不到绿色工厂、重污染天气绩效等级创建要求，常因响应重污染天气预警要求，不能正常稳定生产。

第三节　德阳市制造业绿色化发展的对策建议

新时代美丽德阳建设要坚持以习近平生态文明思想为指导，完整、准确、全面贯彻新发展理念，以"碳达峰、碳中和"目标为引

领，构筑绿色低碳发展新优势，推动减污降碳协同增效，促进工业经济绿色低碳高质量发展。当下，德阳作为全国先进制造业百强市，推动制造业绿色化发展，将产业结构变"轻"、发展方式变"绿"、经济质量变"优"、资源消耗变"少"，可从以下方面着力：

一、推动装备制造向绿色制造方向升级

进一步发挥德阳市门类齐全、产业链完整的制造体系优势，充分运用先进适用技术和现代信息技术，以高效绿色生产工艺技术装备改造传统制造流程，以绿色化改造提升传统产业，提升高端装备制造业绿色发展和韧性水平。实施绿色制造智能驱动，在智能制造专项工程实施过程中始终贯彻绿色的理念和原则，推动工业绿色智能驱动。如，支持对传统产业升级带动作用大的重点项目，以机械制造等高耗能行业为重点，组织实施工业锅炉（窑炉）、电机系统、余热余压利用、能源系统优化等重点节能工程，提升用能设备和产品能效；在高耗能企业推广高效新型节能技术、设备和产品的运用，加强技术创新与优化；利用互联网、物联网、大数据开展用能用水监测管理，开发节能节水新工艺、装备和产品，提升用能设备和产品能效，推广高效节能技术、设备和产品。通过加强整个装备制造领域的节能降耗、循环发展、清洁生产技术改造，促进传统产业能源利用改造升级，进一步提升行业能效水平。

二、大力发展绿色低碳新兴产业

大力发展新兴产业，培育壮大低碳、零碳和负碳产业，推动高碳产业和低碳产业动能转换，把产业结构调"轻"、碳排放量变"低"。鼓励应用绿色低碳生产工艺技术的行业领先企业做大做强，扩大绿色低碳产品产能，提升产品附加值和资源的利用率，推动产业产品升级减碳。如，实施高端产业战略，率先发展航空与燃机、核电装备、油气钻采及海洋工程等高端装备制造业，加快发展生物医药、新材料、节能环保等新兴产业，大力推进数字化车间、智慧工厂、工业云、大数据等以智能制造为核心的"两化"深度融合。

同时，推动现代服务业与先进制造业并驾齐驱，培育一批现代服务业重点企业。

三、严控高耗能高污染行业增长

加快传统高耗能高污染行业改造步伐，推动更多行业纳入碳排放权交易市场配额管理，依托市场机制倒逼高耗能、高碳排放的产能逐步退出市场。持续深入开展工业源和"散乱污"企业整治等攻坚行动，落实大气、水、土壤污染防控有关举措，持续推动企业提标改造和超低排放改造，不断提升污染防控水平。如，以项目能评、环评制度以及能效水平、环保标准，提高准入门槛，强化验收监督；严格控制高耗能、高污染、低水平项目重复建设，对钢铁、有色、建材、石化、化工等高耗能行业新增产能严格落实能耗等量或减量置换；以能耗能效标杆水平为目标，推进重点领域节能降碳技术改造，鼓励先进节能技术的集成优化运用，深入推进流程工业系统节能改造，深挖节能存量空间；对未完成年度节能减排目标的地区，其新上高耗能、高排放项目采取区域限批措施。

四、有序淘汰落后和过剩产能

通过充分发挥市场机制作用，综合运用经济、法律、技术、行政等手段，严格执行环保、能耗、质量、安全、技术等法律法规和产业政策，有序淘汰经济效益低、能耗和污染物排放量大的落后产能，为经济发展腾出用能指标。通过盘活成长性不足的"小、散、弱"、停减产、"僵尸"企业占用资源，释放企业、产业和城市发展空间。如，科学制定年度淘汰落后产能计划，逐年淘汰化工、印染、造纸等高耗能、高污染的落后行业和过剩产能，推广应用高效节能型电机、变频调速等节电技术，加快淘汰落后低效电动机、风机、水泵等耗能设备；严格执行国家和省关于企业、产品市场准入门槛，严格执行节能降耗、安全生产、环境保护以及投资项目管理的有关规定，切实防止新增落后产能；通过兼并、联合、重组等手段，提高企业的竞争力，淘汰落后产能和设备，削减企业数量，化解过剩产能。

五、加快构建绿色制造体系

不断壮大绿色体系，引领工业绿色低碳转型。加快打造绿色工厂、绿色产品、绿色园区、绿色供应链，进一步开展集约利用，提升投入强度和产出效益。支持企业开发绿色产品，显著提升产品节能环保低碳水平，引导企业绿色生产，倡导民众绿色消费。在钢铁、化工、建材、机械等重点行业建设一批绿色示范工厂，实现厂房集约化、原料无害化、生产洁净化、废物资源化、能源低碳化，探索可复制推广的工厂绿色化模式，以龙头企业示范引领辐射中小企业绿色发展。以企业聚集绿色发展、产业生态化链接和绿色服务平台建设为重点，推行园区综合能源资源一体化，形成各具特色的产业园区绿色发展模式。

第十二章　制造业服务化转型

《关于推动先进制造业和现代服务业深度融合发展的实施意见》（发改产业〔2019〕1762号）提出：先进制造业和现代服务业融合是顺应新一轮科技革命和产业变革，增强制造业核心竞争力、培育现代产业体系、实现高质量发展的重要途径。近年来，德阳制造业也面临同样抉择，必须顺应第二产业发展大势，求变求新，探索装备制造等领域企业业务拓展至服务环节，向"产品+服务"转型，将服务型制造作为引领发展的新型动力级。

第一节　德阳市制造业服务化转型发展现状

一、以顶层设计引领两业融合发展

为加快制造业服务化转型步伐，增强制造业核心竞争力，德阳市经信局以《国务院关于加快发展生产性服务业促进产业结构调整升级的指导意见》（国发〔2014〕26号）《关于推动先进制造业和现代服务业深度融合发展的实施意见》（发改产业〔2019〕1762号）为蓝本，在统筹考虑本市工业基础、生产性服务业发展现状等客观因素上，牵头编制《德阳市先进制造业和现代服务业深度融合发展专项行动方案》《德阳市"十四五"生产性服务业发展规划》，以总体思路、发展重点、六大行动为牵引，对德阳市制造业服务化转型作出了"顶层设计"，提出了具体要求，明确到2025年生产性服务业年均增长10%，生产性服务业增加值占服务业增加值比重达到45%的战略目标。

二、以载体搭建推动市场主体壮大

一方面，通过打造两业双向融合发展示范区，搭建"园区载体"。以德阳经开区、天府旌城为依托，聚焦装备制造，围绕产品研发设计、供应链采购与管理、生产制造、仓储物流、检验检测、技术服务、产品营销及售后服务的产品全生命周期过程，推动产业链纵向协同、价值链高端攀升、创新链精准赋能，支撑德阳加快建设世界级重大装备制造基地、世界级清洁能源装备制造基地。另一方面，推动工业设计快速发展，创建"中心载体"。工业设计是服务业制造创新链的最前端，德阳市对此高度重视，印发《德阳市市级工业设计中心认定管理办法（试行）》，不断强化主体培育，鼓励企业建立工业设计中心，积极培育以企业为主体、市场为导向、产学研相结合的国家、省、市三级工业设计梯度建设体系。截至目前，德阳市共有国家级工业设计中心1家、省级工业设计中心2家、市级工业设计中心6家，国、省工业设计中心数量居四川省前列。德阳市"二重（德阳）重型装备有限公司重型高端装备创新设计中心"成功入选，成为德阳市首家国家级工业设计中心。自2019年以来，该中心承担116项工业设计项目，获权专利140件，制定修订国家标准60项，获得省部级科技奖15项，设计建造了我国具有完全自主知识产权世界首台最高等级的8万吨模锻压力机、我国首台自主设计制造的专用钛板轧机、世界首套华龙一号ACP1000稳压器堆芯补水箱等一系列国内外突破性产品，实现了我国重大装备设计制造技术的跨越和升级，切实发挥了创新引领作用。

三、以创新驱动助推产业能级跃升

一方面，培育新动能创新主体。为引导和支持企业增强技术创新能力，健全技术创新市场导向机制，德阳市印发《德阳市企业技术中心认定办法》，目前全市共拥有国家级企业技术中心4家、省级企业技术中心104家、市级208家。另一方面，推动数字赋能制造。大力发展"互联网+智能制造"，选取东汽、东电、特变电工、宏发电声、亚度家具等重点企业，在制造产品、装备及生产、管理、服务等方面实施数字化、智能化改造，加快提升企业的智能化水平。目前，已建和在建的智能工厂、数字化车间共计 83 个。

四、以龙头效应带动整体服务水平

一方面，鼓励龙头企业提升服务能力。充分发挥龙头企业产业链带动作用，鼓励龙头企业实现从产品设备提供商向专业化、系统化和集成化的系统解决方案提供商转变。发挥行业领军企业示范带动作用，鼓励玻纤、钢铁、管材等材料企业加强产品研发、定向开发、固废协同处置、资源循环利用等服务，鼓励亚度家具、琪达实业、剑南春等消费品企业加强与消费者的互动体验，发展规模化、个性化、柔性化定制。另一方面，积极培育双业融合示范企业。德阳市共有 5 个企业、4 个项目、2 个平台入选省级服务型制造示范企业（项目、平台）名单。培育以新技术、新产业、新业态、新模式为特征的新经济形态，鼓励有条件的企业申报新经济示范，亚度家具、东方水利分别入选第一、二批四川省新经济示范企业名单。

五、制造业服务化转型经典案例

（一）亚度家具："5G+工业互联网"推进"产品+服务"转型

四川亚度家具有限公司自 2017 年起，自主建设工业互联网数字平台，通过该平台，分步骤进行项目实施。首先结合制造业共性场景解决行业痛点，围绕应用创新业务场景，以场景创新创造应用价值进行整体解决方案构建：一是通过 5G 网络实时态势感知实现智慧决策，让设备在 5G 网络下在线管理，通过实时态势感知，解决了组织生产的智慧决策。二是依托柔性自适应资源快速分发，实现不同产品的生产工艺及产线快速匹配和不同种类产品的集中生产，大幅度提升了设备利用率与生产效率。三是通过平台应用形成个性化定制，规模化生产，进而实现成本管控。四是本项目与中国移动合作，实现了园区 5G 全覆盖，利用网络切片和分布式控制系统融合，实现了对智能车间的设备精准操控。五是通过 5G+智能制造执行的全生命周期体系管理系统，实现对生产进度、产品质量、设备状态、组织人员的四维协同①。

亚度家具从传统家具制造业向数字化、网络化、智能化转型发展，把消费者被动接受产品转变为主动参与到产品设计过程中，最大限度满足消费品的个性化需求。企业通过工业互联网平台实现100%产品定制化生产，板材原料利用率达到95%，定制家具制造周期从35天降至5天内。同时，协同供应链，将原料供应周期从15天降至3天，库存降低40%以上。经过多年不断奋斗，亚度发展成为智能家具数字化制造的行业领军企业，先后获得推进供给侧结构性改革先进企业、四川省两化融合试点企业、科技创新型企业、现代企业制度达标企业、四川省新经济示范企业、四川省专精特新中小企业、四川省高成长型中小企业及省级绿色工厂等荣誉。

（二）东方水利：探索"高端智能装备+水域治理服务"新模式

四川东方水利智能装备工程股份有限公司作为国家级专精特新"小巨人"企业，长期深耕水利水电绿色环保智能装备行业，经过十几年的稳步发展，已为国内外数百个水利水电工程项目提供了产品和服务，并跻身我国水利机械装备行业头部企业之列。

东方水利为提供方案解决客户痛点，将"高端智能装备+水域治理服务"融合应用到传统水利机械制造产业。东方水利研发智能装备和智慧水利平台，将人工智能、大数据、物联网等新技术，有效应用到南水北调工程、白鹤滩水电站等国家重大水电工程场景中。企业深耕水上智能清污机器人、智能拦漂系统等水利环保智能装备产业，以"水利枢纽环境治理+总集成总承包服务"为导向，为水利水电工程提供专业化综合治理服务。应用于水库、河流、湖泊及城市水环境的清污治理市政民生工程，解决了江河、湖泊、水库、水电站等水域漂浮垃圾的智能化治理问题；同时该民生工程具

---

① 选自"2022 年度中国智能制造最佳应用实践奖"参评案例。

有水文水质实时监测、水域巡逻、应急救援、鱼类生态监测和保护等功能，从而达到对水域环境综合治理目的，逐步实现"制造+销售+服务"的经济发展新模式。

第二节 德阳制造业服务化转型困境及原因分析

一、助推服务化转型的基础能力欠缺

服务化转型依赖较强的技术支撑。与技术需求相比，德阳市制造业领域除几个龙头企业具有较强的研发能力外，本地企业基本能力整体不强。中小企业缺乏核心技术和自主产品，多处于生产加工组装等产业价值链中低端环节，对基础研究重视不够，自主研发创新能力不足，整体技术水平不高，高精尖、高附加值产品所占比重不足10%，不少关键基础材料、核心零部件、基础元器件受制于人，以上种种因素减缓了制造企业向高级化、服务化转型升级的步伐。

二、轻服务的传统思想普遍存在

长期以来，我国制造企业主要依靠廉价的土地、能源和劳动力资源获取规模经济效益，主动提供服务、延伸产业链、提升产品附加值的意识淡薄，向服务化转型的意愿不强[①]。德阳是中国三大重工业城市之一，本地装备制造龙头企业受传统思想束缚，普遍重技术、轻服务、轻管理，往往围绕装备制造、产品生产开展技术革新，进而割裂服务与生产的衔接。加之，装备制造不同于简单流水作业，其涉及材质和零部件种类多、体量大，且离散分布，服务化转型难度较大。此外，德阳过半的中小企业均认为服务只是产品的附加，需占用企业较大资源，如大量的时间、金钱和人力，甚至需

---

① 刘吉超. 我国制造业服务化发展机理与转型模式研究 [J]. 价格理论与实践，2022（5）：57-60，176.

要向专业服务机构寻求技术支撑及重新构建自身的服务体系，出于诸多的成本顾虑，大部分企业对于扩大服务业务踌躇不前。

三、服务化转型路径及模式不清

市场变化和客户的个性化需求感知是提升服务化转型效能的前提条件。但受制于粗放型发展的惯性模式，德阳大部分企业的管理者和技术人员对市场感知不强，应对新形势、新变化的策略不多，应用服务化创新商业模式不足，对服务化转型的模式与路径不明晰，服务化的经营理念和商业实践探索有待进一步优化。2020 年，德阳市生产性服务业增加值占服务业比重为 39.6%，占比与全国先进城市（苏州 53%）、全省先行城市（成都 48%）差距较大，生产性服务业有效供给质量总体不高、发展层次和专业化分工程度偏低，尤其是专业知识和技术密集型的科技服务、信息服务等产业发展薄弱。由此说明，无论是政府层面，还是企业的管理者、产品的客户对制造业服务化都处于较低层次的认识，德阳制造业服务化转型发展尚不成熟。

四、供需结构错配导致转型动力不足

生产性服务不同于生活性服务，其具有服务半径的局限性，企业如果需要相关的制造服务，不必受地域限制仅从本地寻找合适的企业，而可向本市、本省甚至本国范围外寻找服务提供方。具体到德阳，因成都的区位优势和绝对的综合经济竞争力，无论是德阳本土企业还是外地企业，都会因虹吸效应更多地将视野转向成都，在成都寻找合适的生产性服务企业开展合作。即使德阳本地企业成功转型，也极有可能因为成都企业对市场抢占的明显优势，使得本地制造业服务供给企业的市场份额被压制。长此以往，将导致本地企业服务化转型的积极性和动力不足。

第三节　制造业服务化转型的发展策略

一、营造营商环境保驾企业服务化转型

政府是企业营商环境的营造者，对企业服务化转型起到指导和促进作用。企业要想顺利实现制造业服务化转型，必须依靠与政府的通力合作，充分发挥政府的牵引能力。一是加大政策扶植。政府的产业发展指导政策和税收调节手段对制造业服务化发展具有显著的激励作用。德阳市可发挥本市服务业发展领导小组的统筹协调功能，加强部门之间的沟通协作，在强化规划引领、完善政策体系、推进重大项目建设等方面形成合力，通过加强与四川省、国家有关部门沟通对接，积极争取相关改革试点和政策支持。二是优化服务质量。以企业需求为中心，简化相关生产性服务企业审批手续、优化服务流程；鼓励行业协会发挥桥梁纽带作用，搭建企业与政府沟通平台，满足企业发展诉求。支持行业协会开展品牌培育、标准制定、政策培训等服务；根据国家生产性服务业分类标准，健全生产性服务业统计制度，优化生产性服务业统计办法和统计指标体系。加快开展生产性服务业统计监测和形势分析，及时、全面、准确掌握产业运行动态，为研究解决服务化转型发展中的问题提供有力支撑。三是激励技术创新。技术创新是企业发展的持续动力，生产技术和服务技术创新都是影响制造业服务化转型的要因。政府可以发挥市场指导和调节作用，实施服务型制造行动计划，支持有能力的企业由制造环节向服务环节拓展，开展研发设计、施工安装、系统集成、运维管理、咨询评估等一揽子服务，扫清服务技术创新的制度障碍，深化市场改革，促进社会资本流向服务技术创新的研发环节；为服务创新提供支持，加大服务创新补助力度和资金支持；引入创新机制，

激励大型企业、中小企业勇于探索服务创新①。

二、转变传统思想探索服务转型路径

思想是行为的先导，企业应当树立服务化是企业核心能力的理念，意识到服务化转型是企业发展的形势所逼，在服务化转型的大背景下，打破固有传统思维和意识，将服务创新提升到与技术创新平衡并重的地位，探索服务化转型的方式路径。一是主动发挥引领带动作用。龙头及链主企业要带动产业链上下游企业分工协作与联动融通，实现资源、要素、产能、市场的深度整合与共用共享，技术模式领先的企业在产业融合的方向、路径、模式上应当先行先试，形成经验做法；相关企业可合力围绕核心业务和产品共建业务信息平台、交互研发设计平台、供应链管理平台、工业云平台等，形成融合共生的产业生态圈。二是因地制宜探索服务创新模式。在综合现有研究和制造企业服务化案例的基础上，从单个制造企业自身来看，制造业服务化的模式和路径包含产品定制化、提供增值服务、便捷交易服务、专注研发设计与营销、提供系统解决方案、产品全生命周期、云制造七种模式。企业选择哪一种途径进行服务化各有利弊，必须根据企业技术能力、客户定位、客户期望与需求、社会环境来进行决策。三是精准对接市场及客户需求。服务化转型体现为有形产品与无形服务的结合，服务的有效性需通过了解市场需求来实现，进而基于市场需求决定供给方向。因此，要以客户需求为导向，深层次挖掘客户的差异化、个体化需求，持续保持对客户的及时关注，建立集成软件和硬件的高效交流平台系统，实时发布供需信息，建立企业和企业，企业和客户的无缝沟通，优化服务措施，通过为客户创造高于期望的价值和服务来为企业开拓新的利润增长点。

① 姜乐，马彤兵，刘东日，等. 沈阳制造业服务化的创新途径与策略研究［J］. 经济师，2022，397（3）：120-122.

三、区域协同联动实现错位发展

开放合作是实现成渝双城经济圈制造业高质量发展和区域协同发展的基本前提，同时也是实现自身产业发展的重要依托。一方面要推进区域合作。立足于区域协同定位和产业发展优势，明确当前产业协同和创新发展中面临的堵点、难点与塞点，通过创新合作打造产业协同创新共同体，为德阳制造企业服务化转型提供技术等要素支撑。推动德阳、成都新型基础设施同城化，适度超前推进以通信网络、数据中心、工业互联网等为代表的数字基建，加快推进智慧物流、智能交通、智慧能源等融合基础设施升级，积极争取天府实验室在德阳统筹布局，构建产业创新平台体系，为生产型服务业协同发展奠定坚实基础。支持成都、重庆等生产型服务业企业发挥毗邻优势，在德阳设立分支机构，为德阳提供精准匹配制造业升级需求的生产性服务。完善沟通交流机制，持续开展高层互访、调研学习、协会交流、协办论坛等多种活动，形成顶层设计统筹互动、产业协同发展、基础设施共建共享等发展态势。另一方面要注重错位发展。在注重自身资源开发的同时，要形成有地方特色的服务化转型模式，特别是针对成都企业强有力的竞争压力，应错位思考，选择优势领域进行突破。如大力发展德阳具有比较优势的检验检测、现代物流等专业化生产性服务，形成带有地域特色和企业特色的服务化技术核心竞争力，避免被竞争对手模仿和市场同质化，保证企业在激烈竞争中处于领先地位。

县域进位篇

第十三章　县域现代化理论概述
与实践逻辑

新时代中国经济社会发展的主旋律是中国式现代化。县域作为一个文化、经济和社会共同体，长期以来在推动中国经济社会发展的实践中作出了重要贡献。县域涵盖了全国大部分面积和人口，特别是农村人口，可以说，没有县域的现代化就很难谈得上整体意义上的现代化。因此在中国式现代化进程中，县域现代化是不可忽视的重要组成部分。

第一节　县域现代化的相关概念

一、县域

中国自秦开始实行"郡县制"，这种制度对传统中国政治体制和政治观念的塑造影响深远。现代的中国行政区域制度，也是对"郡县制"的沿袭与改良，在某种程度上是"郡县制"的一脉相承。迄今为止，县是中国政治、经济体制最基本最稳定的实体。在传统社会，县一级的政权是基层政权，学术界中关于传统中国社会基层行政治理"皇权不下县"的说法影响深远。在当前社会，县是一级组织，结构功能一应俱全，在整个国家经济、社会、政治、文化等各个方面，都处于承上启下的关键位置。

关于县域，许多学者和专家从不同的角度，进行了多种解释。在《县域治理与县级政府职能调整研究》一文中，何政将县域限定在农村地区，以县城作为县域中心地带，其间存在广大的乡镇、村社，与中心区域相聚集，存在明确的行政区划。而城市化地区由于其单中心的特点，与农村地区在性质上无异。鉴于此，他所称的县域，包括农村地区一般的县、地级市所辖的县级区、市以及省管的农村地区的县级市。谭学良在《碎片化及其整体性治理》一文中，根据传统县政的历史渊源和划分特点，将县域政府定位于一级行政区划，从广义上来讲，县域包括县、市辖区和县级市的人民政府；自治县、自治旗的人民政府；直辖市的街道办事处、乡镇人民政府等。因此，县域特指县级行政区划范围内包括县级政府、乡镇级政府等在内的行政单位。综上，我们这里所讨论的县域是一个集合概念，特指行政级别为县一级的行政机关，主要包括县人民政府、市辖区人民政府、县级市人民政府、自治县、自治旗的人民政府和直辖市的街道办事处等行政单位。它既包括城市地区，也涵盖农村区域①。

二、县域现代化

陆学艺在 20 世纪 80 年代初曾在山东陵县开展调查，着重研究在改革中县域的建设发展问题，后来又主持“百县市情经济社会调查”，在全国范围内选取县域展开县域调查，收集了丰富的县域社会发展变迁资料，具有丰富的县域研究经验。21 世纪初，陆学艺在对晋江改革开放以来的经济社会发展进行全方位调查的基础之上，首次提出了“县域现代化”的概念，也提出了“县域现代化是统筹城乡发展的关键”的重要论断②。他指出，县域的工业化、城市化和现代化，将是中国现代化事业的潜力和希望所在。在当前解决中国城乡二元格局问题上，县一级在中国行政体系中是承上启下、联系城市和乡村的关键点，县域具有重要地位和重要功能，是扭转城乡发展不平衡的关键。因此，应以县域为平台，通过县域现代化破解中国城乡二元格局，最终实现整体现代化③。

2008 年，在“苏南模式新实践”——中国县域（太仓）现代化

① 邹毅. 现阶段我国县域治理问题研究［D］. 北京：中共中央党校，2016.

② 陆学艺. 陆学艺文萃［M］. 北京：生活·读书·知新三联书店，2019：150-164.

③ 陆学艺，王春光，胡建国. 县域现代化：城乡统筹发展的关键：福建省晋江市调查［J］. 红旗文稿，2008（3）：25-27.

道路探索理论研讨会上，陆学艺进一步明确指出，基本实现现代化的太仓已经接近中等发达国家水平，从"太仓特色"可以看到，县域现代化的关键在于由发展农业拓展到大力发展第二、第三产业，构建和完善社会保障、就业保障、现代教育等关乎社会和谐安定的体系，推进城乡一体化进程。太仓建设的现代化，不仅仅是经济上的现代化，而且是人人共享改革、发展成果的现代化，这也正是我们所要探究的县域现代化道路①。

王春光认识到在现代化发展中，县域发挥的作用越发重要。他从理论层面发掘、建构县域社会的价值，认为县域社会蕴含着丰富的社会学内涵，能为中国社会学的社会研究提供丰富的思想资源，主张把县域社会作为中国的基层社会进行研究。他从历史基础和现实基础两个角度进行论证说明，看到乡镇政府存在的局限性，即其虽然在制度设置上是最基层的政府，但在实际运作过程中其财政权和决策权并不够独立、完整，在很大程度上受到县级政府的节制，对基层民众起到实质性影响的是县域层面。县域作为基层社会具有丰富的社会价值，城市化、工业化、市场化以及由此而来的社会流动和开放进一步强化了县域社会形态，突破了乡村的封闭性，发挥桥梁纽带作用以连接广大乡村与外部社会，使其内部的凝聚力增强。县域社会具有城乡交融性，乡村性与城市性这对相抵牾的概念在县域社会可以共存、交融。县城是县域社会核心，与下属的村镇构成一个完整的社会系统，县域社会在县域现代化的城市化、工业化、市场化作用下形成以县城为核心的县域城乡交融性，这实际上是陆学艺的县域现代化的社会学理论层面的总结和提升②。

① 李晓壮. 试论陆学艺县域现代化思想［J］. 西北师大学报（社会科学版），2020，57（2）：51-61.

② 尹恩生. 县域现代化视角下的农村家庭经营业态多元化研究［D］. 济南：山东大学，2021.

第二节　县域现代化的定位及影响因素

一、县域现代化的定位

（一）县域是城乡融合发展的重要支撑

县域是国家宏观治理的基本单元，是汇聚农村人口、融通农村与城镇的核心载体。县一级处在承上启下的关键环节，是发展经济、保障民生、维护稳定、促进国家长治久安的重要基础。党的十八大以来，以习近平同志为核心的党中央高度重视县域经济社会发展。习近平总书记强调："要把县域作为城乡融合发展的重要切入点，推进空间布局、产业发展、基础设施等县域统筹，把城乡关系摆布好处理好，一体设计、一并推进。"《关于推进以县城为重要载体的城镇化建设意见》也明确指出："县城是我国城镇体系的重要组成部分，是城乡融合发展的关键支撑，对促进新型城镇化建设、构建新型工农城乡关系具有重要意义。"2023年中央一号文件明确指出要"推进县域城乡融合发展，健全城乡融合发展体制机制和政策体系"。

（二）县域经济是国民经济的基本单元

县域经济是国民经济的基本单元，在国民经济体系中占据重要地位。县域经济既与城市经济空间衔接、相互支撑，又相对独立运行。县域经济能否实现高质量发展，直接关系到我国经济高质量发展的成效。发展县域经济，既是扭住扩大内需战略基点、畅通国民经济循环的重要抓手，又是推动乡村振兴、实现城乡融合发展的关键支撑。一方面，进一步提高居民收入、扩大居民消费的主要空间集中在县域。目前，我国县域城镇化尚有巨大潜力，居民整体收入水平不高，消费的规模和层次相对较低。另一方面，畅通国民经济循环的关键点在县域。国民经济循环表现为经济要素的有序流动。县域具有与城市产业分工协作、经济功能互补等方面的作用，县域经济发展将吸引科技、资本、产业等加快向县域流动。同时，县城既是乡村与城市的交会点，也是乡村与城市平等交换要素的中转站。发展县域经济是推动乡村振兴战略、实现城乡融合发展的重要切入点和题中应有之义①。

（三）县域现代化是中国式现代化的基础

新时代中国经济社会发展的主旋律是中国式现代化。从系统观念的角度看，作为国民经济的基本单元，作为城乡融合发展的支撑，作为整个现代化进程中的一部分，县域的现代化，影响着整体现代化的实现。正如陆学艺先生所讲，"县没有实现现代化，整个中国就不可能实现现代化"。因此要实现中国式现代化，必然要完成县域现代化。

二、县域现代化的影响因素

目前，中国大部分县域的发展与现代化发展的目标与要求还有较大差距，归纳起来，主要有以下几个方面的问题：

第一，县域地区的产业、营商环境和发展模式亟待改善。一方面，许多县域的产业还停留在比较传统的发展模式上，县域地区的营商环境亟待改善。一些县域政府甚至对所辖企业"吃拿卡要"，难以吸引高质量的资本和企业入驻，高附加值、高成长性产业较少，能够提供的就业机会就比较有限。这也是县域人口外流的主要原因之一。另一方面，由于长期依赖土地财政，因此地方融资平台运营困难，县域企业融资难、融资贵，企业成长和升级的潜力不足。

第二，县域的基础设施、公共资源和公共服务水平相对薄弱。县域地区特别是农村地区居民，与大城市居民在养老、医疗等基本公共服务方面的差距较大。不少县域地区属于老少边穷地区，基础设施建设成本非常高，为其居民提供公共资源和服务有较大的困难。

---

① 把握县域经济高质量发展着力点［EB/OL］.［2023-08-27］. http://www.news.cn/politics/20220707/ab9a9fb47292418f8761ddae24e5c591/c.html.

第三，县域农村人口占比较大，人才"空心化"比较严重。县域地区汇聚了大量的农村人口、中低收入群体，而这些县域地区的发展机会几乎无法与大城市相比。目前，高层次人才普遍流向大城市和先发展地区，县域和农村地区的人才"空心化"问题愈发严重。

第四，县域半熟人社会的运行逻辑相对滞后于现代化的理念要求。县域人口从几万人到两百万人不等，大部分位于中小城市地区，县域政治、经济的发展大多依赖熟人、半熟人社会的运行逻辑。特别是在农村地区，影响社会秩序和资源分配差距的关系、人情、圈子等社会文化因素更为凸显。县域的非正式规则运行，可能经常会跟现代化发展所要求的法治思维、程序正义、包容开放等理念发生冲突，县域的现代化需要与人的现代化同步进行。正因为我国县域地区具有农村人口多、基础设施和公共服务资源相对落后、传统文化影响较大、现代化发展水平较低等特点，所以县域地区是我国实践共同富裕道路上的重点和难点，也构成我国实现共同富裕的重大挑战。

第三节　推进县域现代化的实践逻辑

一、推动县域经济高质量发展

要实现县域现代化需要推动县域经济高质量发展，必须坚定不移贯彻新发展理念，推动新型工业化、信息化、城镇化、农业现代化同步发展，推动城乡和区域协调发展，不断增强发展的平衡性、协调性、可持续性。整体上看，推进县域经济高质量发展必须尊重大国经济和县域经济发展的客观规律。在着力构建以内循环为主，实现对内搞活对外开放的双循环新发展格局过程中，县域经济发展应将满足当地人们的美好生活需要和对高品质幸福生活的追求作为出发点和落脚点。在对县域、城镇和乡村空间进行科学规划和调整基础上，依据人口和城镇分布进行生产力的优化布局。具体来说有以下措施：一是在合理布局乡镇区域服务中心、村级服务站点的基础上，对接引入城市优质服务资源；二是统筹推进县域内基础设施建设、强化公共服务供给；三是不断优化投资环境，制定适宜政策，引导各类人才，包括县籍人才进入和回流县域，为其提供创新创业创造条件；四是强化县级资源整合与使用，加快推动县域与城乡之间资源要素的双向流动，并立足县域特色资源优势，以绿色产业作为县域经济发展方向，构建可持续的绿色发展模式，将资源优势转化为县域经济发展优势；五是引导不同类型产业组织公平竞争、优势互补；六是高度重视农业在经济发展和乡村振兴战略中的功能作用，采取有效措施促进农业农村经济多元化、综合化和融合化①。

二、推动县域治理现代化

推进国家治理体系和治理能力现代化，已经成为我国今后一段时期深化行政体制改革的重要目标之一。县域治理作为国家治理现代化的重要组成部分，其治理体系和治理能力的现代化水平，可以直观地反映出国家治理现代化的整体效果。从根本意义上讲，推进县域治理现代化，符合全面深化改革的现实需要，有利于建设社会主义民主政治、发展社会主义政治文明，对于维护国家改革、发展、稳定的大局，也大有裨益。大体来讲可从以下四个方面进行县域治理现代化的突破：一是构建县域治理基础体系，主要从有效权力体系、依法治理体系、民主治理体系和民生服务体系方面，打造现代化的治理体系。二是提升县域治理基础能力，主要是加强汲取与濡化、认证与归管、吸纳与整合这六项能力的建设。三是完善县域治理组织架构，着重从加强和改善县域党的领导、着力发挥政府主导作用、构建群众参与机制、加强社会组织协同四个方面，形成

---

① 杜志雄. 坚持城乡融合，推动县域经济高质量发展［J］. 农业经济与管理，2022（6）：1-4.

多元化的县域治理格局。四是正确处理县域治理中常见的几对关系，包括政党与政府、政府与市场、政府与社会、城镇与乡村的关系，形成有序、合作、共赢的地方治理结构①。

三、推进县域生态建设

推进县域生态建设的主要措施有以下三个方面：一是完善乡村生态治理规划。山、水、林、田、湖、草等自然资源是一个生命共同体，县域统筹安排、统一治理，能充分发挥生态系统的功能，保证生态平衡。青山绿水既为人民生活带来舒适环境，也为发展绿色经济带来机会。县域城乡地域融合通过优化县级行政区域，合理规划城镇和村庄范围，提升乡村治理效率。县域行政区划是乡村生态振兴的空间基础，在其演进过程中产生的多重效应对实现乡村生态振兴具有重要意义。

二是壮大乡村生态产业。在县域层面畅通城乡要素流动为乡村产业融合提供必要的资金、技术、人才，优化乡村产业结构，深化产业的上下游分工，拓展市场范围，加快乡村生态产业发展。乡村产业发展主要面临土地利用率低，缺乏资金、技术性人才等问题，县域内把县镇和乡村作为一个整体统筹要素配置，探索解决乡村生态产业发展的难题。

三是推进乡村生态宜居。县域作为我国环境治理与优化的"生态屏障"，将生态约束转变为生态发展，开发生态旅游、有机农场等绿色产业，发挥城乡生态融合推进乡村生态振兴的重要作用。生态文明建设一直被党和国家放在举足轻重的地位，青山绿水也成为城乡居民对居住环境的最大需求，但是乡村还面临污染治理效率低、绿色经济不发达等问题。县域城乡生态融合通过优化县域生态环境，系统化治理山水田林湖草等生态资源，减少城乡生活性、生产性污染，同时提高污染治理效率，建设高质量绿色经济。

---

① 邹毅. 现阶段我国县域治理问题研究［D］. 北京：中共中央党校，2016.

四、推进县域文化产业建设

新时代县域文化产业承担着提升中国文化软实力、培育县域经济新动能的双重功能。与城市文化产业相比，县域文化产业基于特色文化资源等禀赋优势，形成了差异化布局和若干重点业态。县域文化产业的高质量发展，从根本上依赖于对县域文化遗产价值的精准把握和深耕，关键是要缓解文化本土性与现代性、开放性之间的碰撞。对此，应抓紧对县域文化资源的创造性转化、创新性发展，探索县域文化变迁与内外价值互换之间的多元路径，力争实现良性变迁，避免异化变迁。县域文化是在特定的县域空间经过长期濡染和积淀而逐步形成的一种本土文化现象，其代表的乡土文化、传统文化与现代文化、全球文化存在一定距离。因此，应以开放的心态不断进行县域文化再定位和自觉更新。要深度梳理当地历史文化脉络，找寻地域文化的原点，提炼出县域文化的独特基因，在项目设计时注重保留县域文化的精神内核和核心技艺，强化地域文化的符号化特征。

第十四章　推动旌阳区县域进位

近年来，旌阳区在四川省委、省政府，德阳市委、市政府的正确领导下，以省委提出的"四化同步"为战略目标，以市委、市政府"五大战略"为建设中国式现代化旌阳篇章的发展总牵引，明确提出"百强区提质升位"的总体目标，明确"产业转型提速、城市能级提升、城乡融合提档、民生福祉提质"的高质量发展路径，大力发展产业经济，聚焦城市功能升级，进一步完善措施、优化环境，旌阳区县域经济呈现出蓬勃发展的强劲势头。

第一节　旌阳区县域经济发展现状

旌阳区坚持把发展的着力点放在实体经济上，全面推进产业基础高端化、产业链条现代化，产业结构不断优化、实力大幅跃升，成功晋级全国县域经济百强区。2022 年旌阳区实现地区生产总值 860.5 亿元、同比增长 2.9%。2023 年上半年旌阳区实现地区生产总值同比增长 5.6%，全社会固定资产投资增长 4.1%，社会消费品零售总额增长 7.9%。2023 年，旌阳再次入围 2023 赛迪百强区，名列第 95 位，上升 4 位。

一、数字经济蓄势发展

旌阳区聚焦工业互联网、大数据、人工智能等领域，以天府数谷为核心打造数字经济产业生态集群，特斯联 AI CITY、德阳数字科创城等项目接连落地，云上天府智算中心（一期）建成投用，全省首个"四川数据要素产业园"落户旌阳。坚持在数字经济新赛道加快招引，引入 25 个重点项目、总投资超 360 亿元。2022 年数字经济注册企业达到 160 家，实现产值突破 30 亿元，重点数字经济企业营收突破 10 亿元。

二、制造业加快优化升级

旌阳区产业总量持续壮大，实施产业存量倍增和增量突破计划，推动传统产业转型升级，加快新兴产业建链延链，以机械加工、电线电缆、食品饮料、天然气化工为主导的传统产业和以新材料、新能源、智能终端为主导的战略性新兴产业竞相发展。旌阳区重点企业发展良好，"雁阵化"梯次培育工业企业，特变电工三个数字化生产车间改造投产并达到设计产能，中铭数控"清洁能源装备制造"项目达产增效，创一机械、稷农农业等 13 家企业达规入统，富杰机械、中铭数控等 10 家企业进入拟入规储备库。

三、现代服务业稳中提质

旌阳区现代物流、电子商务等生产性服务业集聚发展，冷链仓储物流园区、德阳国际铁路物流港等基地建设持续推进，特斯联新零售项目物理空间载体、天播 SaaS 快剪辑系统搭建完成，引入柏元电子等电子商务上下游企业 40 余家、MCN 机构 7 家，AI PARK 直播间投入运营，"川货电商节"等线上消费活动受到广泛关注和消费者好评。企业培育成效显著，旌阳区规上服务业企业达到 90 户、限额以上商贸单位达到 213 户，2022 年服务业重点企业营收增长16.3%。旌阳区文旅品牌不断涌现，重点文旅项目加快推进，孝泉大孝故里被评定为国家 4A 级旅游景区，孝泉上九会、德阳潮扇入选"天府文旅 IP 项目库"，旌韵高槐、孝泉古镇、中国和海等精品旅游品牌影响力不断扩大，2021—2022 年实现旅游综合收入 113.55亿元，接待游客 1 048.86 万人次。

四、民生福祉不断增强

旌阳区城镇新增就业 9 100 人，农村劳动力转移就业 12.6 万人。企业职工养老保险、失业保险、工伤保险参保人员分别达到15.1万、5.3万、10.6万人，发放基本养老保险15.1亿元。社会救助力度进一步加大，低保人员、残疾人、特困人员补贴标准和孤儿养育标准进一步提高。城市书房、全民健身网络等文体设施建设持续推进，图书馆、文化馆等各类公共文化服务场所累计人流量超过10万人次。医院"药品零加价"成果更加巩固，医养结合中心及精神病院区、社区卫生服务中心基层防治能力提升项目先后投入使用，养老服务综合体设施提档升级，为3 000名老人提供居家养老服务，养老服务质量稳步提升。

五、乡村生态建设成效显著

云裳大回湾、荷韵龙居、柏香长寿等山林画廊连线成片，旌东丘陵逸态横生，形成城郊休闲观光游憩带。红光印象、青甜扬嘉、五树原乡等农旅项目串珠成链，旌西田园风光旖旎，打造乡村振兴美丽风景线。槐香谷小流域治出清水绿岸，助力"旌韵高槐"成功蝶变，形成绿色价值转换典范。人居环境明显改善，建成省级"四好村"25个、"美丽四川·宜居乡村"69个。天蓝、地绿、水清绘就旌阳最美生态底色。

第二节　旌阳区县域经济发展存在的问题

旌阳区经济保持中高速增长难度加大；产业支撑力量不足，主导产业优势地位尚不突出，工业发展束缚较多，重大产业项目偏少，产业功能园区主战场作用还没有充分发挥；公共服务水平仍需提升，优质教育、医疗资源供给不充分、区域不平衡问题仍然存在。具体有以下几个方面的问题：

一、从发展水平上来看，产业竞争力有待提升

由于历史原因，旌阳区工业企业龙头企业少，企业的专业化精

细化程度不高，带动示范作用不强。全区年产值上20亿元的企业仅有特变电工1户。从服务业来看，旌阳区金融、电子商务、科技信息等新兴服务业达标入库企业较少；文化娱乐、卫生、教育等其他服务业贡献率不足10%；服务业企业普遍规模小，入库少，难以弥补中石油、中石化等支柱企业业绩下滑带来的影响。旌阳区产业发展空间不足，尽管天府数谷划归旌阳区直接管理，但由于其产业定位为数字经济，难以对工业经济起到有效的支撑作用。同时，作为旌阳区工业经济的主战场，旌阳高新区（天府旌城）产业定位的调整和空间规划的调整，短期内造成了存量企业无法扩产扩能、新项目引进落地困难的影响，天府旌城支撑旌阳工业发展的功能弱化。

二、从发展动力上来看，产业发展对外扩张能力不足

通过深入分析发现，作为拉动经济增长的"三驾马车"，消费、投资对旌阳区经济增长的作用最为明显。旌阳辖区2022年的进出口总额为45.68亿元，其中出口额为16.66亿元，进口额29.07亿元，对经济发展的贡献不足。经济发展主要由新增工业投资和建筑业带动。从社会零售总额的组成上看，旌阳区2022年零售业总额为188.90亿元，比上年下降2.8%，主要依靠本地居民的日常消费。在旌阳区固定资产投资增速逐步放缓，消费对经济拉动作用越来越大的情况下，旌阳区又存在传统消费进入瓶颈期、新兴消费增长尚弱等问题，经济发展动力主要依靠本地传统消费驱动，产业发展对外扩张能力不足。因此，在构建国内国际双循环新发展格局，消费成为稳增长压舱石的背景下，旌阳区需要进一步加快推动消费结构升级，加快从注重量的满足向追求质的提升、从有形物质产品向更多服务消费、从模仿型排浪式消费向个性化多样化消费等转变。

三、从发展潜力上来看，资本投入转化尚需时日

当前，旌阳区正处于转型升级的关键期，稳投资压力较大。一是投资运行面临大项目储备不足、基建投资资金来源受限等制约，民间投资受市场低迷、投资回报低等因素影响投资信心，后续房地

产投资对整体投资增长的支撑性有所减弱，投资稳定增长的可持续性值得关注。二是消费增长动力不足。智能消费、"互联网+"等新业态新模式发展仍相对滞后、供给不足，消费新增长点较少。同时，土地费用报送制度变更导致房地产投资支撑减弱以及房地产市场销售放缓，本地建材、家电等相关消费将受到一定制约，加上宏观经济形势低迷导致消费者消费信心不足，后期稳消费难度增大。三是外贸拉动效益释放仍需时日。旌阳区对外出口起点低，又恰逢受国际市场需求不足、中美经贸摩擦长期化等影响，全区外贸进出口存在较大的不确定性，对外贸易增长存在隐忧。

第三节　旌阳区县域经济发展路径分析

一、聚焦做强重点产业，加快构建现代经济体系

（一）着力发展数字经济，确保产业规模快速壮大

把数字经济作为优先发展、重点发展的引领性产业，以天府数谷为核心，聚焦"工业互联网、大数据、人工智能、软件工程"四大领域，加快特斯联 AI CITY、云上天府大数据产业园等数字产业项目的投产运营，积极推进全国一体化算力网络成渝国家枢纽节点天府数据中心集群拓展区政策争取工作，着力构建四川省国家数字经济创新发展试验区先行区。大力发展电商新零售产业，打造以东区天府数谷、北区特斯联 AI CITY、西区西部商贸城为核心的青年创新创业电商产业园，瞄准直播电商、社区电商、社群电商等领域，引进和培育一批电商头部、腰部企业、MCN 机构，奋力推动电商直播新零售集聚壮大。

（二）着力发展现代服务业，确保产业增量全面突破

一是做强现代商贸。推动洋洋广场、爱达乐等本土名品牌拓展市场，做出旌城"名菜、名厨、名店"和"旌城老味道"品牌影响力，培育世界清洁能源装备大会、文德房车家装节等展会品牌，形

成一批有辨识度有影响力的本土特色品牌。二是发展医疗康养。以银发颐养产业园为重点，着力推进"万势养老旌城颐园""光大养老—荣耀安生社区养老服务中心""锦江医养"等民办养老机构项目落地。三是提升金融服务。在天府数谷核心区选址建设基金小镇，重点发展股权投资类基金，构建金融与产业相互促进的发展格局；积极推动银行、保险等机构完善城市新区网点布局，支持本土金融机构发展壮大。四是做亮文旅产业。加快推进蓝城（德阳）文旅康养、华强沟环湖马拉松赛道等项目建设，丰富旌秀桂花粮油智慧农业园区、寿崴路农文旅融合示范带等产业业态，塑造旌阳旅游品牌。推动天府旌城打造服务业集聚区，重点以总部经济、文化创意、医疗、教育、科技、金融、商贸等产业为发展方向。

（三）着力发展工业经济，确保总量增长稳中有升

一是抓重点企业产值倍增。继续做好重点企业跟踪服务，加快特变电工西南5G装备电缆科技产业园、天元酒业曲酒智能化生产、同晟氨基酸原址技改、爱达乐冷链生产系统改建等项目建设，支持企业技改扩能实现产值倍增；出台企业数字化改造补助政策，激发企业数字赋能实现效益倍增。二是致力天然气行业倍增发展。支持中石化新建脱硫站加大海相气井开发，支持中京燃气井口撬装项目建设，探索平台公司与中石化天然气销售中心设立转供公司，力争两年内实现行业产值倍增。三是抓优质企业发展转型，支持钰鑫机械向"制造+服务"转型，德赛尔向"制造+研发"转型，森普管材向"制造+工程"转型，努力提升企业市场占有率和效益。加快孝泉、柏隆、黄许镇级智能制造园区建设，积极承接优质企业。

（四）着力发展房产建筑业，确保投入产出增量突破

一是抓重点企业产值倍增。深挖省建四公司、中机一建、明源电力、科隆公司、蓉北公司、旌创建工等重点企业潜能。二是完善平台公司参与开发机制。推进平台公司充分利用现有的土地资源，主动谋划开发项目，采取市场化机制提高投资效率。三是提升本地建筑房产企业市场占有率。开展招投标培训和信用评价审核，提升本地企业竞争优势；建立平台公司与本地企业合作机制，向本地优

秀企业提供项目机会清单；支持省建四公司、四汇公司、科隆公司等企业"走出去"，拓展外地市场。

二、聚焦提升城市能级，激发经济发展新动能

（一）高品质推进新城建设

结合旌北新区、天府旌城开发建设时序，新建一批学校、医院等城市新区配套基础设施，打造文德商圈、天龙寺商圈，做优万达金街、玫瑰香街、希望城望街等特色街区；实施城市美育提升，新建一批绿地公园、邮票公园、网红街区，启动绵远河西岸产业示范区、天龙湖公园、天元湖公园等项目建设，开工建设德阳站综合交通枢纽改造项目（原景观中轴带项目），提升城市承载力和价值。

（二）稳步推动旧城更新改造

启动老区政府片区更新改造项目、旌阳二片区东电高铁单元城市更新综合提升项目，通过实施老旧小区改造、公共服务配套优化、基础设施攻坚、城市景观美化、商圈活力营造、智慧城市助力、社区治理提升"七大行动"，激发城市活力、延续城市文脉、彰显城市特色。加快建设秦岭山路（新、扩建）工程、银山路工程，建成锦利公园、中心城区公共停车场等重点项目，完成111个老旧小区改造，实现旧城面貌整体提升。

（三）加快补齐城市短板

一是优化社区公共服务配套，全面深化片区、社区、驿站三级综合体管理运营，完善社区服务、社区治理、社区教育、社区康养、社区创业、邻里互助六大场景相关配套服务设施。二是抓好舟山街、黄山路等断头路整治工程和中心城区公共停车场建设项目，加快城市地下综合管廊工程项目建设。三是加快发展社区商业，全面实施城区菜市场回购提质、开业新建、优化布局，推进阿里山街、淮河路等农贸综合体建设，进一步优化"15分钟便民生活圈"，提升城市生活便民程度。

三、聚焦挖掘内需潜力，有效激发内生增长动能

（一）优先恢复和扩大消费

围绕打造成都国际消费中心重要功能区，推动商业零售提档升级。一是大力发展首店首发经济，充分挖掘时尚消费、品牌消费潜力，引进德阳首店、特色小店 5 个以上，引进知名品牌、网红品牌 10 个以上。二是擦亮川派餐饮旌阳品牌，将"旌阳印象"打造为地方代表性特色餐厅，积极对接餐饮品牌资源聚集区，全力招引川派餐饮名店；开展旌城特色餐饮名店和特色美食街区评选，培育线上餐饮企业 5 户，建成特色美食街区 5 条。三是组织推广好"世界三星堆安逸游德阳"百万游客游德阳活动，举办好"炫动旌阳"走进大孝故里活动，为景区景点引流，带动旅游消费。

（二）发挥项目投资稳经济作用

一是紧紧围绕国家政策导向，聚焦产业园区基础设施、长江经济带发展、社会事业等领域，深入谋划包装专项债券资金、中省预算内资金①项目。二是加快重点项目推进，构建上下贯通、权责清晰、运转高效的推动体系，加快解决资金、土地等问题，确保完成全年投资额。三是做好政策性开发性金融工具项目建设，加快已投放基金项目进度；加强与商业银行的融资洽谈，充分保障项目资金需求；吃透国家政策精神，提高基金项目申报通过率。

（三）精准招商引资

一方面，重点围绕数字经济、平台经济及现代服务业开展招商引资工作，积极谋划在长三角、粤港澳、京津冀等地举办城市推介会、招商洽谈会，努力招引一批业态新、辐射广、带动强的重大项目。另一方面，加快推动东华软件、摇橹船、上海维智等数字经济企业签约；着力为国联股份数字化运营中心、中贸五行易货贸易中心等数字平台经济项目提供承载空间；充分发挥深圳东方富海、光智德联基金、德阳兴产股权投资基金、西数基金、盈创天使人才基金等机构在招商引资过程中的积极作用。

---

① 中省预算内资金是引入国家预算收支计划由财政集中分配使用的资金。

四、聚焦乡村振兴战略，纵深推进城乡融合发展

（一）着力现代农业融合发展

具体措施如下：千方百计扩大粮油作物播种面积，持续引进推广粮油新品种、种植新技术，进一步培优旌阳"米线水稻"基地，稳定种粮农民补贴，提高农民种粮积极性；强化与省农科院、省水稻高粱所等科研院所合作，实现全区种业"良繁推"一体化的目标；大力支持生猪养殖场（户）与正邦、德康、新希望等生猪龙头企业开展合作，进一步扩大全区生猪产能；因地制宜发展牛羊兔养殖产业，调整优化畜禽生产结构；引进蔬菜新品种、新技术，提高蔬菜复种指数，实施水果产业提升行动，形成具规模、品质优的产业群；实施渔业提升行动，进一步培优鲈鱼、泥鳅、观赏鱼、小龙虾等特色水产品；加强社会化服务能力建设，围绕"耕、种、防、收、烘"各环节，为农户提供多元化服务。

（二）加快城乡融合发展步伐

具体措施如下：围绕村镇级国土空间规划框架及国家政策导向，科学谋划乡村振兴项目，将资金向产业引导、将项目向重点村倾斜，建设一批联农带农效果好，群众满意度高的民生项目，推进农文旅融合发展，持续推进红光印象研学小镇项目建设，加快凯江大回湾开发建设。依托长寿文化、德孝文化、泉文化等资源，打造"一镇一旅游村"，实现城市人口文旅需求与乡村资源充分匹配。扎实开展农村"五网"建设。实施美丽乡村路、农村公路危桥改造、农村电网巩固提升、供水保障工程等项目，进一步缩小城乡公共基础设施差距。

（三）持续推进"三农"领域改革

具体措施如下：深入推进"三变"改革、"五社"实践，不断规范股份合作，落实集体经济发展扶持政策，实现村级改革提质增效；加速突破镇级试点，通过镇村联动推进改革，聚集产业资源、引进优质企业、实施特色项目，拓展镇域经济发展空间；稳步推进农村宅基地制度改革、城乡融合发展改革试点、农村土地细碎化整理试点与农村土地承包和流转合同网签试点等工作，加快推进农村

各类产权纳入产权交易平台公开交易，全面盘活农村资源资产，进一步激发农村发展活力。

五、聚焦深化改革创新，打造开放协作发展格局

（一）打造一流营商环境

一是持续扩大"放管服"改革成果，为招商引资和重点项目开通"一企一策"绿色通道服务，推行产业园区工程建设项目"未诉先办、一办到底"模式，做优做实"产业助理+项目专员"全生命周期服务，将项目开工前审批时限压缩至 13~35 个工作日。二是围绕市场、政务、监管、创新、法治五大环境中涉及营商环境评价的 19 项指标，有效破除门槛、打通堵点、减少环节、优化方式，打造"无事不扰、有求必应"的精细化服务体系。三是聚焦痛点、难点、堵点问题，以"双提四破"为目标，以"十大整治行动"为抓手，打造审批最少、流程最优、体制最顺、机制最活、效率最高、服务最好的营商环境。

（二）坚持创新驱动引领

一是落实创新驱动发展战略，推进天府大道科创走廊建设，提高企业自主创新能力，指导帮助企业创建制造业"单项冠军"企业（产品）和产业链"领航"企业。二是加强技术中心、工程中心、孵化园等平台建设，建成市级重点实验室 4 家，市级企业技术中心 1 家。三是支持企业、科研院所和其他社会力量共建科技中介服务机构，开展知识产权运营、技术推广和产业孵化等服务，打通科研成果与市场接轨通道。

（三）持续深化开放合作

一是推进与成都市锦江区协同发展，推动两地在商贸服务业领域取得实质性成果；实施"川渝通办""成德眉资通办"等跨区域通办服务举措，提升区域政务服务协同效能。二是加快完善区域性交通互联网络，实施好成都"三绕"孝感互通城市连接线项目，确保完成成绵高速 G5 扩容、天府大道北延线、什德中干道等重点项目征拆任务。积极推动企业"走出去"，实施外贸潜力企业"零突破"工程。

第十五章 推动罗江区县域进位

德阳市罗江区位于四川省中部，地处成渝经济圈核心区。全区属浅丘地貌，辖区面积 448 平方千米，辖 7 镇，62 个行政村 31 个社区，户籍人口 24.03 万人。罗江是"全国休闲农业与乡村旅游示范县""省级历史文化名城""省级乡村振兴先进县"。近年来，罗江区以"工业强区、科教兴区、文旅活区、生态立区"四大战略为发展目标，积极推动全面振兴、全方位振兴、创新驱动、绿色发展等多元化进程，助力区域进位。

第一节 罗江区县域经济发展现状

一、主要经济指标

经济总量从 2020 年末的 148.4 亿元增加到 2022 年的 171.7 亿元，年均增长 7.6%；财政一般公共预算收入突破 7.95 亿元，比 2020 年末增长 62.9%，年均增长 27.6%；社会消费品零售总额突破 42.3 亿元，比 2021 年末增长 21.2%，年均增长 10.1%。三年间，全社会固定资产投资年均增长 12.4%；第一产业增加值年均增速 3.4%，规上工业增加值年均增速 7.0%，服务业增加值年均增速 6.7%，三次产业比重由 16.9∶53∶30.1 优化为 15.6∶54.8∶29.6。

二、产业发展情况

一是农业稳定向好。罗江区在粮油制种、晚熟柑橘、贵妃枣等特色产业上提质扩面，建成现代农业园区 29 个，累计新建高标准农田 20.79 万亩。开展全省唯一"农联"改革试点，成功创建全省农民增收工作先进区，与 2021 年相比产业增加值为 26.8 亿元，增长 3.9%，居德阳市第 4。二是工业平稳增长。罗江区形成了由电子信息产业、先进材料和制造业构成的"一主两辅"产业格局。近年来引进了虹基光玻、迪弗、鸿晟药玻、汉江 PET 新材料等一批优质项目。世界首套万吨级连续玄武岩纤维池窑项目实现达产，以纤维及复合材料为代表的新材料产业取得实质性突破和集聚发展。其中，规上工业增加值比上年增长 6.1%，比全市平均值高 2.7 个百分点，居德阳市第 2，两年平均增长 7.0%。罗江区拥有工业企业 425 家，规模以上企业 164 家，高新技术企业 30 家、国家级专精特新"小巨人"企业 1 家、省级专精特新企业 18 家、省级瞪羚企业 1 家、上市公司全资子公司 10 家。工业企业实现总产值 541.8 亿元，同比增长 10.5%。完成工业投资 59.36 亿元，同比增长 20.8%，工业投资占全社会固定资产投资比重的 39.8%。三是服务业持续恢复。组织德阳金秋购物季罗江分会场、"百万巨惠 乐购罗江"等特色促消费活动，发放百万消费券，有效带动消费回暖，支持盛玛特、世纪隆等大型商超开展惠民购物和店外促销，2022 年实现社会消费品零售总额 42.48 亿元。扎实抓好"个转企""小升规"工作，2022 年新增限上商贸单位 8 家、规上服务业企业 2 家。嘉禾庄园、金凯利酒店、水晶艺术小镇建成投运，白马关户外运动营地成为网红打卡地，文旅业态持续丰富。游客接待量逐年回升，2022 年累计接待游客 440 万人次，带动旅游消费 36.11 亿元。

三、重大项目储备方面

"十四五"以来，罗江区认真贯彻落实国家、省、市相关安排部署，切实做好重大项目谋划、储备、争取工作。截止到 2022 年底，罗江区拥有动态储备"十四五"规划重点项目 477 个，总投资 1 928.45 亿元。其中，十亿元以上重大项目 37 个，估算总投资（约）902 亿元。储备项目涵盖了经济社会发展的各个领域。

第二节 罗江区县域经济存在的问题

目前，罗江区经济结构已经从传统农业县迈向工业县，但是工业尚处于发展的初级阶段、产业处于低端水平，转型任务较重，企业生产经营面临不少困难：用地保障、环境容量等要素制约明显趋紧，区域核心竞争力有待增强；教育、医疗、养老等公共服务与群众的期盼还有差距，民生保障水平亟待提升。

一、工业发展规模不大，结构单一，产业发展要素不足

一是产业规模不大，工业规模总量依然偏小偏弱。按照德阳市委、市政府"一县一园区、一区一主业、一业定乾坤"的原则，罗江区工业主要发展方向为先进材料产业。但是作为主要发展方向的先进材料规模小，不占主导地位。2022 年底，罗江区先进材料产业仅实现 141.2 亿元产值，仅占工业总产值的 26.1%，较 2021 年（26.6%）下降 0.5 个百分点，产业主导性不足愈加明显。如：作为罗江区的主导产业的先进材料，目前主要包括高性能纤维及其复合材料、高分子材料、光电显示材料、金属材料和绿色建材等产业，涉及细分行业多而杂，且各细分行业均实力不强。二是产业结构单一，产业集中在加工段。罗江区规模以上工业企业，年产值超过 30 亿元的企业仅有金路树脂一家，金路树脂年纳税额约占工业企业纳税总额的 25%，"独大"的发展格局导致金路树脂一旦出现行业周期性回落，工业发展就举步维艰，政府财税收入也会锐减。同时，罗江区无论是先进材料产业，还是其他的电子信息产业、农产品加工产业都处于微笑曲线的底部，缺乏前端原创性研发段和后端营销。这些产业附加值低、利润率低，对市场缺乏控制力，市场适应能力差，产业链上下游衔接不顺畅、配套协作不足，部分关键环节受制于人。三是要素保障不强，产业发展基础要素保障难以支持产业发展。罗江区还存在土地指标不足的问题，工业园区规划面积

20 平方千米，现建成园区面积 16 平方千米（金山园区 11 平方千米，城南园区 5 平方千米），发展空间远远不足，且园区规划覆盖、指标覆盖的可用存量工业净地少，承接产业项目能力受限。

二、科教资源利用不高，校热企冷，院校服务能力不强

一是科教新区内资源利用效率不高。园区内学校之间资源的整合与共享刚刚起步，共享机制还不够完善。目前，科教新区已建成 3 平方千米，可容纳 5 所学校 4.8 万名学生，但对比国内其他科教城、大学城，其仍然存在教育、研发、孵化等载体发展空间不足，土地利用效率不高的问题。新区内各院校相对集中，但因各院校是具有独立办学资格的主体，沟通交流较少，同一层次教师资源共享意识还需增强。二是产教融合不够深入。罗江区高等教育供给与产业发展需求契合度不高，校企合作内生动力不足。院校对新材料等罗江优势产业方面的学科设置较少，无法满足罗江本地企业需求，企业难以从学校招聘到相关的专业技术人员，同时企业参与校企合作不够深入，存在"合而不深""校热企冷"的情况。三是院校服务地方能力不强。院校与城市建设、社区发展融合不够深入，院校的社会服务属性存在短板。一方面，各院校与社会进行资源交换、资源整合的优势还不明显，校内体育馆、图书馆、实验室等公共设施向社会公众开放程度较低，盘活社会服务资源要素的能力有待加强。另一方面，各院校服务社会的创新动力较弱，提供的服务产品相对单一，主要集中在传统教育、人才培养、产学研合作等方面，而根据自身办学特色提供参观、体验、咨询、培训等具有市场性、创新性的社会服务较少。

三、文旅融合要素保障不够，项目落地难，游客体验不深

罗江文旅产业通过不断地发展，在基础设施、业态布局上有了一定的规模，但规划滞后、土地保障不够、底子薄、总量小，业态较为单一的问题依然存在。一是法定规划编制滞后。如白马关景区坚持规划引领，强化规划编制的时代性，注重景城人协同发展，然

而截至 2023 年 5 月，受国家部委职能调整和乡镇行政区划调整等具体因素影响，《剑门蜀道风景名胜区白马关景区重点区域详细规划》《德阳市罗江区白马关镇国土空间规划》《德阳市罗江区白马关镇重点区域控制性详细规划》三个重要法定规划至今仍只有编制过程稿而未获得法定审批。这些因素导致项目落地难，是制约景区发展的瓶颈。二是土地要素保障难度大。土地要素保障是文旅产业发展的重要保障之一，可以说强有力的土地要素保障能够为景区高质量发展保驾护航。三是文旅融合程度浅体验感不强。随着现代化进程的推进，人们生活节奏快、压力大，因此走进乡村旅游，唤醒乡村文化记忆，融入感和体验感尤为重要。罗江区乡村旅游资源之间各自发展，没有形成一个统一的整体，没有得到完整的开发，整合力度不够，缺乏内容丰富的乡村文化旅游产品。

四、生态环境结构性矛盾突出，基础设施建设滞后，治理成效欠佳

一是环境治理成效尚不稳固。大气污染防治任务艰巨、水环境问题严峻、土壤防控压力大等问题依然存在。二是环保基础设施建设尚不完善。部分环保基础设施建设相对滞后，特别是乡镇污水处理厂配套管网及入户管网还存在短板，污水处理设施运维管理专业化还需加强。三是生态环境结构性矛盾突出。在资源约束日益趋紧，资源消耗型产业占比较高的情况下资源消耗量逐渐增大。

五、区域同步协调发展不充分，体量不大，都市圈融入不够

罗江区位于成渝地区双城经济圈、成德绵经济带、成渝绵"创新金三角"，但同德阳市其他区市县相比，罗江区是德阳市距成都地理距离最远的地区。罗江区虽然已撤县设区，但是与德阳市主城区（旌阳区）存在巨大的发展断裂带，尚未实现同步协调发展，同时其经济总量也是德阳市各县市区内最小的地区。罗江区与成都各区县共建合作项目数量较小，且体量不大。同时受国际国内愈发严峻的经济形势影响，社会资本对于投资额大、回报周期长的项目投

资热情不高，罗江区项目引入效果不佳，与绵阳、成都等地没有形成较好的产业链，产业没有和成都、重庆、绵阳等地区形成优势互补、协作发展的关系，埋头发展现象比较突出，缺乏与周边地区的地区协作、错位发展。同时罗江区工业主要集中在传统产业，两头向外的发展模式导致经济结构失衡，区内企业配套、协作也不强，大部分企业呈现出"孤岛"式发展。

第三节　罗江区县域经济发展路径

罗江区出台了《关于高质量推动拼经济搞建设重点工作的意见》，就是要以"四大战略"（工业强区、科教兴区、文旅活区、生态立区）为引领，以高质量发展作为现代化建设的首要任务，锚定"经济增速在全市第一方阵"目标不动摇，牢牢把握国、省推进以县城为重要载体的城镇化建设政策红利，落细落实全市县域进位五年攻坚行动各项重点工作，集中精力把产业做大、城乡做美、民生做实、环境做优，不断巩固优势指标、补齐落后指标，推动罗江区县域经济发展在全省位次稳步提升。

一、以"工业强区"带动经济腾飞

一是升级优势产业集群。罗江区把发展经济的着力点放在实体上，以战略性新兴产业为导向，推动光电显示材料、高分子材料、高性能纤维材料、电子信息产业延链补链强链，加快产业转型升级。推动川纤特种玻纤池窑扩能改造、6 万吨玻纤池窑新线建设项目预计在 2023 年 6 月前启动，力争到"十四五"末，玻纤、玄纤实现"双十"目标。二是培优育强，抓住支柱企业。坚持存量中找增量、增量中找变量，推动金路树脂、川纤集团等支柱型企业，朗迪新材料、中航管业、上川科技等成长型先进材料企业新建生产项目，新增生产线，实现扩能扩产，大力实施"存量倍增"和"增量突破"计划，推进西部（德阳）光电材料产业园、鸿晟药玻新材料、中储粮仓储物流等已签约项目建设，抓好金路树脂绿色发展提升项目、四川玻纤 6 万吨高性能纤维项目、迪弗四期、迪怩司二期等增资扩产项目建设，突出招大引强、产业链招商，力争新引进 5 亿元以上项目 6 个，其中：30 亿元以上项目 2 个，50 亿元以上项目 1 个，持续用力推动工业经济规模效益双倍增长。三是加快智慧园区、工业互联网等信息化建设，大力支持企业搞技改、提品质、创品牌，赋能制造业高质量发展。全年力争新增规上工业企业 10 家，工业总产值突破 600 亿元。四是认真研究工业用地困境，通过必要的技术性措施调整一、二类工业用地规划，持续清理盘活低效闲置用地，切实保障项目落地。

二、以"科教兴区"助力产业壮大

一是加强园区内学校之间资源的整合，完善共享机制，以打造中国西部科教城为牵引，着力推动创新链、教育链、人才链、产业链有机衔接，不断形成发展新动能新优势。二是完善产教人城融合发展政策体系，支持罗江域内院校提升办学规模和水平，巩固国家高等职业教育综合改革试验区建设成果，推进普职融通、产教融合、科教融汇，支持院校提升办学层次和办学质量，引进培育一批综合性大学和高水平职业院校，提高人才自主培育质量。三是加快博思鸿成生活美学产教园建设，支持东旭集团与四川工业科技学院共建研究院，打造产教融合共同体。如罗江以新材料、装备制造、电子信息以及农副产品深加工为主导产业，区内涌现出多家技术先进、效益良好的优秀企业。作为高校集聚和人才汇聚中心，科教新区要在更大范围、更高层次集聚科技创新资源，探索创新产教融合方式，为经济高质量发展提供更大的支撑引领动能。四是深入实施"汇智罗江"行动，完善政策机制，大力拓宽引才渠道、完善留才机制、创新用才方式，构建更加积极、更加开放、更加有效的人才政策体系，靶向引进一批高层次人才、高技能人才和创新创业团队，加大人才和创新团队"引育留用"力度。五是深入推进天府大道科创走廊建设，开展"科技赋能千企"行动，完善"揭榜挂帅"

机制，大力支持企业开展科研攻关、技术创新和创建省市级实验室、技术中心，着力培育一批单项冠军、隐形冠军、瞪羚企业、专精特新"小巨人"企业，推动科技型企业和高新技术企业量质齐升。

三、以"文旅活区"彰显城市魅力

罗江区以文塑旅、以旅彰文，推进农文体旅深度融合发展，为发展增添人气、注入活力，着力构建处处皆景、时时宜游的全域旅游新格局。具体措施如下：一是做强白马关核心景区，促进"老品牌"焕发新活力。加快景区一号路、慧广路、乡村服务中心等项目建设，加大文创、户外运动、亲子研学等新业态引进培育力度，丰富景区业态，提升景区品质，打造成渝地区休闲旅游目的地。二是做美乡村旅游大环线，聚焦聚力农村变景区、农房变民宿、农产品变旅游商品，建设一批具有地域特色、文化厚重、望山见水的乡村旅游重点村和文旅名村，进一步丰富旅游业态。三是做优品牌活动，提升城市影响力。持续举办中国·罗江诗歌节、川菜川剧文化周、枣子节、油菜花节等特色文旅活动，充分展现如诗如画大美罗江的美好形象。积极承办更多国、省节会活动，知名赛事及会议论坛，提高区域知名度、美誉度。四是加快"大蜀道"文旅品牌建设，推动白马关与成都、绵阳、广元等地共同开发三国文化资源，打造蜀道文化体验旅游线，共同塑造"文明之源、古蜀奇迹"品牌形象。五是认真落实消费促进政策，加大消费新业态、新场景培育力度，着力扩内需、促消费，力争新增规上服务业企业3家、线上商贸单位12家，推动现代服务业高质量发展。

四、以"生态立区"厚植绿色本底

深入践行"两山"（绿水青山就是金山银山）理念，锚定"蓝天、碧水、净土"目标，统筹推进山水林田湖草一体化治理修复。一是全面落实河（湖）长制，实施凯江调元段防洪治理工程及罗汉堰山洪沟治理工程，完成工业污水处理厂和周家坝、红玉污水处理厂扩容工程建设，推进黄水河流域水环境综合治理，确保出境断面水质达到 III 类标准。二是落实林长制，实施国家储备林建设及森林质量提升工程，加大造林绿化力度，强化森林管护。三是落实田长制，采取"长牙齿"的耕地保护硬措施，强化耕地用途管控，加大耕地"进出平衡"工作力度，坚决遏制耕地"非农化"、防止"非粮化"，确保长期稳定利用耕地不再减少。四是深化大气污染防治"10+1"专项行动，扎实开展扬尘治理、臭氧污染防治、工业废气减排、秸秆禁烧、重污染天气应对等工作，推动大气质量持续改善。深入推进垃圾分类、综合利用，倡导形成绿色消费、低碳出行的文明新风尚。

五、以"两个融入"提升区位优势

（一）加快推进同城融圈

具体措施如下：一是主动融入成渝地区双城经济圈和成都都市圈，全面参与圈内生产生活分工，共享改革发展红利，在协同联动中提升位势能级。二是加快经开区基础设施提档升级，推进标准厂房、水电气管网和道路等配套设施建设，提高产业承接能力。三是搭建合作交流平台，完善"研发+转化""总部+基地""终端产品+协作配套"等模式，深度融入产业生态圈，推动主导产业一体发展。四是对标成都营商环境 5.0 版，深化"一网通办""川渝通办"等服务，打造一流营商环境。五是要主动融入中国（四川）自贸区德阳协同改革先行区、成德临港经济产业带建设，加强与周边县（市、区）的深度合作，持续推进德绵边界合作试验区建设。六是扎实推进县域紧密型"医共体"建设试点，加强与省内知名医院交流合作，积极探索跨区域医联体发展合作模式。七是要充分运用网络课堂等教育教学平台，共享成德地区优质教育资源。

（二）加快融入中心城区

具体措施如下：一要全面转变观念、解放思想，深刻认识到"推动罗江区加快融入中心城区"既是德阳市委推动区域协调发展的"精准把脉"，也是罗江借力上车、后发争先的"不二选择"；要充分发挥罗江比较优势，精准服务德阳重点发展领域，为全面建设社会主义现代化德阳贡献罗江力量。二要锚定主城区定位，践行公园城市理念，推动城市空间布局、产业布局、设施布局与中心城区全面接轨，建设高品质宜学、宜业、宜居地。三要加快推动德罗干道全线尽快通车，加快德罗干道北延线、G5 扩容项目（罗江段）建设，着力构建"三高四快四轨道"、交通骨架网络，全力打造成德绵 30 分钟通勤圈。四要依托省级历史文化名城，延续城市文脉，拓展城市文化内涵，推进奎星阁历史文化街区建设，实施西门口棚户区改造，打造城市新地标。五要全力推进"三渔水库"建设，启动周家坝湿地公园、东山公园等城市公园建设，建设滨河路环线健康游步道，推进玉京湖创建省级河湖公园，打造"山青、水秀、岸绿、湖美"的城市景观。六要实施百姓安居工程，启动第三自来水厂建设，完善道路、管网等市政基础设施，加快城市更新。健全完善城市精细化管理机制，提升城市管理水平，着力创建全国文明典范城市。

第十六章　推动广汉市县域进位

推动县域经济高质量发展，既是扭住扩大内需战略基点、畅通经济循环的重要抓手，又是推动乡村振兴、促进城乡融合发展的关键支撑。广汉市贯彻落实上级决策部署，坚持"1237"工作总思路，以"县域进位带动、同城融圈牵引、四大片区共兴、九项工程并进"为路径，不断增强城市产业核心竞争力，提升综合承载能力和服务配套功能，积极探索与成都同城化发展的有效路径，全面融入成都基础设施、现代产业和城市服务体系，努力打造成德同城化发展的桥头堡，推动县域经济发展取得了新的进展。

第一节　广汉市县域经济发展现状

一、县域经济规模不断扩大

"十四五"以来，广汉市以中国式现代化引领广汉现代化建设，完整、准确、全面贯彻新发展理念，加快构建新发展格局，着力推动高质量发展，县域生产总值、社会消费品零售总额、一般公共预算收入等主要经济指标规模逐年扩大。2022年，全市实现生产总值505.5亿元，社会消费品零售总额224.4亿元，外贸进出口总额37亿元，一般公共预算收入28.4亿元，全社会固定资产投资增长9.6%，城乡居民人均可支配收入分别为46 460元、25 799元，分别增长4.4%、6.1%。广汉市先后荣获中国西部百强县（市）、全国营商环境百强县（市）、全国投资潜力百强县、全国治理能力百强县、全国森林城市、天府旅游名县。广汉市综合实力位列中国西部百强县第13位、全国百强县第104位。

二、产业结构持续优化

广汉市依托德阳高新区、广汉工业集中发展区、三星堆文化产业园和广汉国家现代农业产业园四大园区，基本形成装备制造、医药、食品、通用航空、先进材料和数字经济"5+1"现代产业体系。三次产业结构从 2012 年的 12.5∶61∶26.5 优化为 2022 年的 8.9∶50.9∶40.2。一是农业提质增效。2022 年第一产业增加值 45.2 亿元，位居德阳第二；增长 4.5%，位居德阳第一。建成高标准农田 37.98 万亩，新增 2.27 万亩，粮食总产量 31.4 万吨，位居德阳第二；增速 1.3%，位居德阳第三。广汉市小麦规模化生产百亩连片单产 601.3 千克，创西南地区纪录。二是制造业升级加快推进。2022 年第二产业增加值为 257 亿元，位居德阳第二；增速 1.2%，位居德阳第六。广汉市现有工业企业 2 000 余家，其中规模以上工业企业 395 家，位居全省区（市、县）第二位。2022 年广汉市工业总产值突破 1 000 亿元，达到 1 021 亿元。广汉市装备制造产业，涵盖油气装备制造和汽车制造两大领域，成为中国最大的油气装备制造基地；京东广汉信成贸易、益海（广汉）粮油入选四川省民营企业百强榜。三是现代服务业提档升级。2022 年，广汉市服务业增加值为 203.3 亿元，位居德阳第二，增速 2.4%，位居德阳第五；社会消费品零售总额 224.4 亿元，位居德阳第三，增速−1.0%，位居德阳第五。用好天府旅游名县品牌带动全域旅游，三星堆加快创建 5A 级景区步伐，建成松林桃花山、三水易家河坝景区旅游环线，游客接待量和旅游收入实现"千万百亿"，县域旅游综合实力首次进入全国百强。

三、空间布局不断优化

广汉市融入成德同城化发展全面成势，以新聚集 10 万人规模为目标，积极构建以主城区为中心，三星湖组团、三星堆组团、向阳镇组团联动发展的"一中心三组团"产城融合新格局，提高空间配置效率，改善空间功能品质，建成区面积从 2012 年的 26.4 平方千米拓展到 2022 年的 41.05 平方千米，随着城镇空间结构和经济地理重塑，将进一步扩大城市人口和产业承载空间。

四、生态建设成效显著

高标准完成新一轮国土空间规划编制，"三区三线"划定永久基本农田 37.06 万亩、生态保护红线 7.43 平方千米、城镇开发边界105.95 平方千米。生态环境质量持续改善，"散乱污"企业动态清零；环境空气质量保持平稳，空气质量优良天数比率达 87.1%；完成龙井堰黑臭水体治理，国控地表水考核断面水质全部达标，城市生活污水集中收集率达 98.01%，城市生活垃圾处理率达 100%；统筹推进山水林田湖草系统治理和流域生态治理，陆续打造房湖公园、金雁湖公园等 10 余个公园，城市建成区绿化覆盖率为 49.95%。

五、民生福祉不断增强

就业形势保持稳定，2022 年城镇新增就业 6 264 人，城镇登记失业率控制在 3.28%。教育水平加快提升，实施学校改扩建项目 52个，广汉六幼开园招生，义务教育课后服务学校覆盖率达 100%，职业教育实训基地增至 89 个，2022 年高考本科上线 1 452 人，创历史新高，打破 5 年无"清北生"的局面。医疗服务持续改善，国医大师石学敏院士传承工作室落户中医院，新建人民医院全面开诊，完成小汉镇中心卫生院、向阳镇卫生院两个县域医疗卫生次中心建设。社会保障扩面提质，"老弱病残"和困难群众实现应保尽保、应助尽助，城乡"15 分钟医保服务圈"基本形成，金鱼镇上岑村被评为全国示范性老年友好型社区。

第二节　广汉市县域经济存在的主要问题

一、产城融合不够，城镇化仍有较大提升空间

广汉市常住人口城镇化率低于全国平均水平 4.8 个百分点，在

全国仍处于较低水平。受户籍、财政、土地等制度性约束影响，户籍人口城镇化率长期低于常住人口城镇化率，存在14.4%的差距，仍有10万多农业转移人口未在城市落户，产城融合不够，半城镇化现象较为突出，农业转移人口市民化质量不高。

二、农业质效和竞争力不强，农产品保供压力大

广汉市农业产业化起步较晚，现有57家涉农龙头企业现代化管理水平不高，发展速度较慢，集约化程度低，扩张能力有限，难以发展成规模巨大、实力雄厚的大型农业产业化经营企业集团。农产品品牌不够响亮，品牌化效益不够强。松林桃、缠丝兔等品牌影响力局限于德阳周边，缺少对外宣传推广渠道及平台。广汉市宜机作业的高标准农田面积不够大，未建成高标准农田的永久基本农田约20万亩，占永久基本农田的比例高达53%，农业基础设施建设水平有待进一步提高。广汉市种质资源丰富，但对种质资源优异基因挖掘和开发利用不够，畜牧品种核心种源对外依赖程度较高，生猪品种仅有从外引入的外三元品种，养殖结构单一。

三、产业龙头带动不足，产业链条还不完善

从龙头企业看，装备制造业的链主企业只有东方宏华、宝石机械、凌峰航空等企业，在产业链中的核心优势还不足。汽车产业除在建的一汽解放商用车项目外，还没有整车制造企业，缺乏龙头企业带动，宝石机械年产专用车还不足100台。处于产业发展新赛道的预制菜产业，营收5亿元以上的迈德乐、翠宏食品、航佳生物三家企业在产业链中仅作为配套企业，带动力不强。从产业链看，东方宏华油气装备核心部件本地配套率低，60%以上依靠进口。全市汽车制造业零部件生产企业仅有8家，数量少、规模小、年产值均不足亿元，产品品种门类不够齐全，与产业链需求差距大。

四、产业人才比较缺乏，技术工人储备不足

年轻人才到制造业生产一线就业的意愿较低，制造业老龄化趋

势明显，目前，全市工业企业产业人员中，25 岁以下职工占 5%，46 岁以上职工占 41%。同时受地域区位影响，很多一流院校毕业生不愿意到西部地区发展，西部地区优秀毕业生也出现"孔雀东南飞"的现象，且广汉市地处成都周边，大城市存在吸附效应，很多企业反映引进高层次人才难、留人也难。2023 年，广汉市工业企业招录新员工一共 7 070 人，流失人员 7 456 人，目前企业用工需求达 3 096 人，其中管理人员 356 人，技术人员 772 人，普工 1 968 人，优秀年轻后备干部和高技能人才不足，在一定程度上制约了企业的自主创新、规模化和规范化发展。

五、工业用地指标不足，产业发展空间受限

按照新划定的"三区三线"，至 2035 年广汉本级新增城镇开发空间仅 6.17 平方千米，前期为保障项目落地、解决历史遗留问题已预支 2.24 平方千米，实际新增 3.93 平方千米，扣除三星堆国家文物保护利用示范区建设必保的 2 平方千米后，年均可用于城镇开发和产业落地的土地不足 250 亩。2023 年，61 个省市重点项目中，计划投资 104 亿元的 11 个项目因缺用地指标未能开工。如益海嘉里公司拟在广汉投资 20 亿元建设中央厨房项目，项目新增用地 200 亩，建成后预计新增产值 30 亿元，因土地问题项目难以落地，益海嘉里公司已在重庆、杭州等地投资了第一批中央厨房项目。

六、服务业结构比例不优，发展能力不强

2022 年，广汉市服务业占 GDP 的比重为 40.2%，比 2021 年的 40.6% 下降了 0.4 个百分点，分别低于四川省、德阳市平均水平 12%、0.7%，与国际通行的英格尔斯现代化标准 45% 以上的要求还有很大差距。非营利性服务业比重偏高，结构不合理，主要服务行业还处在低水平、低效益、低服务状态，发展速度相对缓慢。2022年，衡量地区服务业发展水平的规上服务业企业，广汉仅有 32 家，与相邻的旌阳区、经开区相比分别少 19 家、5 家。此外，新兴行业增加值占三产比重相对较低，例如金融业增加值占比仅 4.93%。

七、市政基础设施薄弱，城市功能品质亟待提升

广汉市与成德地区的轨道交通衔接有待加强，城区内道路通畅能力有待改造提升，公交智能化水平不高。市政管网建设滞后，工程性缺水凸显，污水和垃圾处理能力不足，农贸市场、文化体育设施和公共停车场等公共服务设施配套不够，特别是老城区广场绿地偏少，道路不畅、交通拥堵问题突出。全市河流堤防超 120 千米、小型水库 5 座、林地面积 2.16 万亩，应对自然灾害和突发事件压力较大，防灾减灾任务艰巨繁重。

八、基本公共服务体系建设不完善，优质服务供给不足

广汉市医疗卫生水平较低，基层医疗机构服务量少质弱，公立医院核心竞争力不强，医院床位及医疗设备与发达地区相比存在差距，无法满足群众日益增长的医疗健康需求。教育资源"城市挤、农村空"现象突出，初高中教学质量亟待提升，教育管理体制改革、教育集团化管理等任重道远。养老服务发展滞后，低于国家规定标准，床位数量缺乏且设施设备不够完善。

第三节　广汉市县域经济发展路径

一、实施城市更新提速工程，优化城镇片区功能

以现有建成区为核心，将三星湖组团、三星堆组团、向阳镇组团一并纳入主城区联动发展，切实做大城区规模，做优城市功能，打造一座产城融合新城。在老城区，提升改造湘潭路、浏阳路、汉口路等城区道路，全面改造老旧小区，推进海绵城市、智慧城市建设。在三星湖组团，打造临湖城市新区，推进湖区生态配套、环湖景观及道路建设，实施国际航展（ACC 飞街片区）基础设施建设项目、民航飞行学院片区城市更新，加快建设三星湖万达五星级温泉

酒店及国际文旅项目，串联青白江区凤凰湖及新鸥鹏文教城。在三星堆组团，加快打造集酒店民宿、文艺演艺、主题乐园、商业街区、文化创意于一体的三星堆文化旅游发展区，塑造城市特色功能区。在向阳镇组团，规划建设农村改革主题博物馆、乡村振兴干部学院、全国知名的党史和改革开放史学习教育基地，实施场镇风貌提升工程，建设产业工人聚集地、"向阳镇—军屯镇"林盘经济总部，打造"广青"交界地带融合发展示范区。

二、聚焦"三项任务"，筑牢农业发展基础

一是聚焦涉农企业做强做大任务。立足国家现代农业产业园和国家现代粮食产业基地建设，引导米老头食品、益海粮油、锦花米业、广汉油脂、西城粮油等粮油加工企业，加快建成优质粮油加工产业集成基地。鼓励翠宏食品、迈德乐食品、航佳生物、家和原味、味觉食品等火锅底料调味料生产加工企业充分把握火锅产业发展机遇，加快建成优势特色农产品加工产业园，满足各地客商一站式采购需求。二是聚焦提升涉农企业现代化管理水平任务。加大培训力度，邀请专家学者、举办培训班，开展龙头企业负责人及管理人员专题培训，为提高龙头企业管理水平，增强生产经营能力和市场拓展能力，促进龙头企业规范发展，提高辐射带动能力，发挥龙头企业在构建新型农业生产经营体系中的主力军作用提供智力支持。三是聚焦农产品推广和服务任务。引导产业类别相同的企业建立联盟，因地制宜制定统一的行业规章、质量标准、生产流程，共同开展市场拓展、品牌打造等活动，实现资源共享和优势互补，降低生产经营成本和风险，加快企业整体式集团式发展，助推现代农业发展再上新台阶。

三、实施"四大行动"，强化工业发展动能

一是实施"建圈强链"行动，推动产业集群成链发展。做好四川油气装备产业联盟、汽车产业生态圈联盟的顶层设计，实施精准招商，加快培育油气装备和汽车零部件产业集群；巩固食品医药产

业竞争优势，夯实粮油、火锅底料、休闲食品支撑，延伸发展预制菜产业新赛道；升级发展现代中药，优化发展医疗器械；增强先进材料产业支撑作用，重点发展工业型材、石油化学助剂等先进材料。二是实施科技创新行动，推动产业转型升级。围绕主导产业，加大创新主体培育。力争2023年高新技术企业达127家，居德阳市第一；科技型中小科技企业评价备案达186家，净增21家。推动科特检测"油气装备检测与安全四川省重点实验室创建"，推动汉舟电气、科力特、精控阀门等企业创建德阳市级工程技术研究中心、重点实验室，每年力争创建省市级创新平台3个以上。三是实施人才招引行动，提升产业创新能力。加强与中国民航飞行学院、西南石油大学等院校合作，推进产学研相结合，形成人才资源合力，促进人才结构与新兴产业相结合；重点建设创新创业孵化器，鼓励企业建设好高层次重点实验室、博士后流动站（工作站）等科研学术机构，让人才技有所施；完善多层次的人才引进和激励机制，持续培养引进一批创新领军人才、高层次管理人才和高技能生产人才，厚植产业发展基础。四是实施提质增效行动，盘活存量土地资源。以"亩均效益"为核心，引导企业进行技术改造，淘汰落后产能。加快僵尸企业、停产半停产企业处置步伐，通过兼并重组、二次招商、拍卖租赁、处置低效工业用地等方式，推进闲置资源再开发、再利用。

四、育强"五大支柱"，夯实服务业发展支撑

一是做优商业贸易。培育绿色商圈、特色商圈，发展"互联网+"智慧社区，推动服务连锁化、品牌化、品质化，创建以人为本的消费服务环境。具体来讲，实施促消费、扩内需三年行动计划，培育打造一批历史文化街区、购物街区、美食街区等消费街区及项目；升级改造银座商场等城市综合体，以推进新型和品牌化的城市综合体建设为主抓手，拉动消费升级。二是做大现代物流。以京东物流为龙头，发展电商物流、钢材贸易，建设京东电商物流港；以重药控股物流、宝湾物流为载体，发展城市配送、普仓储配送物流；结

合向阳、三水、高坪现有基础，大力发展医药仓储、电商贸易、公铁联运物流、农副产品商贸物流，着力构建"一港两园三基地"的物流发展空间布局。三是做精金融服务。发挥信贷融资主渠道作用，推动银政协作、银企合作落地落实。用好德阳"金融顾问服务团"，为企业"融资""融智"提供便利化服务。坚持服务前移，以"政府平台+专业机构"方式搭建起资本市场服务体系，助力企业挂牌上市。四是做强文体旅游。抓住三星堆保护利用被德阳市委确立为"二号工程"的机遇，集中力量建设三星堆文化旅游发展区，加快申遗和创建5A级景区步伐，打造国家文化建设一流示范工程和世界文化旅游目的地核心引领工程，推动三星堆多重价值得到充分彰显和有效转化。依托境内油菜基地、稻虾公园、山地浅丘等丰富的农旅资产资源，大力发展乡村旅游、沿山旅游，打造成都平原近郊游、休闲游的优选目的地。五是做活房地产业。继续加大城市基础设施建设，加快城市化进程，吸引具有购买能力的个人、单位和团体在广汉居住、置业，为服务业发展聚集人气。

五、实施城市品质提升工程，提升城市综合承载能力

坚持以城镇更新为抓手，着力构筑便捷交通网络，打造消费场景，打造系统化、绿色化、智慧化、现代化的市政基础设施体系，夯实新型城镇化建设底部基础，全面提升中心城区综合承载能力和服务水平。一是构筑便捷交通网络。加快推进轨道交通、高快速路网无缝对接，构建"骨干路网、城际公交、轨道交通"三位一体通勤圈，加快与德阳市、青白江区、金堂县等地城市公交互联互通，推动与成都都市圈城市公交"一卡通乘"。二是大力打造消费场景。在三星堆文化旅游发展区，重点实施"七个一"工程，打造集"吃住行游购娱"为一体的世界文化旅游目的地。三是打造多元化通用航空文旅产业基地，优化更新桃花山、易家河坝等景区设施，实施"一镇一特色村"建设，打造兼具文化地标、公园、街区、门户形象功能的特色文化商圈。

六、实施公共服务提优工程，健全基本公共服务体系

坚持以人为本、统筹推进，加快融入成都都市圈高品质公共服务体系建设，着力构建布局合理、功能完善、优质均衡的基本公共服务体系。一是优化文教体育服务。持续保障"两馆一站"无障碍、零门槛免费开放，完善公共文化基础设施布局，打造"城市十五分钟健身圈"。持续打造"青广教育城"，引入成都优质教育资源合作办学，力争每年新增 6 对学校结对发展、10 名教师挂职交流，确保随迁子女就近入学和参加升学考试。二是优化医疗资源配置。深化医药卫生体制改革，推动紧密型县域医共体国家试点建设，打造医疗协作共同体 30 个，支持人民医院创建"三甲"医院、市中医院创建"三乙"医院、疾控中心创建"三乙"机构，分批推进 5 个县域医疗卫生次中心建设。三是优化养老托育体系。推行以居家为基础、社区为依托、机构为补充的医养结合模式，力争在每个街道建成社区养老服务综合体，打造 15 分钟养老服务圈。四是推进托幼托育机构建设，完善居住社区婴幼儿活动场所和服务设施，多措并举降低生育、养育、教育成本，建设青年发展型城市。

第十七章 推动什邡市县域进位

县域经济是国民经济的基本单元，加快培育壮大县域经济，既是实现地方发展目标的重要支撑，也是加快现代化建设和实现高质量发展的重要途径。当前，随着经济下行压力加大以及区域竞争愈加激烈，各地县域经济发展面临巨大挑战，在此背景下，什邡市委、市政府提出工业强市、同城融圈、文旅争先、乡村振兴四大战略，对县域进位工作进行了全面部署、整体布局，并明确了工作路径和目标方向。

第一节 什邡市县域经济发展的基本情况

什邡市地处成都平原西北部，辖区面积 821 平方千米，辖 8 个镇、2 个街道、1 个经开区，总人口约 40 万。近年来，什邡认真贯彻中央和省委、市委各项决策部署，统筹推进稳增长、促改革、调结构、惠民生、防风险、保稳定各项工作，经济发展稳中向好，社会事业长足进步，民生福祉持续改善。

一、主要经济指标

2022 年什邡市全年实现地区生产总值 433.7 亿元，增长 3.9%，近三年年均增长 5.2%。其中，全社会固定资产投资年均增长 10.7%，社会消费品零售总额突破 42.3 亿元。第一产业增加值年均增速 4.7%，规上工业增加值年均增速 4.5%，服务业增加值年均增速 6.2%，三次产业比重为 9∶50∶41，工业主导地位突出。一般公共预算收入达到 24.9 亿元，年均增长 8.1%；城乡居民人均可支配收入分别为 45 729 元、25 795 元，高于全省平均水平。什邡市获评全省县域经济发展先进县，西部百强县排名上升至第 27 位，全省重点开发区县排名跃升至第 4 位，县域实力呈现稳步增长态势。

二、产业发展情况

近年来，什邡市坚持工业强市导向，加快构建以"烟草产业+高端装备制造、食品饮料、现代医药产业+现代物流、旅游康养产业"为核心的"1+3+2"现代产业体系，持续培育壮大医疗器械、先进材料等新兴主导产业，县域经济结构持续优化，发展动能持续增强。

一是工业有实力。立足 40 年工业发展基础，什邡市近年来大力实施存量倍增和增量突破计划，加快建设烟草产业"一城两基地"，积极培育高端装备制造、食品饮料、现代医药三大优势产业，什邡卷烟厂、长城雪茄厂、唯怡饮品、明日宇航、科新机电、美大康等一批知名企业成长壮大，打造了长城、宽窄、唯怡等一批知名品牌。近年来，为适应产业转型升级需要，什邡市接连引进欣旺达、正威等百亿级大项目，先进材料等新兴产业布局壮大。2022 年，什邡市规模以上工业增加值累计增速 3.1%，位列德阳各县市区第 2 位，烟草、医药、化工、装备制造产业分别增长 9.8%、20.4%、23.8%、9.9%。重点企业支撑有力，规上工业企业总数达到 259 户，目前什邡市已拥有国家级专精特新"小巨人"企业 3 个，省级专精特新"小巨人"企业 23 个；省级企业技术中心 22 个，德阳市级企业技术中心 34 个；工业设计中心 3 个，国家级绿色工厂 2 个，省级绿色工厂 3 个；省级贡嘎培优企业 1 个。2022 年，蓝剑饮品、振鸿钢制品、宏达集团 3 家企业进入全省民营企业 100 强，8 家企业上榜德阳民营企业 50 强，经开区入选省近零碳排放试点园区、获评全省优秀开发区，全市规上工业企业累计完成工业总产值 575 亿元，同比增长 7.5%。

二是服务业有活力。什邡市加速构建"2+5"现代服务业体系，获评四川省服务业强县。什邡市建成开放"雍城印象"商业街，雪茄风情街和雍湖水韵商圈，在德阳主城区打造"什邡印象"特色餐厅，新消费场景逐步构建。近年来，成功举办"6·18 精致电商节"、新能源汽车展会、啤酒美食节、金秋购物节等主题促销活动，及时投放政府消费券，消费活力持续释放。旅游业发展如火如荼，成功创建四川省乡村旅游示范市、天府旅游名县候选县，已建成四川工业旅游、蓥华山高端康养两个旅游示范基地以及两个国家 AAA 级旅游景区，正与彭州、绵竹携手加快环龙门山旅游带建设，钟鼎寺、神瀑沟、红枫岭、半山公社已成为全国游客向往的网红打卡地，蓥华山康养板块、中式雪茄文化溯源以及李冰治水、马祖农禅、红豆爱情等文旅体系，正逐步融入三星堆—九寨沟旅游主线，美食、民宿、文娱等产业潜力十足。什邡麻仔荣获"2022 年四川特色旅游商品大赛"金奖，红豆村获评省级乡村旅游重点村。

三是农业有潜力。什邡市加快建设雪茄、稻菜、稻芎、稻渔、黄背木耳五大现代农业园区，万亩粮油生产示范园和以色列现代农业科技示范园蓬勃起步，成功创建家庭农场省级示范场 21 家、德阳市级示范场 55 家。截至 2022 年，全市累计建成高标准农田 26.01 万亩，全年粮食播种面积突破 40 万亩、产量 19.3 万吨；生猪出栏 22.36 万头，增长 4.1%；家禽出栏 512.9 万只，增长 0.26%；蔬菜及食用菌产量 61.02 万吨，增长 3.9%。黄背木耳入选粤港澳大湾区"菜篮子"生产基地认定名单，大蒜、川芎荣获全国名特优新农产品称号，川芎、红白茶等 6 个农产品入选全国名特优新农产品名录，总数居全省第一。稻菜园区创建为省三星级园区，入选省级农民合作社高质量发展重点县。

三、重大项目储备情况

"十四五"以来，什邡市认真贯彻落实国家、省、市相关安排部署，切实做好重大项目谋划、储备、争取工作，滚动储备"十四五"规划重点项目 41 个，总投资 1 119.9 亿元。切实加大向上对接争取力度，提高项目与资金的匹配度和落地率，申报争取中央预算内投资资金项目 24 个，拟争取资金 5.67 亿元，其中排水设施建设、燃气管道老化更新改造、保障性安居工程、污染治理和节能降碳、国家水网骨干工程等专项具有较高可能性争取到资金；发行地方政府专项债券项目共计 22 个，总投资 183.33 亿元，发行债券资金 46.04 亿元（含 2023 年提前批 10.28 亿元），2023 年，申报地方政府专项债券项目 2 个批次，共计 58 个项目，总投资 440.69 亿元，债券资金需求 103.58 亿元；政策性开发性金融工具（基金）项目方面，截至目前，全市共 7 个项目签约并投放基金 4.77 亿元，均加速开工建设，截至 2023 年 3 月底，已完成全部基金支付，储备 2023 年第一批政策性开发性金融工具（基金）项目 29 个共计总投资 292.2 亿元，拟争取基金 29.2 亿元。

四、发展环境情况

具体措施如下：一是营商环境持续优化。将营商环境建设工作作为什邡市的重点工作来抓，结合县域经济发展实际和产业基础，支持经开区打造营商环境制度创新区，建立企业全生命周期制度供给机制，深入开展"一业一证+证照联办"改革、"用地清单制"等先行先试工作。支持经开区打造主导产业创新功能区，聚焦先进材料产业发展，加强有关重点项目的招引、建设和服务，进一步延伸产业链，完善产业版图，突出优势产业引领作用。支持什邡市行政审批局打造营商环境服务创新示范点，深入推进政务服务标准化建设，持续提升政府行政效能。2020 年什邡市"放管服"改革优化营商环境工作被德阳市委、市政府通报表扬；2021 年，根据德阳市第三方测评机构的监测结果，什邡市营商环境工作被评为"优秀"。什邡市拟出台《持续优化营商环境赋能高质量发展实施方案》，通过不断提升市场主体的获得感和满意度，力争将什邡市打造成为西部最具吸引力和竞争力的投资目的地。

二是生活环境更加宜居。什邡市交通条件持续优化，成绵复线、成都三绕贯穿全境，地铁 5 号线摆渡车、德什城际公交满载运营，从什邡城区出发可 3 分钟上高速、半小时到成都主城区，1 小时抵达双流、天府、绵阳 3 大机场，8 小时通达全国主要城市。什邡市大力实施"精致宜居什邡十大工程"，统筹推进老旧小区改造、城市管网攻坚、智慧城市建设等项目，加速打造"一环七心"，不断完善雍城印象、什邡夜市等特色商圈业态，形成 300 米见绿、500 米见园的公园绿地体系，构建起城区 10 分钟健身圈、文化圈、购物圈，城市面貌焕然一新；着力优化公共服务水平，实验外国语学校、七幼建成投用、八幼主体完工，新增学位 3 930 个，义务教育课后服务实现"5+2"全覆盖；深入推进健康什邡建设，人民医院成功创建三甲，什邡市获评国家级健康促进县。文体事业蓬勃进步，积极开展送戏下乡、"书香什邡·全民阅读"等系列活动，群众的幸福感、归属感不断提升。

第二节　什邡市县域经济发展存在的主要问题

虽然近年来什邡县域经济总体水平在不断提升，但相较于东部地区和省内先进地区，特别是与成都都市圈圈层内其他县市区相比，其在经济总量、发展质量、后备增量等方面还存在不小差距。经济发展仍然存在新旧动能接续不畅、产业转型任务较重、人口资源遭受虹吸、土地环境要素限制趋紧等问题，值得我们重视和警惕。

一、工业面临转型阵痛，整体实力偏弱

工业是什邡的立市之本，工业经济长期占据什邡经济的"半壁江山"，但随着工业发展进入结构调整、转型升级的阵痛期，什邡市的工业也面临着增长动能不足、产业结构不优、创新能力不强等迫切问题。

一是产值规模偏小，结构亟待优化。相较于周边市区及追赶对象，什邡市工业规模整体较小且呈现差距放大趋势，以成都的彭州市和龙泉驿区为例，彭州市 2022 年规上工业产值达到了 950 亿元，是什邡市的近一倍，龙泉驿区更是早已迈入千亿元"俱乐部"；什

邡市 2022 年规上工业增速仅为 3.3%，排在三地末尾，工业化率为 46.9%，低于彭州的 56.2% 和龙泉驿的 61.9%。另外，什邡市工业结构不尽合理，化工行业产值占比达 20.8%。全市 90% 以上的工业税收来自烟草行业，新兴产业无论是体量还是产值税收贡献，都未达到预期，新旧动能转换不畅。

二是龙头企业较少，集聚效应欠佳。2022 年，除烟厂外，什邡市产值上 10 亿元的企业仅 8 户，其中产值超 50 亿元的仅 3 户（蓝剑饮品、明日宇航、振鸿钢制品），产值最高的蓝剑饮品近年来营收增速不到 10%。另外，烟草、通航、化工等支柱行业主要从事原材料采掘加工、零配件生产制造，整装龙头企业偏少，产业链条不长，高端高集成化的拳头产品不多，难以形成集聚效应，这也导致什邡卷烟厂、明日宇航等虽然对地方贡献较大，但配套产业在什邡的布局少，整体带动不强。

三是创新投入不足，高端产业缺乏。与周边发展较快的区市县相比，什邡 R&D（研发）经费占 GDP 的比重较低，2021 年什邡 R&D 占比 1.59%，低于全国全省平均水平。而同期绵阳的 R&D 占比为 7.15%（全国为 2.44%），差距巨大。产教融合与校企联动不佳，缺少与国内知名高等院校、科研院所的科研合作项目，与电子科大成都学院、轨道交通学院等本土学府在对口专业设置和定向培养等方面的合作也不够深入。同时企业创新能力总体不足，国省级专精特新企业总量偏少，尚无国家级企业技术中心，企业研发实力与第一梯队城市相去甚远；矿石采选、加工制造等重点行业多处于微笑曲线底部，产品科技含量和附加值较低，核心竞争力不强，被迫在相对过剩的低端产品市场竞争，抵御风险能力不足，例如 2021 年什邡市嘉裕门窗因受恒大事件波及，产值断崖下滑最终被迫停产。

四是服务还需加强，企业招引困难。闲置土地利用率不足，招商引资政策吸引力不强，引进大企业大集团愈发困难，近年，什邡市签约投资 50 亿元及以上项目仅个位数，直至 2021 年，什邡才引进落地建市以来头一个百亿级工业项目。同时，近年来资金、人工等生产要素成本不断攀升，加之各地为在招商引资竞争中占据先机，持续出台更具诱惑力的落地政策，什邡市既往比较优势被不断剥离，部分优质企业甚至出现撤离转移情况。例如，2021年，华润雪花关闭了什邡市的生产基地，产能转移到了新都区，造成什邡市税收每年至少减少5 000万元。

二、区域竞争日趋激烈，资源遭受虹吸

开放合作是大势所趋、发展所向，近年来，什邡同城合作取得一系列丰硕成果，但外部竞争带来的压力也同步加大，面临小城被极核虹吸、区位受地缘限制等困局。

一方面，劳动力资源流失严重。什邡与成都和德阳主城区的位置呈三角构型，由于受到两地强大的交通枢纽地位、科教卫生资源、产业集聚效应吸引，什邡市劳动力资源被双重虹吸，全市总人口和城镇常住人口近年呈现负增长态势，不但逐步丧失人口红利，而且与人口规模紧密相连的基础建设、公共服务、商业贸易都面临发展受阻，影响城市整体发展。截至2021年全市城市建成区面积18.4平方千米，在周边城市中排名末位；公休节假日消费外流严重，导致限上商贸企业较少，限上零售额、住宿餐饮业销售额增长缓慢；房地产近两年市场刚需和改善性需求下滑明显，2022年只成交2 994套，同比下滑38%，城市建设扩张进程受阻。

另一方面，"圈内"竞争优势不突出。什邡整体属于成都都市圈的"外圈层"城市，区位条件好而不优，什邡并未处于蓉北交通主轴，与成都主城之间相隔广汉、青白江等地，与毗邻的彭州市之间至今没有一条快速路连接，加之成都外环铁路、成德高速等规划项目尚未启动或建成，与周边相比，什邡在与成都交通对接方面并不具备优势。同时，产业融入成都不深，前期，什邡市与毗邻的彭州市就交界地带协同发展开展了一系列探索，但两地共建的主要为农业园区，经济贡献率不高。什邡通航、先进材料等产业虽已进入成都都市圈重点产业链，但正处于刚刚起步阶段，在成德制造业板块中，什邡高端装备制造产业体量较小。另外，由于跨区域土地要

素保障上存在政策制约，什邡与成都各区县共建合作项目数量较小、体量不大，成都产业外溢疏解至什邡不多。

三、投资消费缺乏活力，市场需求不振

一是投资增长基础不牢。什邡市支撑性、引领性重大项目包装储备不足，打捆项目居多，加之近年来市场信心不足、投资遇冷，库内接续项目总体不多、缺口较大、重大项目偏少。以 2023 年为例，4 月省市重点项目仅完成投资 12.3 亿元，新开工省市重点项目投资贡献率仅为 26.2%；由于前期支撑项目临近工程收尾、存量几乎见底，而正威等重大项目形成较大投资还需时间，因此什邡通航产业园等重点项目要素保障难度较大、进度滞后，投资出现明显断层，2023 年一季度罕见出现下滑。另外，受制于用地指标、融资难、融资慢等原因，市场信心回暖不足、民间资本观望较多，2023 年一季度民间、技改、工业三类投资分别下降 17.2%、10%、17.8%，投资形势总体较为严峻。

二是消费拉动能力有限。什邡市限上零售企业散、小、弱特征明显，品牌效应不足、市场集中度低、竞争力不强，加之公休节假日本地购买力流失严重，致使消费市场规模总体有限。2022 年，全市社会消零总额下降 0.4%；同时，旅游业态创新不足，缺少延长游客停留时间、激发游客消费欲望的场景和产品，这也导致与之相关联的购物、休闲、餐饮、住宿等行业存在发展瓶颈，城市未形成具有品牌影响力和周边吸引力的特色商圈，商贸始终处于一种不温不火的状态，对后续服务业的发展极为不利。

三是财政增收较为吃紧。长期以来，什邡税源结构较为单一，"烟草独大"难以破局，2022 年全市税收收入 1 000 万元以上的企业仅 24 户，500 万元以上的企业仅 56 户，收入结构抗风险能力较差，例如 2023 年一季度烟厂办理县级税收缓缴，致使什邡市税收同比下降 5.7%，一般公共预算收入增速排名直接下滑 4 位。同时，财政增收也面临诸多不稳定、不可控因素，例如宏达、明日宇航等个别存量企业发展面临困境，房地产市场总体不景气导致土地收入

短收等，这些因素都对全市财政收入的稳定增长带来不小冲击。

四、基础短板仍然存在，发展制约较多

一是乡村经济活力不足。乡镇企业和农村工业大多是从原材料加工、资源性开发的基础上发展起来的，受产权关系、规模经济以及耕地保护政策收紧等因素影响，近年来发展速度较为缓慢；同时农产品生产、加工、流通的产业链短，全市范围内除道泉酸菜公司外，没有较大规模的农业深加工企业，难以有效支持县域经济发展。村级经济方面，村企合作尚在起步探索阶段，规模化、集约化程度不高，年收入超50万元的农村集体经济组织仅5个；蔬菜、黄背木耳、大蒜、猕猴桃等特色产业虽有一定规模，但高附加值的产业少，科技含量低，没有较大影响力的"邡字品牌"作产业支撑，产业发展水平总体不高。

二是城市建设有待优化。什邡市城镇建设缺乏科学预见性，规划刚性约束差，有限空间利用率低，旧城改造成本高，加之房地产市场整体低迷，空间疏解与"再城镇化"难度大。同时，由于土地指标严格限制以及最严格耕地保护政策的实施，土地"集改国、农转建"愈发困难，缺乏成片可开发建设用地，城镇建设空间受限。另外，城市建设资金配套压力较大，多依靠中央、省预算内资金支持，由于环城绿廊等公益型项目能产生持续收益回报的领域相对较少，社会资本进入意愿总体较弱，金融杠杆运用和政府资金对民间投资的放大不足。市政基础设施仍有短板，特别是污水垃圾处理设施受历史欠账太多、分类处置成本偏高、运营维护管理困难等影响，极大地影响了城市的承载力和吸聚力。

三是金融支持还需加强。银行贷款是县域经济发展最主要的资金来源，近年来，随着中央银行及其他金融监管机构纵向新体制的建立和四大国有商业银行垂直管理体制的变化，县一级机构撤并、权力上收，这导致县域金融服务越来越薄弱，县域经济发展所需资金严重不足。什邡企业规模有限，且中小微企业普遍存在抗风险能力弱、无有效抵质押物等情况，加之大部分企业对新增项目投资和

固定资产改造投入较为谨慎，这些因素制约了金融机构贷款投放量。另外，多层次资本市场发展总体滞后，全市 259 户规上企业挂牌上市的仅有 52 户。

第三节　什邡县域经济发展路径

针对上述问题，什邡县域经济发展必须完整、准确、全面贯彻新发展理念，积极抢抓新时代西部大开发、成渝地区双城经济圈建设、成德眉资同城化发展等重大战略机遇，以实施工业强市、同城融圈、文旅争先、乡村振兴四大战略为根本抓手，持续优化发展环境，发挥出比较优势，全面提升县域经济发展活力、承载能力和综合实力。

一、以"工业强市"为主线，做大支柱产业，提升经济实力

一是深化产业规划布局。根据现有产业基础，什邡市聚焦食品饮料（烟草）、医药（医疗器械）、先进材料三大产业方向，深入研究原料供应、加工基础、产业形态、产品结构、发展前景等产业链各环节，围绕延链、强链、补链，制定主导产业中远期发展规划，增强产业布局的统筹度和科学性。利用好原料优势和产业基础，持续推动烟草"一城两基地"建设，打造生态优质特色食品饮料产业集群和现代医药产业集群，着力培育重磅品种、优势品牌和重点企业；特别是要抢抓先进材料布局壮大的机遇，发挥欣旺达、正威等龙头企业效应，加快招引产业链关键环节的核心企业和上下游配套企业项目，打造绿色先进材料产业集群，推动产业集聚成势，尽早实现工业产值破千亿目标。

二是阶梯培育企业发展。什邡市制定落实百亿企业培育计划，紧盯 7 户德阳市级"蓝鲸倍增"和 59 户什邡本级存量倍增企业，细化"一企一策"倍增方案，支持龙头企业做大做强；鼓励优质企业数字赋能、科技提能、技改扩能，深挖优势产业潜力，落实大企

业大集团进阶升等奖励措施，打造一批"贡嘎培优"企业、生态主导型链主企业，培育一批专精特新"小巨人"企业、单项冠军企业；切实加强服务指导，抓好"个转企""小升规"工作，夯实工业增长基础。

三是切实抓好招商引资。什邡市聚焦三大主导产业，紧扣烟草、矿泉水、调味品、新能源电池等优势细分产业，研究产业链构成和强链补链需求，瞄准"三类 500 强"、专精特新等重点企业，创新招商引资方法，对标建立招商引资企业目录，优化"招商顾问+公司化运作+第三方合作"招商模式，打造一支懂经济、懂产业、懂政策、懂服务的专业化招商队伍，多渠道捕捉产业投资信息、企业投资需求，动态储备更多"351"项目，重点跟进天合光能等39 个在谈项目，加快项目落地、尽早形成增量。

四是不断强化要素保障。什邡市将资金、政策、要素向主导产业倾斜，抓好标准厂房、道路、水、电、气等园区基础设施建设，推进"一窗通办""即接即办""全程代办"等政务服务，紧密对接产业人才需求，柔性引进科研领军人才和急需紧缺人才，全力提升经济发展竞争力；聚焦关键技术和重点产业，积极引导企业提升R&D 经费投入，开展先进材料、生物技术等领域关键技术攻关，支持企业加强与高等院校、科研院所合作，持续推进院士专家工作站、技术中心、研发中心和重点实验室建设，提高企业科技创新能力，推动高新技术产业占全市规上工业总产值比重不断提升。

二、以"同城融圈"为载体，促进合作共赢，提高竞争能力

什邡市充分发挥自身优势，找准功能定位，全面融入成渝地区双城经济圈建设和成都都市圈发展，在服务国家、四川省、德阳市战略中提升自身发展能级。

一是交通对接，加快"4 门 5 站"高速通道、蓉北物流产业园等项目建设，积极对接成德高速（二绕三绕连接线）、德阳绕城南高速什邡连接线项目，重点推动北京大道改（扩）建等项目，完成城西入城立交、北京大道马祖至经开区段等项目，提高对外连接和

市域内快速通勤能力。聚焦轨道交通和空中通道等能带来优势突破的交通项目，争取成兰铁路什邡站尽早实现公交化运营，紧盯成都外环铁路等项目落地进度，推动通用机场开工建设，加快打造蓉北交通枢纽城市。

二是产业融合，一方面，巩固深化既有合作，加快建设金什合作产业园和什邡在蓉总部基地，深化"研发+制造"协作模式，加快形成新的百亿集群；持续推进彭什稻苞、黄背木耳现代农业园区建设，共同建设环龙门山旅游带，推动交界地带农业产业化一体化建设、旅游康养联动发展；做好城市推介、文旅宣传、产业推广等工作，积极借助"飞地"园区、总部基地、合作基金等多样方式，增强跨域合作，让内外圈层的朋友伙伴"多起来"。另一方面，要围绕在成都都市圈中"进圈提级"，更快更好地融入成都交通物流体系、成都产业链分工体系，推动蓉北快运物流园区与成都国际铁路港深度对接，瞄准成都溢出产业类型，加强配套产业布局、链主企业引入和营商环境提升，强化金什、彭什城市结对和整体招商，全力进入成都产业补链延链强链的主序列和产业溢出的主方向，加快构建"研发与生产、总部与制造"的蓉北产业生态圈。

三是对标补短，在竞争升级中去主动"卷起来"，在"对标强弱项、借势促成链、协同共发展"中，激发产业活力，将什邡"抽起来"的中式雪茄、"喝起来"的食品饮料、"跑起来"的先进材料、"飞起来"的通航产业、"漂起来"的文旅康养等产业，放在成渝地区双城经济圈中去比较、竞争、进化。积极对接成都优质教育、医疗、人才资源，建立跨区域财税利益分享机制，扩面推进成都都市圈政务服务一体化。对标成都公园城市规划理念，积极学习其规划设计、功能布局、资源盘活等经验，做好什邡市精致城打造和"创文创卫"工作，增强城市宜居度和吸引力。

三、以"文旅争先"为突破，开拓增长路径，激发消费活力

一是明晰定位，坚持融合聚力。什邡市围绕争创天府旅游名县，按照"以文促旅、以旅彰文"总思路，瞄准山上"一山扛鼎"、

山下"一城引领"的定位，加快建设"一环双心四区"，依托蓥华山旅游快通（龙门建木路）联动四个片区文化旅游产业发展；重点加快建设大熊猫国家公园什邡园区，以大熊猫品牌引领蓥华山生态旅游产业发展；锚定烟草产业"一城两基地"建设目标，全力推动一街、一酒店、一线路、一镇、一节会"五个一"建设，加快构建集旅游观光、文化体验、技艺传承等多元业态于一体的雪茄文旅产业集群，持续打造雪茄文化名城。

二是着力品质，坚持特色引流。什邡市增强项目招引，加快第二进山通道、蓥华山森林康养度假区一期等项目建设，提档升级红峡谷—钟鼎寺景区，推动文博半山山地康养区首开亮相；深度融入环成都文旅经济带和巴蜀文化旅游走廊建设，大力推进古蜀森林自然探秘区、金乌河谷文化体验区等文旅项目建设，精心策划"马祖故里"迎春季、"李冰诞辰"民俗季等文旅活动，倾心打造"什邡·四季""快乐研学"主题旅游线路，加快构建全时全域旅游发展格局。

三是瞄准重点，坚持文化增效。什邡市深入挖掘李冰文化、朱李火堰遗址内涵，统筹用好农禅文化、非遗文化、民俗文化、佛教文化、道教文化等资源，重点以节、会、展、演、赛等为抓手，积极开展形式多样、内容丰富的文旅活动；加快旅游业与文创、体育等产业的深度融合发展，推动文化元素的旅游体现和展示，通过在文化场所中融入观赏和体验类项目，丰富文化的体验性，推进文化旅游化。

四、以乡村振兴为保障，加快补齐短板，巩固发展动力

一是全力保障粮食安全。什邡市牢牢抓住耕地和种子两个要害，建立防止耕地撂荒长效机制，坚决守住耕地红线，严格落实"田长制"要求及"长牙齿"的耕地保护措施，深入实施种业振兴行动，逐步把永久基本农田全部建设成高标准农田；积极向单产要效益，持续开展粮油高产示范创建，力争2023年粮食单产达到499千克/亩，增加2千克以上，着力打造"天府粮仓"示范区。

二是持续推进农业现代化建设。什邡市着力实施天府粮仓建设、产业融合发展、经营主体培育、农机装备提质、农业品牌打造"五大工程"，持续深化城乡融合发展、农村土地制度、农村产权制度、农村金融服务、农村供销合作、职业农民制度"六项改革"，重点开展脱贫成果巩固、五网建设攻坚、科技服务助农、乡村人才兴农、传统文化保护、乡村治理积分、基层党建引领"七大行动"，进一步提升乡村基础设施完备度、公共服务便利度、人居环境舒适度，持续提升乡村振兴品质内涵，让农村居民过上现代文明生活。

三是积极打造特色优质产业。什邡市全力抓好新型农业经营主体培育，加大对农村致富带头人和新型职业农民队伍的培养；大力实施农业品牌打造工程，抓好"三品一标"创建，实现"公共品牌—企业品牌—产品品牌"一体化建设；高质量推动现代农业产业融合发展，持续建强五大现代农业产业园区，培育壮大两大示范园区，加强物流、金融等产业服务，推进农产品初加工和精深加工同步发展，将师古和南泉建设成为全球最大中式雪茄烟叶种植基地，并培育壮大蔬菜全产业链和黄背木耳全产业链。

四是争创先进示范。什邡市严格按照"四不摘"要求，压紧压实工作责任，确保政策和帮扶的稳定，坚决防止返贫致贫现象发生，持续巩固拓展脱贫攻坚成果；聚力实现"两个高于"、打造"三个示范"，全面建设富有什邡特色、全省一流的乡村振兴典范，积极争创四川省乡村振兴先进县，创建国家和省乡村振兴示范镇村，努力形成成渝地区双城经济圈农业农村现代化和全国、全省实施乡村振兴战略的什邡经验。

五、以环境优化为依托，打造区位优势，培育资源引力

区域经济的竞争，关键是环境的竞争。好的环境犹如"磁场"，能够吸引人才、资本、项目、技术等生产要素纷至沓来。要实现什邡市县域经济突破性发展，必须牢固树立"环境就是资源、就是竞争力、就是生产力"的观念，进一步改善优化营商环境和生活环

境，吸引更多产业和人才落户什邡，以环境的大改善促进经济的大发展。

（一）全面优化营商环境

一是强服务。什邡市以营商环境提升年为契机，强化主动服务意识和担当意识，当好"店小二"，做到"无事不扰，有求必应"，不断提升服务质量和发展软环境；对服务窗口办理事项充分授权，积极创设高效便捷的行政审批程序，全面推行"马上办、网上办、就近办、一次办"，让数据多跑路，让企业群众少跑路；采取多种形式、多种载体及时向社会公布政府及其职能部门制定的涉及企业发展的行政规范性文件，积极制定并及时兑现各类惠企助企政策；强化全民学法守法意识，引导群众运用法律手段解决与民营企业的纠纷，切实为民营企业发展创造良好的法治环境；发挥前期资金池、政策性金融工具等带动作用，聚力破解项目在要件审批、要素保障等方面的困难，鼓励民间资本进入和工业技改项目实施，稳固投资增长基础。

二是转职能。什邡市将资源配置交给市场，对能够通过市场机制解决的事项，采取招标、拍卖等市场方式运行，凡属事务性的管理服务，原则上都要引入竞争机制向社会购买；完善常态化监管机制，尤其加强对企业各项收费的价格监管，切实降低企业运营成本；全力解决多头执法、重复执法、选择性执法、粗暴执法等不规范执法行为，不断提升监管的公平性、规范性和有效性；加大企业扶持力度，积极组织银政企对接和集中签约授信，指导符合条件企业挂牌上市，缓解民营和小微企业融资难题，切实降低物流、用电、用工等成本，确保企业招得来、留得住、见成效。

三是多宣传。什邡市多种渠道、多种形式加大惠企政策和涉企法律法规的宣传，切实解决好政府与企业信息的不对称问题，让企业能够及时享受政策并且做到知法守法，避免蒙受损失；对优化营商环境工作进行多角度的宣传和解读，并做好对外发布推广，努力营造亲商、爱商、护商的环境氛围和城市形象。

（二）全力打造宜居环境

一方面，让城市更美丽。什邡市以创建全国文明城市、国家卫生城市为抓手，把高品质要求贯穿城市规划建设管理全过程，高起点做好城市规划；对标公园城市规划理念，科学编制国土空间规划，推动城市提质更新；高标准推进城市建设，集中资金、要素资源，统筹实施"精致宜居什邡十大工程"，重点推进南北片区城市更新、城区管网攻坚、雍城绿廊、特色商圈等项目，推动智慧交通、智慧城管、智慧治理互融互通，确保雍湖新区骨架路网基本成型，城市绿廊"一环"全面建成，雍湖水韵天地精品商业街和雪茄风情街正式运营，推动城市面貌发生根本性变化和品质化提升，以闲适便捷、舒心安逸的生活环境，吸引更多人口落地扎根什邡。

另一方面，让服务更舒心。什邡市实施更加积极的就业创业政策，重点抓好外来人口就业服务和高校毕业生创业扶持等工作，研究具有普惠性和吸引力的劳动力落户政策，切实解决好引进人才配偶就业、子女入学、看病就医、住房保障等问题，确保人才引得进、留得住；持续推进公共服务供给均等化，深化教育领域改革，统筹推进各类教育提质扩面，全力打造优质均衡的现代化教育体系；深化健康什邡建设，统筹用好医疗资源，强化卫生应急和疾控体系建设；深化文化体育发展，广泛开展全民健康运动，丰富广大居民文娱生活，不断提高群众幸福指数，持续增强城市吸引力。

第十八章　推动绵竹市县域进位

绵竹市地处四川盆地西北部，距离德阳 33 千米，距离成都 60 千米，位于成都半小时经济圈之内，成兰铁路、成万高速、成都三绕穿境而过；辖区面积 1 245 平方千米，辖 2 街道 10 镇，常住人口约 43.9 万人；名酒文化、年画文化、南轩文化、三国文化、德孝文化赋予绵竹"酒香画境·美丽绵竹"的城市品牌。

2022 年，绵竹实现地区生产总值 406.4 亿元，一般公共预算收入 29.1 亿元，居德阳市第一，在四川省县域经济先进县排名第 7 位，西部百强县排名第 36 位。绵竹市工业蓬勃发展，两个省级化工园区同时落户绵竹，"十四五"内工业总产值有望突破 3 000 亿元大关；农业基础稳固，荣获全国休闲农业与乡村旅游示范县、全国现代农业示范县、全省乡村振兴战略先进县称号。绵竹现有国家级明星村 7 个、省级示范村 40 余个；文旅资源丰富，境内拥有九鼎山国家级森林公园和中国年画村、九龙山-麓棠山旅游景区、金色清平-童话小镇等三个 4A 级景区，中国玫瑰谷、大熊猫国家公园、诸葛双忠祠、颐心谷、剑南老街、汉旺地震遗址公园等名胜。

第一节　绵竹市县域经济发展现状

一、主要经济指标展现韧劲

2022 年，绵竹市实现地区生产总值（GDP）406.39 亿元，按可比价格计算，同比增长 4.1%。其中，第一产业增加值为 38.01 亿元，增长 4.1%；第二产业增加值为 215.16 亿元，增长 4.1%；第三产业增加值为 153.22 亿元，增长 4.0%。第一、二、三产业的结构为 9.4：52.9：37.7。绵竹市按常住人口计算的人均地区生产总值为 92 360 元，同比增长 4.1%；规上工业增加值增长 6.3%；全年全社会固定资产投资同比增长 10.5%；全年社会消费品零售总额 115.62 亿元，同比下降 4.2%；全年进出口总额 55.50 亿元，同比增长 59.4%；一般公共预算收入完成 29.09 亿元，增长 19.14%，其中税收收入完成 24.19 亿元，增长 21.44%；城乡居民人均可支配收入分别增长 4.3%、6.3%，14 项主要经济指标中有 5 项居德阳市前两位。

二、农业经济稳步发展

绵竹坚持农业高质量发展路径，打造更高水平"天府粮仓"，持续推进农业农村现代化建设。2022 年绵竹市粮食总产量 28.1 万吨，生猪出栏 44.54 万头；新建成高标准农田 3.25 万亩、新开工 2.1 万亩；完成 154.5 亩撂荒耕地整治工作，优化改造 4 561.65 亩，全面完成年度任务，落实各项惠农政策，发放补贴 1.2 亿元；实施现代农业产业化提升行动，加快建设剑南粮油、绵远河粮油、广济粮猪种养循环三大现代农业园区，园区产值迈上 30 亿元台阶，玫瑰、猕猴桃等特色经济作物规模达 5.2 万亩。2022 年年末全市荣获全国村庄清洁行动先进县、全国休闲农业重点县等光荣称号；共获评省级乡村振兴示范村 3 个、省级乡村治理示范村 3 个、四川省农村法治教育基地 1 个、省三星级现代农业园区 1 个；德阳市一星级现代农业园区 1 个；新增省级家庭农场示范场 4 个。

三、工业经济提质增效

绵竹市围绕材料化工、食品饮料、装备制造、生物医药四大产业，抢抓"双碳"战略机遇期，加快优势传统产业技改创新，发展壮大新兴产业，坚持做强存量做大增量。工业总产值迈上 800 亿元台阶，增长 18.8%，2022 年工业增加值 204.19 亿元，增长 4.2%，其中规上工业增加值增长 6.3%，新增规上工业企业 20 户，工业投资总量、利税总额稳居德阳第一。剑南春、龙佰钛业、中航宝胜三家企业上榜 2022 年四川省制造业"贡嘎培优"100 户企业名单，致远锂业销售收入突破 100 亿元。绵竹高新区工业产值突破 500 亿元，高新技术产业产值增长 18%，德阿产业园发展突飞猛进，工业产值突破 200 亿元，增长 3.5 倍，入库税收 12 亿元，增长 18 倍。大唐国酒生态园二期、金瑞基业、倍佳 NC 膜等 10 个重大工业项目顺利开工，总投资 175 亿元，川发龙蟒锂电新能源材料项目总投资 120 亿元，创造德阳市单体工业项目投资强度新纪录。

四、第三产业复苏向好

绵竹市出台《力促服务业提质增效政策措施》，兑现奖励资金 647 万元，发放惠民消费券 300 万元，拉动社会消费 3 000 万元，第三产业增加值实现 153.2 亿元，增长 4.0%，新增规上服务业企业 4 家、限上商贸企业 25 家。绵竹市深入实施普惠金融，扩大信用贷款和中长期贷款规模，全市银行业金融机构存贷款余额增幅居德阳第一；2022 年接待游客超 1 000 万人次，实现旅游收入 100 亿元以上；共有国家 AAAA 级景区 3 处，国家 AAA 级景区 3 处，国家 AA级景区 1 处，省旅游度假区 1 处，国家级地质公园 2 处，国家级森林公园 1 处，国家级花卉公园 1 处，全国休闲农业与乡村旅游示范点 1 处，全国农业旅游示范点 1 处，天府旅游名镇 2 个，天府旅游名村 1 个，天府旅游名品 1 个；成功打造"画境绵竹"乡村旅游综合体；中国玫瑰谷一期、绵竹天府冰雪运动项目、文旅地方专项债项目等重大项目有序推进。

五、发展后劲不断增强

绵竹市有效投资稳步增长，成功举办 2022 年世界清洁能源装备大会绵竹投资推介会，招引项目 11 个，协议投资 218.6 亿元，到位国内市外资金 117 亿元；新签约川发龙蟒锂电新能源材料、四川欣联伍材料科技 2.25 万吨/年磷酸铁锂正极材料、四川能投鼎盛锂业 3 万吨基础锂盐等 12 个项目。绵竹市对外合作全面推进，与茂县、东汽、川大全球校友创业家联合会等政企达成战略合作，与"绵简彭雁乐"四市五地实现 75 项政务服务事项跨区办理，签订武侯-绵竹区域协作协议，推进"同城融圈"战略。

第二节 绵竹市县域经济发展存在的问题

2022 年，绵竹市地区生产总值首次突破 400 亿元，经济总量406.4 亿元、增速 4.1%，分别排德阳市第 5 位、第 1 位。从其他 14 项主要经济指标来看，绵竹市县域经济具有一定发展基础，潜力大、后劲足、质量高，在德阳市各区县县域经济发展中具有比较优势。但与四川省内其他同类区县域相比，绵竹市县域经济发展机遇和挑战并存。一是绵竹市指标数据在县域经济四川省同类区中排位优势不足，但总体呈现"进大于退"形势；二是绵竹市与县域经济发展先进县仍有较大差距，但差距范围呈现"逐步缩小"趋势。具体而言，新形势下绵竹市发展县域经济、实现县域经济争先进位存在以下问题：

一、主导产业复苏慢，新兴产业支撑较薄弱

绵竹市曾经历了三轮产业衰退。一是机械加工产业衰退，继东汽和 50 多家配套协作企业搬离绵竹后，绵竹市又经历了全国重装行业的产能过剩，机械加工行业发展遭受影响。二是白酒产业的深度调整，2019 年之前受国家政策调整和市场需求变化等因素影响，绵竹市中小白酒企业多数处于停产半停产状态，剑南春由于各方面原因发展缓慢，品牌影响力从全国第三下降至第七、第八位。三是化工企业丧失本地资源，随着大熊猫国家公园范围的划定，绵竹市本地矿山基本全面封停，外购磷矿石成本上升 150~200 元/吨，下游中小型化工企业出现企业资金链断裂、濒临破产边缘的情况。近年来，绵竹市形成了以优质白酒、材料化工、食品饮料等主导的产业形态，但受三次产业衰退影响，主导产业复苏较为缓慢，尚未恢复到衰退前水平。其次，在产业发展上过度依赖传统的白酒、机械加

工、化工三大传统产业，新兴产业培育力度不够、支撑薄弱，特色产业优势尚未完全显现，三产融合度不高，品牌竞争力较弱、产品同质化现象明显。

二、文旅产业规模小，旅游服务功能不完善

绵竹市自然资源丰富、文化底蕴深厚，成功创建全域旅游示范区、天府旅游名县。但与丰富的文旅资源相比，绵竹市文旅产业规模较小、引爆不足、品牌不响、效益不优等问题亟待解决。具体而言，一是特色人文传承保护力度不足，开发培育不够，缺乏对特色人文传承人才的培养；二是尚未挖掘提炼并创意打造出特色文化旅游产品和品牌，尚未将本地特色文化融入旅游各要素中，特而不优、优而不精；三是旅游交通组织、旅游交通配套服务不够，景区与景区之间缺乏交通联结、宣传组织；四是古村落、古民居群、民族特色村寨和田园风光等乡村旅游资源挖掘利用不够，特色重大文旅活动宣传力度不足、吸引力较弱。

三、城镇化建设滞后，公共产品提供不充分

绵竹市城镇化建设与经济实力严重不匹配，存在老城旧而无特色、新城精而不繁荣、服务优而不均衡的问题。在公共基础设施方面，绵竹市县域内地区基础设施基本完善，但是部分街道（乡镇）道路硬化不完全，区域性时段性断电、断水并存，养老服务设施不完善，缺乏垃圾处理设施，老城给排水管道及天然气管道老化严重，老旧居民楼外观破损、电气水网设施老化，主城区道路狭窄、停车位缺口较大等；新城公共基础设施分布不均衡，维护及使用率较低等。在公共服务产品方面，一是医疗方面，医疗服务提供不充分，医疗机构级别较低，医疗环境不完善；二是教育方面，缺少优质高校资源，城乡教师队伍结构及师资水平差距较大，部分城区学前教育资源有限，幼儿入学困难；三是养老方面，养老服务不足，集中养老服务发展不平衡，健康卫生管理力度不够，优质康养服务企业较少等。

四、农业布局不合理，园区建设规划引领差

当前，绵竹市农业发展已经进入传统农业向现代农业加快转变的关键阶段，但整体来看，绵竹市农业发展还存在乡村发展不平衡、农业产业化水平不高、农村集体经济薄弱、乡村要素集聚能力不强等问题。具体而言，一是农业园区发展思路不够清晰，在推进现代农业园区建设与乡村振兴示范区未能有机结合，同时对现代农业园区功能作用认识不足。二是从绵竹市农业经济发展总体来看，存在量小体弱质不优的情况，农业主导产业规模小产业聚集度较低。三是特色农产品同质化现象较为严重，缺乏品牌培育、品牌宣传，无法形成绵竹市特色农产品品牌效应，同时特色产品质量标准认证难，供应链体系尚未成熟。四是农业农村基础设施相对滞后，农业设施装配水平整体落后，资金稳定投入长效机制尚未建立。

五、招商引资效果差，县域营商环境提升慢

绵竹市经济发展受"5·12"地震影响巨大，全市直接经济损失总量达 1 423 亿元，是当时工业总资产的 56.5%，在 18 个重灾县中经济损失最大。受地震影响，在其他县市区抓县域经济发展时，绵竹市在震后集中精力抓灾后重建，因此错失经济发展黄金期；同时，地震对绵竹市地质条件造成的巨大破坏，以及东汽等大批企业的搬离，对市内外投资者造成较大的心理影响，加之区域优势不明显、营商环境吸引力不足、招商政策不完善等因素，绵竹市在投资吸引力方面明显弱于其他县市区。近年来，绵竹市在德阳营商环境指标监测中排名靠后，存在审批程序压缩不够、政策宣传不到位、"纾困解难"问题办理质效不高等问题。

第三节　绵竹市县域进位路径

一、以工业经济增实力，做强优势产业，培育新兴产业

工业是绵竹的立市之本、强市之基，工业经济占据绵竹经济的半壁江山，曾支撑绵竹创造了"十强县"的辉煌。绵竹市县域进位的优势在工业、潜力也在工业，要坚定不移走工业强市之路，大抓工业经济，形成突破之势。一是推动白酒产业实现倍增，支持剑南春做大做强，全要素保障增产扩能，培育一批腰部酒企，壮大白酒产业生力军；打造优势白酒特色产区和酒文化特色街区，力争"十四五"末白酒产业实现产值突破500亿元，以名品名牌擦亮美酒名城的名片。二是推动材料化工集群发展，巩固龙佰钛业、川发龙蟒等骨干企业市场地位，推动磷化工产业向工业级、医药级、食品级、电子级转变，构建"硫磷钛铁锂钙"循环产业链，加快建设具有全国影响力的锂电材料生产基地。三是推动装备制造巩固拓展，紧跟德阳加快建设世界级清洁能源装备制造基地步伐，抢抓"成德高端能源装备集群"国家级先进制造业集群建设机遇，加快提升线缆、特种钢、关键结构件等生产工艺水平和配套能力，推动军民融合发展，强化产学研合作，推动制造商向综合解决方案提供商转型。四是推动生物医药提质增效，聚焦高端仿制药、高端成品药、高端原料药、医疗器械等，加速汇聚一批高能级企业和项目，培育以酶制剂、微生态制剂为主的生物科技产业，支持重点生物医药企业创建省市产业创新中心、技术研发中心、中试基地。五是提高产业园区承载能力，完成两个省级化工园承诺整改提升事项，实现化工园扩区，推动智慧园区建设，做好扩区范围内的征地拆迁和五通一平，完善园区基础设施配套。

二、以文旅产业聚人气，扩大文旅规模，完善服务功能

绵竹市大力实施"文旅争先"战略，持续巩固天府旅游名县创

建成果，串联名酒、年画、年俗、南轩等文化，带动全域旅游，以文旅产业聚集人气、扩大文旅规模、完善服务功能。一是建设重大文旅项目，加快建设玫瑰谷、熊猫谷、天府冰雪世界等重点项目，围绕白云山、云湖森林公园进行谋划招引，建设沿龙门山度假旅游带；完善全域旅游基础设施，提档升级"画境绵竹"旅游综合体，实施一批"一镇一村"农文旅项目，持续擦亮国家全域旅游示范区、天府旅游名县金字招牌。二是完善旅游服务功能，加强乡村旅游人才培训，全力培育"天府度假乡村"，提升全域旅游公共服务水平，推进信息咨询服务、交通便捷服务、便民惠民服务、行政服务和安全保障服务五大体系建设；实施文旅专项债项目，完善旅游交通体系，大力引进精品度假酒店等文旅项目，提升旅游体验感。三是加快消费提质升级，优化提升年画节、梨花节、玫瑰节等传统特色节庆活动，积极承办国省大型文旅活动，全面提升绵竹对外影响力；健全旅游管理体制机制，创新旅游业态和营销模式，全面释放旅游产业综合效益，形成"多业融合、全域联动"的农文旅融合发展格局。

三、以城镇建设提品质，加快设施改造，做实民生保障

绵竹市大力联合各行业部门，有计划有步骤地合理利用财政资金，加快设施改造、提升服务水平。一是推进新型城镇化建设，以建设公园城市为目标引领，坚持做精繁荣新城、提升优化老城，实施城市安居、基础设施更新、品质提升、生态保护、文化提升"五大行动"，加快马尾河两岸、中心广场片区、红岩渠城区段、民主巷、德天铁路沿线改造，引流支持城东新区建设新的商业中心，进一步完善城市空间结构和功能布局。二是提高基本公共服务水平，促进教育卫生事业优化布局、提高质量、均衡发展。深化同四川师范大学战略合作，创新集团化办学模式，力推优质教育资源共享共用，建设紫岩幼儿园，开工建设城北、玉马幼儿园，解决学前教育学位少问题；深化"华西-绵竹"医联体建设，支持市人民医院争创"三甲"，推动优质医疗资源下沉；加快文化体育设施建设，发展养老康养事业，让城市更加温暖、更有温度。

四、以农业发展夯基础，完善产业布局，建设农业园区

重视农业农村，振兴乡村经济，是促进县域经济发展的基础条件，要抓好乡村发展、发展农业经济、夯实县域经济基础。一是优化农业资源配置，加强农村基础设施建设，接续采取农村人居环境"五大提升"行动，采取村庄清洁行动，巩固农村面源污染和全域水环境治理成果，补齐农村基础设施短板，加强农田水利设施、农村电力基础设施、公路交通等建设。二是优化农业发展布局，围绕全省现代农业"10+3"产业体系，统筹发展"2+4+N"产业体系，做强粮油、生猪、猕猴桃、玫瑰、蔬菜、茶叶六大现代农业园区，逐步形成"一带三区六园"的现代特色农业发展新格局。三是建强现代农业园区，对标德阳乡村振兴"大环线"建设，确定"三园两体"建设路径，统筹推进剑南粮油、绵远河粮油、广济粮猪种养循环三大园区建设，形成"四级联动"农业园区建设体系。四是全面推进乡村振兴，实施整镇推进乡村振兴，加快实施一批特色鲜明、亮点突出、优势明显的乡村振兴项目，形成"一镇一业、一村一品、一路一景"的全域乡村振兴格局，发展壮大农村集体经济，深化"三变"改革，推动共同富裕。

五、以营商环境强引力，持续招大引强，优化营商环境

高效、高水平、高质量的营商环境是推动县域经济实现高质量发展的助力，必须通过优化营商环境扩大引力、释放活力。一是突出重点招引，围绕优质白酒、材料化工等主导产业延链补链、增链强链，实现产业闭环。二是突出招大引强，瞄准京津冀、长三角、粤港澳大湾区等地区和行业头部、专精特新等企业，开展龙头型、基地型、链主型项目招引；三是突出高效招商，完善协作机制，整合招商力量，服务项目对接、落地、投产全流程，实现百亿项目接二连三、十亿项目源源不断、专精特新拔节成长。四是优化营商环境，提升政务服务水平，深化"放管服"、最多跑一次和工程建设项目审批制度改革，支持企业做大做强，构建新型政商关系，促进市场公平公正，加强政府诚信建设。

第十九章 推动中江县县域进位

中江县地处四川中部偏北，东枕龙泉山脉、西接涪江水系，是成都都市圈前沿门户、成德同城化核心腹地、成渝地区双城经济圈重要节点。近年来，中江县以成渝地区双城经济圈建设为战略牵引，坚持"工业强县、三产活县、开放兴县、农业固县"不动摇，深入实施"六大实践路径"，全面落实拼经济搞建设抓发展"1+6+1"意见方案，推动中江加快重返四川省县域经济发展先进县、加快建设四川省丘区经济文化强县。中江县先后被评为全国粮食生产先进县、国家级电子商务进农村综合示范县、四川省县域经济发展先进县、省级卫生县城等荣誉称号。2022 年中江县实现地区生产总值439.19 亿元，比上年增长 3.3%，入选 2022 中国西部百强县市。

第一节 中江县县域经济发展现状

一、空间广，工业倍增有后劲

中江辖区面积 2 200 余平方千米，是"成都三绕"内土地资源最丰富的地区之一，本轮"三区三线"划定中江县新增城镇开发边界 13.19 平方千米，其中县城区（含高新区）新增 5.65 平方千米、凯州新城新增 6.3 平方千米，土地保障优势明显，这为中江强化链主企业引进、承载重大项目落地提供了有力支撑，有利于加快优化产业布局、做强产业集群，打造具有中江特色的现代化产业体系。2022 年中江县工业增加值 145.3 亿元，规上工业增加值增长 3.0%，规上工业企业实现营业收入 394.9 亿元，增长 3.5%，规上工业增加值增速 2.5%。中江县三次产业分别比上年增加 4.4%、3.3%、

2.7%。三次产业结构比为 22.8：38.8：38.4。

二、农业强，农业发展有基础

中江是典型的丘区农业大县、四川省农产品主产区县，现有耕地 142.1 万亩。其中，水田 47.5 万亩，水浇地 1 967.4 亩，旱地 94.4 万亩。2022 年，中江粮食总产 80.3 万吨，连续 16 年位居四川省第一；油料总产 14.5 万吨，生猪出栏 116.01 万头，小家禽出栏 2 213.29 万羽，生猪、小家禽出栏等稳居全省前三。中江拥有中江丹参、中江白芍、中江柚等地理标志产品，"三品一标"共 18 个，高效推动农业生产链从田间向车间延伸、产业链从产区向园区融合、优质链从品种向品牌跃升等为中江农业发展提供了有力支撑。

三、区位优，借力发展有前景

"六高八快"立体化交通网络的加速形成，使得中江可在一小时内到达成都国际大都市，北达德阳、绵阳产业重镇、科技新城，南抵遂宁、眉山、资阳等重要经济体，对周边重要开放平台一网覆盖、重大产业基地一网直连、重点产业资源一网互动，实现空间之利与时间之便有机统一，成为名副其实的区域枢纽。良好的交通区位是实现借势借力发展最现实的基础所在，其有利于中江同城融圈，深度融入国省重大区域发展战略，在区域协同的大潮中借势而上、借力提速。

四、资源富，产业升级有出路

中江能源储备丰富，境内天然气累计探明储量超 1 000 亿立方米、预估储量超 4 000 亿立方米，位居全市第一、全省前列，这是短时间内中江促进经济增长、产业增势、财政增收的最大资源禀赋。中江县要利用好这一资源优势，做好能源开发，做好资源就地转化利用，全力加快发展以天然气综合开发利用为先导的清洁能源产业，开辟产业竞速新赛道、形成区域竞争新优势。

五、生态好，招商引智有优势

中江东枕龙泉山脉、西接涪江水系，县域内丘陵、山地、平原分别占比77%、17%、6%，森林覆盖率达29.46%、林木绿化率达40.81%，空气质量优良率常年维持在93%左右，连年位居全市第一，呈现出山水相融、河湖交错的自然之韵，形成了特有的生态环境优势。利用好这一资源优势，全力打造生态品牌，能吸引更多优质资本和人才到中江创业兴业，实现绿水青山与金山银山的相得益彰。

第二节　中江县县域经济发展存在的问题

一、重点行业支撑不足、带动不强

具体表现如下：中江县缺乏龙头企业支撑，在行业内具有领军地位的企业极少；产业集聚度不高，缺乏百亿级产业集群支撑；建筑业产值下降，交通、水利等基建产值就地转化推进缓慢，一季度建筑业总产值同比下降幅度较大；服务业结构不优，仍然以批发零售、住宿餐饮等传统服务为主，规上服务业企业仅13家，数量少、体量小，限上商贸企业161家，其中个体工商户占比达50%，导致一季度限额以上消费品零售额仅占社会消费品零售总额的7.1%。同时，互联网和软件信息等4个产业门类仍为空白。

二、项目建设保障不力、质效不高

中江县项目谋划不足，部分项目包装谋划不精准不系统；项目虽多但质量不高，目前在库项目319个，5 000万元以上重大投资项目仅占24.5%，大项目、好项目较为缺乏；要素制约明显，环境容量、用电耗能等要素保障有短板，制约了项目落地和推进；项目品质有待提升，在项目设计、监管等环节还存在一定短板，导致部分项目整体效果不佳，达不到大项目应有的显示度、支撑力和影响力。

三、民生事业相对滞后、仍有短板

中江县基础设施建设滞后。县城配套功能不足，城市公园、停车场、公共厕所等公用设施不足；农村公路等级偏低，二级及以上公路里程仅占总里程8.91%，三级公路占3.32%，四级公路（宽度不足4.5米）占75.55%，等外公路占12.22%；水利设施建设有待加强，群众饮水便利化程度不够；农村电网建设滞后，供电稳定性有待提高。农村人居环境改善难度大。农村土坯房仍有11.8万户，总量占全市的95%，改造难度大；农村厕所、厨房不标准、不卫生、不安全问题仍然存在。环保设施建设欠账较多，垃圾压缩中转站等环保基础设施建设滞后。公共服务欠账多。教育发展水平滞后，医疗卫生保障不佳，文化体育活动数量不足。

第三节　中江县县域经济发展的路径

中江将统筹当前与长远，承压奋进、对标补短，发展好县域经济，跑出重返四川省县域经济发展先进县和建设四川省丘区经济文化强县加速度，早日实现县域进位。

一、铸强工业兴县这个核心引擎

工业化是现代化不可逾越的阶段，是现代化的核心内容。中江要摆脱发展速度不快、质量不高的困境，跑出转型发展、弯道超车、突破崛起的加速度，就必须坚持工业兴县、工业立县、工业强县，加快构建以新型工业化为主导的现代产业体系。一是提升"容量"。全面铺开中江高新区和凯州新城基础设施建设，完善生产性服务业配套，加快成片征拆、安置进程，盘活闲置低效土地，统筹做好土地、能源、环评等要素保障，增强园区产业支撑力承载力聚集力。二是内挖"存量"。鼓励和支持现有企业通过技改扩能、裂变扩张等做大做强，加快新旧动能转换，帮助企业争取政策、升规入统、融资上市，培育一批实力雄厚的骨干企业、链主企业、头部企业，壮大一批特色优势产业集群，让"老底子"产业焕发"新活力"。三是外拓"增量"。整合组建一支高素质、专业化、爱招商、业务精的招商队伍，改进招商模式，加快探索资本注入式招商、收购兼并式招商、产业引导基金招商等模式，用好各类招商平台，用活自身独特优势，有的放矢引进一批产业链优质项目，在 100 亿元级项目上取得新突破。四是善找"变量"。发挥天然气资源优势，加强天然气资源就地高效转化利用，短期加快燃气发电项目建设，发展天然气发电、储能等产业，长期完善天然气化工产业链，积极布局绿色清洁能源等"潜力股"，培育工业发展新的动力源。

二、突出城市建设这个重要载体

城市是发展的重要载体，经济产出在城市，社会就业在城市，消费聚集也在城市，县城的高质量建设能够有效推动资金、技术、人才、产业向县域流动。中江继续坚持人城产融合发展，加快宜居宜业公园城市建设，统筹推进以县城为重要载体的城镇化建设。一是高起点规划引领。对标公园城市标准，充分挖掘本地文化特色资源，聘请高水平规划设计团队，科学规划城市空间布局与功能布局，以高水平的规划设计理念和成果引领城市高质量发展。二是高品质建设打造。一方面加快老城更新步伐，有序推进城中村、老旧小区、棚户区改造，活化魁云街、小南门片区等老街区、旧建筑，实施"三江六岸""三门三路"、山体公园等改造升级工程，加快商业综合体、主题商业街建设，推动形成综合商圈、社区商圈、特色街区等融合互动的商业体系，不断提升城市品质和宜居水平。另一方面高质效建设新区。高标准打造城南新区和凯州新城，加快骨架路网、龙湾湿地公园等项目建设，建好新区地标建筑，完善公共服务配套，增强新区吸引力、辨识度，将新区打造为公园城市新示范、魅力城市新样板。三是高要求管理城市。加快数字城管、智慧城市建设，聚焦群众关心的环境卫生、公共厕所、交通秩序、乱停乱放、私搭乱建、排污排涝等热点焦点，下足功夫，推进城市精细化、智能化、人性化管理，全面提升城市治理能力和服务水平。四是多手段促进消费。坚持扩大内需，牢牢抓住法定节假日等重要节点，线上线下齐发力、城市乡村全覆盖、县内县外同注重，举办好各类假日消费促进活动，有效拉动消费增长。

三、用好同城融圈这个战略牵引

建设现代化都市圈，顺应发展规律，是时代的主旋律、发展的动力源。中江借助成都的发展环境、资源要素、渠道平台，以成德眉资同城化综合试验区为牵引，更深层次融入成都发展，变"大树底下不长草"为"大树底下好乘凉"，变"虹吸"为"磁力"，有效承接产业转移、功能分散、要素溢出，推动中江实现城市功能、位势能级整体跃升。一是着力交通同网。加大交通网络加密、互通、拓面力度，加速推进金简仁北延线、成南高速扩容等外联路网建设，提升交通网络立体化水平，打造"进则都市，退则田园"的畅达通途。二是着力产业同兴。以成德毗邻地区全方位合作为抓手，共同打造凯淮融合发展先行示范区，推进中金灯笼产业融合发展示范园、成渝现代高效特色农业带合作示范园建设，合力加快产业共链、创新共研、品牌共建、集群共造进程，不断深化产业融合成果。三是着力服务同享。持续扩大教育医疗、行政审批、社会保障等关键领域的深度合作，积极推进毗邻区域政务服务跨区通办、开展合作办学办医、组建医联体和教育联盟，力争向中江延伸更多成都优质服务，推动公共服务一体共享，提升"住在中江地界、享受成都生活"的同城感。

四、激活文旅融合这个潜在动能

文旅经济是以人为核心的综合性产业，融合度高、产业链长、覆盖面广、拉动性强。中江做好以文塑旅、以旅彰文这篇大文章，带动全域旅游发展，打造成都休闲后花园、巴蜀度假目的地，以文旅经济的繁荣发展聚人气、增活力、促消费。具体措施如下：一是多点开花打造全域旅游。统筹做好文旅规划、文化挖掘、基础完善、产品建设、品牌宣传，全力推进文旅项目优化升级，扎实推进乡村旅游"一镇一品"建设，高品质建好继光湖、挂面村、石林谷等一批标杆项目和叫得响、有市场的文旅新村，构筑布局合理、优势互补、各具特色的全域旅游矩阵。二是多线并行打造精品线路。依托中江独有的人文底蕴、特色资源、精神标识，针对不同的消费者群体，差异化打造户外运动野奢游、红色追光研学游、千年文脉传承游、民俗非遗体验游、美丽乡村休闲游等精品线路，将分散的文旅项目串点成线、连线成片，吸引更多人流到中江旅游、打卡、消费。三是多季并进打造全季热点。以节、会、展、演、创、赛等为抓手，在常态化开展文旅活动的基础上，应季开展迎春季、音乐季、露营季等特色主题活动，打造群众喜闻乐见的惠民文化活动品牌，形成"月月有活动、季季有亮点、年年有品牌"的旅游场景。

五、夯实乡村振兴这个底部支撑

中江是农业大县，在省市农业版图中肩负重要使命，中江将继续把"三农"工作作为重中之重，努力探索丘陵乡村振兴模式，加快农业农村现代化步伐，推动中江由农业大县向农业强县跨越。一是守牢底线稳定农业地位。坚决遏制耕地"非农化"、严控耕地"非粮化"、整治耕地"撂荒化"，把永久基本农田逐步建成高标准农田，大力推进丘区宜机化改造，确保粮食稳产增产，打造成都都市圈重要的"米袋子""菜篮子"。二是聚焦产业促进乡村发展。以五大"粮食+"园区为抓手，培育更多省、市级现代农业园区，发展多种形式适度规模经营，壮大优质粮油、道地中药材、中江柚等优势特色产业和农产品精深加工产业，用好"三品一标"孵化一批"金字招牌"，让一产"接二连三"、融合发展，提升含金量、附加值、竞争力。三是因地制宜推进乡村建设。深入开展乡村建设行动，坚持宜建则建、宜改则改、宜保则保，高规格建设一批带动类示范新村，大力推动农村"五网"建设，加强农村人居环境整治，推动公共设施往村覆盖、往户延伸，在保持乡村肌理、留住乡情烟火的基础上增强现代感、和美范。四是突出实效改进乡村治理。充分发挥村规民约等非正式制度的作用，鼓励公众参与乡村公共事务治理，搞好家庭家教家风等群众性评选活动，树立起"风向标"，切实提升乡村治理实效。

六、抓紧民生改善这个本质要求

我们拼经济搞建设抓发展，最终目的都是让群众过上更加幸福美好的生活。为更好地保障和改善民生、必须要树牢人民至上的价值观，持续用力、久久为功，让人民群众的生活越来越红火。一是建好基础强保障。加快推进"六高八快"对外交通项目和县乡公路提档升级，形成外联内畅的交通网络。完善城乡供水供气、能源通信、垃圾清运等基础设施，积极布局5G、现代物流等新基建，提升基础保障能力。二是千方百计促增收。保障重点群体就业，努力实现更加充分更高质量的就业，让群众的腰包鼓起来。完善社会救助体系和福利制度，扩大基本养老、工伤、医疗等保险覆盖面，加大特殊困难群体的保障和救助力度，既把"蛋糕"做大做好，又把"蛋糕"切好分好。三是用心用情优服务。高标准建设城南新区、凯州新城、县域副中心等区域中心学校，支持中江中学创建省一级示范性普通高中，让高品质教育资源突破行政边界、走进千家万户；深化医药卫生体制改革，加快县医院改扩建和仓山、辑庆、龙台等医疗卫生次中心建设，深化县域医共体建设，让高水平医疗卫生服务更智慧、更普惠、更实惠；常态化丰富开展更多有品位、接地气、喜闻乐见、寓教于乐的文体活动，提升群众获得感幸福感。

文旅争先篇

第二十章　文旅现代化理论
与实践概述

中国式现代化内涵博大精深，文旅现代化是其题中应有之义。中国式现代化建设对文化和旅游高质量发展提出了新要求、展示了新前景、带来了新机遇，将为文旅现代化发展打开广阔前景、释放巨大潜力。文旅现代化具有丰富的内涵，越来越受到各国顶层设计者的重视。在国际交流层面，文旅外交可以达到"润物细无声"的效果，有力地打破政治壁垒，促进民间交流；在国家经济发展层面，"文旅+"的提出凸显了文旅产业发展的带动性，随着其在扩内需、稳增长、增就业、减贫困、惠民生中独特作用的展现，文旅产业已成为战略型支柱产业；在文化传承层面，旅游是文化的外在表达，文化与旅游的结合能够更好地传承和弘扬中华优秀文化。

第一节　文旅现代化的基本内涵

文旅现代化是中国式现代化的重要内容之一，中国式现代化的基本特征和本质要求为新时代文旅高质量发展及其内涵的丰富指明了方向、提供了指引。总体来看，文旅现代化的基本内涵主要包括以下五个方面：

第一，文旅现代化以人口规模巨大的基本国情为现实依据。"十四五"文化和旅游发展规划提出，要深入推进大众旅游，既关注文化和旅游的丰度也注重其广度，使文化和旅游带来的精神享受惠及更多人。人口规模巨大既是优势也是挑战，这就要求文旅现代化发展需在有限资源条件的约束下，实现城乡居民生活水平、生活质量和幸福感的全面提升，以更加完善、更加便捷、更加高效的公共服务满足人民群众对美好生活的期待，以更加丰富多彩的文化和旅游体验提升民众的生活质量。

第二，文旅现代化以促进全体人民共同富裕为基本要求。文化和旅游业的发展能够带动欠发达地区的经济发展和民众致富，使不同地区、不同民族的人民都能享受到发展成果。同时，大力发展文化事业、文化产业和旅游业，能够实现广大民众生活上的富裕富足、精神上的自信自强，使共同富裕的内涵更加深刻。

第三，文旅现代化以实现物质文明和精神文明相协调为价值旨归。中国式现代化既要求物质生活水平提高、人人仓廪实衣食足，也要求精神文化生活丰富、人人知礼节明荣辱，还要求物质文明和精神文明相互协调。文旅现代化既要通过产业发展、经济带动、促进就业等方式提高人们的物质生活水平，也要持续提升个人的专业技能、文化素养和道德追求；既要通过更好地发展文化和旅游以满足城乡居民的精神文化生活需要，也要使人们通过参与文化和旅游活动知礼节明荣辱；既要实现物质富足，也要实现精神富有，物质文明和精神文明相协调是文旅现代化发展的目标所在。

第四，文旅现代化以实现人与自然和谐共生为本质要求。人与自然和谐共生赋予了文旅现代化新内涵、新特征。文旅现代化需要以"绿水青山就是金山银山"的理念推动文化和旅游的高质量发展，把握绿色生态科技革命和绿色产业变革的新机遇，突破关键性理念、技术、标准、规范等实现可持续发展。以文化和旅游发展推动形成生产进步、生活富裕、生态良好的生态文明新场景，是文旅现代化发展的本质体现。

第五，文旅现代化以走和平发展道路为根本遵循。和平的大环境是文旅发展的重要前提，文旅发展又为维护和营造和平的国际国内环境贡献出巨大力量。尚和合、谋发展是我们对待其他文明的一贯态度，与世界共创文旅发展机遇、共建文旅发展格局是中国式文旅现代化建设的基本主张，在与各国文明合作交往中促进文旅高质量发展，打造世界级文旅品牌，方能为中国式现代化建设增添助力。

第二节　我国文旅现代化的发展历程

一、文旅现代化发展的背景

文化旅游作为一种社会现象和学术研究对象的出现，可以追溯到二战后欧洲休闲旅游业的兴起。文化旅游有助于增进欧洲各个国家地区之间文化的相互理解并重建战后支离破碎的经济。20世纪80年代，中国已经有学者开始研究文化与旅游的结合。1986年，于光远在《旅游与文化》一文中提出："旅游本身就是一种文化生活。"他认为，充分重视旅游与文化的关系，是发展旅游及旅游业的一个重要指导思想[①]。1991年，旅游和休闲教育与研究协会（The Association for Tourism and Leisure Education and Research）把文化和旅游之间的联系明确地确定为一种特定的消费形式：文化旅游。其定义是：人们离开正常居住地前往文化景点，目的是收集新的信息和体验以满足他们的文化需求。当下，我国经济和国民收入不断增长，旅游业也随之蓬勃发展，旅游业对GDP的贡献逐年增加，在GDP中占有超过10%的比重，其属性从事业属性向产业属性再向文化属性逐步转变。在中国旅游研究院开展的专项调查中，超过八成受访者表示有过异地旅游的文化体验；40%以上的受访者选择前往人文旅游景点和历史文化街区参观游览；25%~30%的游客体验过博物馆、美术馆、文化馆、纪念馆、科技馆等文化休闲场所；52%的受访者认为文化消费可以提高生活品质和提升幸福感，39%的受访者认为文化已变成一种必要消费，可见文旅现代化发展已成为必然的趋势。

文化和旅游的关系源远流长，两者相互渗透、密切相关。文化使旅游的内容更为丰富，使其内涵更为深刻；旅游是文化交流的重

---

① 于光远. 旅游与文化 [J]. 瞭望周刊, 1986 (14)：35-36.

要媒介，是实现文化产业化的新途径和新手段①。随着中国文化与旅游的不断发展，二者融合发展已经成为一种趋势，政府部门也在不断推进二者的融合。2018年3月，十三届全国人大第一次会议批准了文化部和国家旅游局的合并，成立中华人民共和国文化和旅游部。中国完成了文化与旅游的政府部门合并，这是一次历史性的合并，也标志着中国文旅现代化发展开启了新篇章。文化和旅游的现代化发展不是简单的概念叠加，它包含了公共文化服务与旅游服务的融合发展、文化产业与旅游产业的融合发展、政府文化部门与旅游部门的合并以及人们对文化与旅游观念的转变。文旅现代化是一种大文化观念的体现，文旅融合扩充了文化的内容，延伸了文化的范围，形成了融合文化、艺术与旅游的新型发展模式，是中国文化旅游事业、产业发展的新阶段。

二、我国文旅融合的发展阶段

文旅现代化要求文化和旅游相互融合、共同发展，文化与旅游的深度融合亦成为文旅现代化的主要表达。文化产业与旅游产业相辅相成、相得益彰，二者的融合加快了文旅现代化进程。分析文化产业和旅游产业的相关政策文件，可以将我国文旅融合的发展总结为以下几个阶段：

（一）独立发展期（1949—1993年）

这段时间我国文化与旅游处于独立发展期。在这期间并没有政策文件提到文化与旅游的关系，文化和旅游都是单独的事业，由政府主导运作。

（二）探索融合期（1993—2009年）

这一时期，我国文化产业和旅游产业均开始从起步阶段进入经济经营型发展轨道，文化与旅游开始融合。但由于产业市场均处于初步发展阶段，各项基础设施配套尚未完善，管理体制也在不断探

---

① 鲁艳敏. 百名社长总编齐聚三门峡党报文旅宣传：做深做实做精彩［J］. 传媒，2019（17）：58.

索中。因此，两者的融合仅停留在表层，属于融合的探索期。

表 20-1　1993—2009 年文旅融合相关政策文件

时间	颁布机构	政策文件名	相关内容
1993 年 11 月	原国家旅游局	《关于积极发展国内旅游业意见的通知》	明确指出旅游发展是为了满足人们对物质和精神生活的需要，同时也是为了推动区域间的经济和文化交流
2001 年 6 月	国务院	《关于进一步加快旅游业发展的通知》	要求增强旅游产品的科技文化含量、赋予地域民族特征

注：表 20-1 根据中国政府网、中华人民共和国文化和旅游部网站整理编制。

（三）快速融合期（2009—2018 年）

随着我国经济快速增长、文化和旅游业的快速发展，从中央到地方，一系列鼓励文化和旅游发展的政策、法规陆续出台，强调旅游产品"文化+创意"的开发模式。在市场作用的驱动下，我国文化产业和旅游产业进入快速融合期。

表 20-2　2009—2018 年文旅融合相关政策文件

时间	颁布机构	政策文件名	相关内容
2009 年 8 月	原文化部、原国家旅游局	《关于促进文化与旅游结合发展的指导意见》	明确指出文化和旅游之间的关系，并提出要深入挖掘旅游纪念品的文化内涵
2009 年 12 月	国务院	《关于加快发展旅游业的意见》	要将文化内涵融入旅游业发展的各方面
2014 年 8 月	国务院	《国务院关于促进旅游业改革发展的若干意见》	突出旅游项目的品牌打造，进行文化和旅游相互结合的思路创新
2016 年 5 月	原文化部	《关于推动文化文物单位文化创意产品开发的若干意见》	努力打造具有地域特征、民族特色、文化内涵和高设计水准的旅游纪念品

表20-2（续）

时间	颁布机构	政策文件名	相关内容
2017年4月	原文化部	《文化部"十三五"时期文化产业发展规划》	支持旅游与文化产业开发，促进数字文化产业的融合发展

注：表20-2根据中国政府网、中华人民共和国文化和旅游部网站整理编制。

（四）正式融合期（2018年至今）

2018年3月，十三届全国人民代表大会投票通过了关于国务院机构改革方案的决定，批准设立中华人民共和国文化和旅游部，旅游与文化进入正式融合期。随后，相关部门出台了一系列政策促进乡村旅游、红色旅游、非遗传承等，积极利用信息化手段协助文旅行业的发展，开发新型沉浸式体验型文化及旅游消费内容。

表20-3　2018—2023年文旅融合相关政策文件

时间	颁布机构	政策文件名	相关内容
2019年8月	国务院办公厅	《关于进一步激发文化和旅游消费潜力的意见》	增加参与型、体验型文旅消费；重视发展和推广文创产品
2020年9月	文化和旅游部	《对十三届全国人大三次会议第7214号会议的答复》	促进文化、旅游与新一代信息技术相互融合，发展新一代沉浸式体验型文旅消费内容
2021年6月	文化和旅游部	《"十四五"文化和旅游发展规划》	突出旅游纪念品的品牌塑造和创新设计，提高产品的文化价值
2023年2月	文化和旅游部	《文化和旅游标准化工作管理办法》	进一步规范文化和旅游标准化工作，充分发挥标准化对文旅行业高质量发展的引领和支撑作用

注：表20-3根据中国政府网、中华人民共和国文化和旅游部网站整理编制。

综上，国家不断推动文化与旅游的融合发展，着力开展新的旅游形式，引导多领域跨界融合发展。随着消费观念的不断转变，国家对文旅市场的开发要求也越来越高，出台的相关行业标准更加细化，不断推动文旅发展融入中国式现代化发展的进程之中。

第三节　文旅现代化的发展趋势

近年来，陆续举办的多个国家级、区域级文旅博览会，堪称文旅产业发展的风向标。诸多展区在集中呈现各地文旅产业发展新成就的同时，突出展示了文旅行业的新产品、新技术、新模式，彰显文旅产业未来发展的巨大潜力，持续引领文旅产业发展新动向、新趋势。未来，文旅行业将与产业、科技等领域完美结合，更大限度地满足个性化需求，以区域联动整体带动的方式促进文旅现代化建设可持续发展。

一、产业融合，拓宽文旅发展领域

产业融合是全球经济发展的大趋势。当下，文旅与其他领域融合程度不断加深，形成了"融合创新"的发展理念，文旅与其他产业的相互融合将促进不同行业的发展进步。一是带动农村产业发展。农文旅产业发展成为未来乡村产业全链条提升的重要抓手，从主体、产业、市场、科技等方面入手，强化主体共治、产业集聚、市场配置、科技创新等，将充分发挥文旅融合赋能乡村振兴的多功能价值。通过积极挖掘与农业有关的旅游资源，发挥城市对农村的辐射带动作用，挖掘区域农文旅潜力，充分挖掘农业生态、文化、社会等功能，释放农文旅融合更大的产业潜力，从而起到助力乡村振兴的作用。二是促进体育产业提挡升级。进入新时代，群众的旅游诉求日趋个性化、多元化，传统的观光式旅游难以满足大众的新需求，而集游览、品赏、体验、度假等于一体的动态休闲体育游越来越受到大众青睐。体育与文化和旅游具有天然的联系，很多体育功能具有旅游价值，而文旅资源亦具有体育意义。未来，体育旅游产品将呈现出户外运动游蓬勃发展、新潮时尚体育旅游热度升温的良好态势，呈现出体育与文化、旅游、娱乐及数字经济深度融合的欣欣向荣之势。三是推动大健康产业发展。新冠病毒感染疫情过后，人们对生活的认知发生了改变，健康、自由的价值进一步凸显出来。康养运动游、亲子健康游、中医药康养游等将成为发展方向，需积极谋划健康绿色旅游相关产品，加速大健康产业成为推动经济繁荣的重要抓手。四是促进教育发展。在"双减"政策驱动下，未来，博物馆研学、科普研学、城市研学、运动研学、游戏研学等研学旅游市场或将迎来市场爆发期。

二、科技赋能，增强文旅技术支撑

近年来，5G、云计算、大数据、人工智能等新一代信息技术的发展，为破解文旅管理、服务及营销等方面的痛点难点问题提供了有效方案。文化旅游与科技治理的加速融合，促使信息化和数字化成为文旅创新的重要引擎。一方面，"文旅+科技"能够扩大消费空间。以数字化内容为核心的文旅信息化产品，正在推动旅游业线上线下一体化发展。新技术不但为消费者丰富了多维立体的场景体验，而且令文旅产业的空间运营价值更趋多元。另一方面，科技赋能文旅能够提升文化竞争力。随着生活水平的提高，人们追求更高层次的文化消费日渐成为趋势。文旅与科技的深度融合，势必加快"以文塑旅，以旅彰文"的进程。通过此路径，文旅资源将被活化利用，文化 IP 推陈出新，文旅产品内涵更加丰富，区域文化竞争力将更加强劲。当下，文旅现代化发展机遇与挑战并存，而科技为文旅发展提供了一把金钥匙，"科技+文旅"的组合将成为文旅现代化发展的必然趋势。

三、个性化彰显，促进文旅消费提质升级

当下，旅游市场的一系列新需求和新供给正在形成。康养旅游、近郊旅游、亲子旅游、自驾旅游等旅游消费新业态快速扩张，旅行个性化将不断增长，定制化旅游需求日益增多。在大众旅游新阶段，旅游消费升级愈发明显。"文旅+"得到进一步发展，文旅业

与其他产业跨界融合，能够更好地满足游客的文化旅游消费需求，这一趋势也为行业的转型升级按下了"快进键"。新时代的旅游，将面临旅游需求个性彰显、组织方式日渐离散、产业供给更加多元的全新挑战，个性化的定制将迎来更多需求。文旅业界更加注重游客感受、精品打造和需求体验，以刺激文旅消费推动文旅产业加快复苏发展、促进文旅产业高质量平稳发展。文旅产品结合文旅消费需求更趋品质化、多元化和主题化，将积极打造更有温度、有品质、有创意的假日文旅消费新产品、新场景。

四、区域联动，推动文旅产业可持续发展

一方面，以城市群为代表的区域文旅将成为未来文旅发展的主要呈现形式。文旅现代化发展，离不开经济社会发展的支撑。从当前我国的新型城镇化战略来看，以京津冀、长三角、粤港澳大湾区、成渝和长江中游城市群为代表的 5 大城市群，以及以北上广深为代表的 9 大国家中心城市，将成为文化和旅游发展的高地，也是未来国家文旅融合发展的先行区和示范区。在这方面，北京走出了以故宫文创、798 艺术区为代表的文旅创意化发展模式，上海走出了以迪士尼、国际艺术节为代表的文旅国际化发展模式，广州—深圳走出了以华侨城、长隆为代表的文旅科技化发展模式，江浙地区走出了以灵山大佛、乌镇为代表的文旅精品化发展模式，成渝地区走出了以宽窄巷、春熙路为代表的文旅生活化发展模式。未来，这些地区的文旅发展优势将进一步彰显。

另一方面，区域联动将成为未来文旅发展的重要特征。文化和旅游部印发的《"十四五"文化和旅游发展规划》强调推进区域文旅协调发展，而文旅的区域协调包含多方面的内容。比如，当地文旅品牌要加强合作，既包括品牌与品牌之间的合作，也包括区域与区域之间的合作，以及品牌与地方政府、文旅团体的合作。同一区域的旅游品牌能够以强带弱，以共性为基石、特性为辅助，统一品牌、统一规划、统一形象、统一营销、统一基础设施服务等，推进区域协调发展，共同致富。区域联动过程中，各地通过签署旅游合

作区共建协议，发挥各自优势共同开发旅游精品线路，共享旅游产品和市场，互推互销，共同打造旅游品牌和全国性的旅游目的地，在高质量发展新动能方面开展有效探索。在相关政策以及社会环境的共同驱动下，文旅区域联动、协调发展是大势所趋，文旅发展离不开区域协作的支持。未来，区域联动将成为推动文旅现代化发展的强力支撑。

第二十一章　德阳市文旅现代化
实践的目标定位

当前旅游市场竞争日趋激烈，目的地产品同质化现象凸显，旅游者对目的地体验的要求越来越高，精准"定位"争取目标客源，赢得旅游者青睐是德阳市实施文旅现代化建设的必要之举。

第一节　定位理论分析

20 世纪 60 年代末，美国著名营销专家艾尔·里斯（Al Ries）与杰克·特劳特（Jack Trout）提出"定位理论"，认为"定位是指要针对潜在顾客的心理采取行动，即要将产品在潜在顾客的心目中确定一个适当的位置"。在世界上享有"目的地博士"雅称的著名旅游咨询专家斯坦利·帕洛格（Sanley Plog）进一步指出，所谓定位（rositioning），"就是识别和确定某一产品或服务的重要品质，以便能够以有意义的方式向消费者展现其有别于竞争产品或服务的特色（内含利益）"①。

从中可见，精准定位不仅要对该目的地的旅游资源状况进行分析，而且要把握该目的地与竞争目的地相比较而言的独特定位。其中，旅游地的独特资源、目标旅游消费者以及竞争目的地状况都是进行精准定位需要考虑的重要因素。

第一，独特资源。在旅游目的地定位中，最关键的是要认真分

---

① 帕洛格. 旅游市场营销实论［M］. 李天元，等译. 天津：南开大学出版社，2007：192.

析该地旅游产品有哪些独特之处，有哪些不可替代之处，而不是简单地罗列该地有哪些旅游产品。原因在于，其一，现代旅游者出游经验越来越丰富，对旅游目的地的要求也越来越高；其二，当前大多数旅游目的地存在同质化现象，人们在考虑旅游或度假时，通常都会从一大批同类旅游目的地中进行选择。在旅游者的心目中，很多旅游目的地都可以互相替换，旅游者所寻求的是辽阔的海滩、宁静的森林或者是古老的城市，至于是何处的这种海滩、森林或城市，对于旅游者来说已变得相对不重要①。因此，一个旅游目的地要从众多的同质旅游目的地中脱颖而出，必须精准分析本地的独特旅游资源，找到自身的独特卖点。例如，都江堰的旅游地形象定位为"拜水都江堰，问道青城山"就是以其自身无可复制的资源，让该旅游地在潜在游客心中有着不可替代的地位，增强了游客的好奇心和旅游欲。

第二，目标旅游消费者。目标旅游消费者的需求是旅游目的地定位必须要考虑的因素。里斯和特劳特认为，定位始于产品，但并不是对产品本身做什么，而是要对预期客户的需求进行预判。也就是说要在预期客户的"心智阶梯"上突出某个特性，确保产品在预期客户头脑里占据一个真正有价值的地位，获得潜在顾客的心理认同。由于旅游者在职业、社会地位、消费习惯、性别、年龄、地域文化、旅游偏好等方面存在差异，旅游需求在目的地选择、旅游方式和类型等方面必然存在差异。旅游目的地最有效的定位，就是要通过对目标旅游消费者进行全面分析，把自身的产品特色和客源市场的需求无缝对接，做到"投其所好"，这样才能获得他们的青睐。

第三，竞争目的地状况。竞争对手也是旅游目的地定位需要考虑的重要因素之一。里斯和特劳特认为：营销者应该从"差异"而非"优点"的角度思考问题，对于旅游目的地而言，则意味着应该基于差异化而非优点进行定位。特别是当下，许多旅游目的地之间

---

① COHEN E. Toward a sociology of international tourism [J]. Social research, 1972 (39)：172.

的资源高度雷同，不同旅游目的地之间存在着两种关系：互补关系和替代关系。如果两个旅游目的地的资源各有特色、风格迥异，则能优势互补，相互成就。但如果两个旅游目的地的旅游资源类型相同或相似，则容易产生替代，从而呈现竞争态势。因此，在旅游目的地定位时应仔细分析旅游目的地和周边竞争者的资源关系，争取以不同的形象来达到竞争取胜的目的。

第二节　德阳文旅目标定位分析

德阳市位于成都平原东北部，毗邻省会成都，位于丝绸之路经济带和长江经济带的交会处、叠合点，是建设成渝地区双城经济圈的重要支点城市之一，文化和旅游资源极其丰富。德阳市《关于推进文旅争先战略的实施意见》将德阳的旅游形象定位为"世界三星堆、天府后花园"，目标是"一城一园一地"。一城：古蜀文化名城；一园：天府后花园；一地：成渝研学旅行高地。"世界三星堆、天府后花园"和"一城一园一地"一体两面、互为表里，共同演绎出德阳独特的文旅禀赋和吸引力。

一、"古蜀文化名城"丰富的文化资源

（一）以三星堆为代表的"古蜀文化"

"天府三九大、安逸走四川"[①]，三星堆是四川文化旅游的第一张名片，也是德阳文化旅游的第一张名片。"沉睡数千年，一醒惊天下"的三星堆遗址被誉为 20 世纪人类最伟大的考古发现之一和长江中上游地区中华古代文明的杰出代表。作为西南地区范围最

---

① 2019 年 4 月 15 日上午，四川省文化和旅游厅召开新闻发布会，宣布四川省文化和旅游新版宣传口号，新口号为"天府三九大，安逸走四川"。同时，会上还发布了以"天府三九大，安逸走四川"为主题的四川文化旅游宣传片。

新口号包含了四川特色文化和旅游资源。其中，"三"指三星堆，"九"指九寨沟，"大"指大熊猫。

大、延续时间最长、文化内涵最丰富的古城、古国、古蜀文化遗址，它蕴含着古蜀王国的辉煌历史、先民社会的盛大祭祀、早期科技的惊世杰作、中外文化的交流融合、长江文明的一脉相承、南方丝路的变迁轨迹，具有极高的历史价值、科学价值、艺术价值、学术价值和开发价值，是德阳、四川，乃至全国一张闪耀夺目的文化名片，被誉为"世界奇迹""中国面子""外交使者""国家宝藏"。三星堆曾于2013年、2022年两次被列入"中华文明探源工程"。它有力地证明了在黄河流域文明、长江中下游文明之外，还存在着一个与中原夏商文明有着紧密联系的璀璨夺目的古蜀文明；它昭示了长江流域与黄河流域一样，同属中华文明的母体，因此被誉为"长江文明之源"；它实证了中华文明的多元一体，实证了"中华文明五千年"是史实而非传说。

（二）以三国遗踪为代表的"蜀汉文化"

德阳属于三国时期蜀汉腹心地带，是三国文化的重要承载地，辖区内三国文化遗存相对集中，共有23处。三国遗址有古雒城遗址、庞统祠墓、白马关落凤坡、诸葛双忠祠、邓艾坟、秦宓墓、张任墓、金雁桥等；三国人物包括董扶、任安、张肃、庞统、张任、秦宓、马谡、邓芝、蒋琬、诸葛瞻父子等；三国传说有庞统换马、魂壮绵竹关、金带桥与射箭台、诸葛井、孔明张飞会中江等；三国吟唱和著名楹联更是数量众多。"三国文化"的显著特点就是把儒家文化与兵家文化高度结合，倡导既要有坚定不移的忠君报国的政治理想，符合"仁、义、礼、智、信"的道德品质修养，又要有能应对残酷竞争、应对战乱的良好的专业本领。蜀道五关之一的白马关内的庞统祠，不断有人凭吊，原因就在于此。

（三）以一门三孝为代表的"德孝文化"

孝文化是中华文明的重要组成部分，"百善孝为先""夫孝，天之经也。地之义也，民之行也"，孝，作为中华伦理道德的根基，早已植入中国百姓内心深处。

中国"二十四孝"之一的"天下第一孝"东汉大孝子姜诗的故里便在旌阳区孝泉镇。历经2 000多年传承与弘扬，"德孝文化"已成为这座被历史与文化浸润的川西古镇的灵魂。如今，德孝不仅体现在每年都要开展的"孝子孝媳孝星""好公公好婆婆"等评选活动中，而且体现在每年都要定期举办的孝文化旅游周中。上九会、城隍出巡、感天大孝祭、放河灯、打清醮、漂乡、讲圣谕等民俗文化活动，将德孝文化以老百姓喜闻乐见的形式进一步传承开来。

德配天地、道冠古今。以"一门三孝"著称的孝泉，传承着"孝老爱亲、友好睦邻"的家庭美德。而以全国第三大孔庙为代表的儒家圣殿——文庙，则昭示着"仁礼智信、忠义廉耻"的社会公德。四川德阳文庙是中国西部地区保存完整、规模宏大、具有浓郁地方特色的文庙，素有"德阳文庙甲四川"之称，规模仅次于山东曲阜孔庙，居全国第二，为四川之首，是首批"中华优秀传统文化教育实践基地"。1990 年以后，德阳文庙按照清代格局和礼制恢复了祭孔乐舞表演，每年都举办祭孔、成人礼、开笔礼等传统活动。此外，古籍诵读、国学讲座、传统京剧演出等，传承和弘扬传统文化，吸引了众多市民和游客。如今的德阳文庙不仅是旅游胜地，而且是开展国学教育、传统文化的重要载体。

（四）以三线建设为代表的"主流价值文化"

德阳因工业立市，早在中华人民共和国成立之初第一次工业布局时，德阳这个仅 1.8 万人、建成区 1.5 平方千米的农业小县城就成为全国工业建设重点县。20 世纪 50 年代，国家先后建成了中国第二重型机械厂、东方电机厂和东方汽轮机厂等一大批关系国家命脉的国有大型骨干企业，构造出以德阳为中心，同哈尔滨、上海相媲美的三线最大的重型机械工业体系。三线建设时期，齐聚德阳的三线建设者们远离家乡，把青春和热血献给德阳，战胜重重困难，发挥工匠精神，研制生产了一大批"国之重器"。如今的德阳制造更是享誉中外，是中国重大技术装备制造业基地和全国三大动力设备制造基地之一。三线建设文化蕴涵的"听党指挥献身祖国的爱国主义精神、筚路蓝缕以启山林的艰苦创业精神、自强不息追求卓越的产业报国精神、五湖四海情同手足的团结友爱精神"，正是德阳迈步新征程得天独厚的优势和别无二致的底蕴。

（五）以三苏三李为代表的"名人历史文化"

德阳自古及今，人杰地灵，代有才俊，名士辈出。早在眉山
"三苏"出川成名之前，"铜山三苏"便以文才和书作名扬天下。
"铜山三苏"即苏易简、苏舜钦、苏舜元，三人为祖孙，《宋史》对
他们的事迹都有记载，《中国文学大词典》中也有专门条目介绍。
苏易简，是北宋时期四川第一个状元，著作有《续翰林志》及《文
房四宝》。宋太宗曾赐诗苏易简："少年盛世兮为词臣，往古来今兮
有几人。"苏舜钦是北宋古文革新运动的先驱，与诗人梅尧臣并称
"苏梅"，在文学上"挽西昆之颓波，导欧苏之前驱"。苏舜钦在北
宋政坛也是独树一帜，"敢道人之所难言"。苏舜元为人重气节、善
草书，著有《才翁集》一部。苏东坡曾盛赞苏舜元的草书："才翁
草书真迹，当为历世之宝。"

"三李"则是指李调元和其从弟李鼎元、李骥元。"一门三进
士，父子两翰林"说的就是李调元一家。李调元，清代著名文学
家、诗人、剧作家、藏书家，字美堂，号雨村，罗江人，后世称之
为"川剧之父、川菜之父"；著有《童山全集》《童山诗集》《曲话》
《剧话》等；编辑刊综合性丛书《函海》共三十集。

（六）以三品为代表的"民俗民间文化"

德阳有三种独特的文化：品烟、品酒、品画。来到德阳，要品
味生命的味道，离不开长城雪茄、剑南春和绵竹年画。

什邡是中国雪茄的发源地、中国最大的雪茄生产基地。2007
年，什邡被批准为"中国雪茄之乡"。长城雪茄荣获大马士革金奖、
巴拿马银奖，并被定为国礼，跻身世界三大名牌雪茄烟行列。

绵竹是剑南春酒的产地，酿酒历史已有三四千年。"唐时宫廷
酒，盛世剑南春"。剑南春"天益老号"酒坊，始于南齐时期，是
国内历史最为久远、保存最完整、仍在使用的活文物原址，举世罕
见。作为传承至今的盛唐宫廷御酒，剑南春品牌被中国商务部认定
为"中华老字号"，剑南春酒传统酿造技艺被原文化部认定为国家
级非物质文化遗产。

绵竹年画又称绵竹木版年画，多以木版印出轮廓而后填色，与

天津杨柳青年画、山东潍坊杨家埠木版年画、苏州桃花坞木版年画并称为中国四大年画。2006 年 5 月，绵竹木版年画被国务院列入首批"国家级非物质文化遗产"。

德阳独特的文化旅游资源，展现出德阳文化是大文化、根文化的特质。这种文化特质，正是德阳建设"世界三星堆"和"古蜀文化名城"的坚实基础，是德阳大力发展文旅产业的核心竞争力和持久生命力所在。

二、"天府后花园"的丰富内涵

"天府后花园"体现了德阳的目标旅游消费者和竞争目的地的状况。德阳作为不沿边、不靠海、不临江的内陆地级市，单打独斗是没有出路的，必须抱团发展。成德眉资同城化进入国家战略为德阳借力借势发展提供了契机。推进成德眉资文旅同城化发展，是"打造现代成都都市圈"，构建"区域协同发展利益共同体"和"打造有机融合的区域经济共同体"的"先手棋""轻骑兵""生力军"，而以"大成都"为核心的环成都文旅经济带建设，是同城化率先突破最有基础、最受青睐、最容易实现的方式。德阳紧邻成都，与成都山水相连，文化同根，历史同源。这是德阳触手可及的最大旅游客源地，是绵阳、宜宾等地难以比拟的巨大优势。随着成德眉资同城化的深入推进，产业、交通、公共服务同城化不断取得进展，两地交流合作还将更加深入。如今，以短时间、近距离、高频次为特点的都市圈周边"微度假"，已成为文化旅游业的"中坚力量"。德阳深入分析成都的文化气质，建设相应的"天府后花园"，将"后花园"和成都融为一体，吸引成都 2 100 万人民到德阳休闲度假，这既是德阳背靠大成都，赢得更大功能价值空间的明智选择，也是构建"环成都都市文旅产业带"，迎接近郊休闲游新高潮的现实需要。

三、成渝研学旅行高地的实践路径

成渝研学旅行高地是德阳文旅发展追求的目标所在。当前研学市场刚刚开启，全国各地基本都处在同一起跑线上，充分用好政策红利，讲好德阳故事，是德阳研学产业发展的吸引力所在。

（一）政策撬动研学市场

从 2013 年起，国家相继推出一系列事关研学的政策规定，从《国民旅游休闲纲要（2013—2020）》到《教育部等 11 部门关于推进中小学研学旅行的意见》《中小学综合实践活动课程指导纲要》，再到《关于全面加强新时代大中小学劳动教育的意见》，这为研学旅行提供了可持续发展的政策支撑，必然撬动一个庞大的刚需市场。研学，事关孩子的眼界和见识。中国家长是最重视教育的家长，让所有的孩子都参与到研学中去，是未来不可阻挡的趋势。

（二）文旅扛起研学大旗

大力发展研学旅行，不仅可以持续稳定壮大旅游市场，扩大国内消费，而且顺应短途游、近郊游、健康游、家庭游、网络游等消费新变化新趋势，从而使研学旅行成为"上下同欲"的选择，"老少咸宜"的消费，德阳文旅产业理所当然要青睐这块"蛋糕"，扛起这面大旗。

（三）故事开启研学之旅

研学旅行，关键是要讲好故事。有故事、讲好故事，是发展研学旅行的基础和前提。而德阳就是这样一个有故事、有底蕴、有魅力的地方。德阳要讲好蜀汉故事，告诉世界，这里是"古蜀王国、蜀都门户"，在德阳，可以探寻文明之源；讲好德孝故事，告诉世界，这里是"德孝之乡、厚德之地"，在德阳，可以涵养立身之本；讲好三线故事，告诉世界：这里是"大国娇子、工业脊梁"，在德阳，可以追逐强国之梦；讲好名人故事，告诉世界，这里是"英雄故土、集贤之域"，在德阳，可以砥砺奋斗之志；讲好非遗故事，告诉世界，这里是"天府之国、人文沃壤"，在德阳，可以体验人文之美；讲好抗震故事，告诉世界，这里是"涅槃之境、奋进之都"，在德阳，可以激发家国之爱；讲好航空故事，告诉世界，这里是"航空重镇、飞翔之城"，在德阳，可以畅享腾飞之姿；讲好熊猫故事，告诉世界，这里是"熊猫乐园、生态典范"，在德阳，可以领悟和美之道。

第二十二章 打造文旅精品

德阳从实际出发，围绕"一城、两地、三区"的总体目标，制定了《德阳市国民经济和社会发展第十四个五年规划和二〇三五年远景目标纲要》，以满足市场、群众需求为导向，建立各领域、多方位、全链条深度融合发展路径，旨在充分释放文旅经济活力，提高文旅融合竞争力，形成全域旅游发展布局，实现文化的有效传承、百姓生活质量的提升以及经济的全面发展。

第一节 打造文旅精品的基本情况

德阳拥有丰富的历史文化积淀，三星堆遗址、绵竹年画、德阳文庙、德孝文化、绵竹年画、三国文化、禅宗文化等均有一定的知名度和影响力。通过充分发掘利用本身优势文旅资源，积极探索提高文旅核心竞争力，打造文旅精品品牌，引领德阳文旅产业发展，扩大德阳文旅的影响力。

一、推动"文旅+"产业融合

（一）"文旅+第一产业"推动乡村振兴

具体措施如下：一是积极推动旅游与农业融合。依托广汉连山镇松林桃产业，开发以休闲观光为主的乡村旅游。依托旌阳和新镇长寿村迷迭香产业，打造集种植、加工、体验于一体的现代休闲农业产业园区。依托罗江"8090"后农场、贵妃枣，什邡雪茄烟草，中江白芍等，打造特色产业基地与体验型农庄，发展一批特色鲜明的农旅融合示范园区。依托龙门山、龙泉山丰富的生态林业资源，大力发展森林康养旅游、森林人家、高端野奢度假综合体等。二是大力推进文旅特色村镇建设。加快建设 150 千米环都市休闲农业内环线，建设中国雪茄小镇等一批特色农旅小镇。活化乡村文化，建设三星堆镇、孝德镇、孝泉镇等以文化资源为主的特色文旅小镇。深入挖掘村镇非遗资源，加强对重要农业文化遗产的传承和利用，打造中江挂面村、什邡红豆村等一批特色文旅村落。

（二）"文旅+第二产业"创建工业旅游示范城市

具体措施如下：一是做好工业旅游顶层设计。德阳市对工业资源进行可行性研究和开发评估后，形成《德阳市工业旅游发展专项规划》，健全工业资源利用相关制度，联动各部门组建工业旅游专项管理小组，推动工业旅游开发。二是做精现代工业科技旅游。德阳市鼓励剑南春、中国雪茄、什邡老坛酸菜等一批有条件的现代工业企业，打造工业旅游示范基地；依托企业资源开发工业观光、科普、体验、研学等旅游项目，创新开发工业旅游商品，以文旅提升工业附加价值。三是创新发展工业遗产旅游。通过打造工业博物馆群落，打造一批工业创意产业园区等路径，为工业旅游注入新的活力。四是大力支持旅游装备制造发展，重点创建航空旅游装备本土制造示范点（基地）。五是发展旅游商品设计和制造，引进一批文创设计和制造企业，加快推进文创产品研发设计和加工制造。壮大绵竹年画、什邡长城雪茄、中江挂面、绵竹剑南春等特色文化旅游商品品牌，培育老字号企业，打造一批名优特产。

（三）"文旅+第三产业"构建新型支柱服务产业

具体措施如下：一是推动旅游与交通融合，通过建设特色景观廊道，发展航空主题旅游等，形成一条特色景观廊道和空中游览线路。二是打造商贸文化旅游，积极发展美食旅游，深入推动夜间经济发展。通过完善剑南老街、文庙新天地等一批街区的配套设施，丰富文旅商贸业态，推动文旅与餐饮深度嵌合。三是探索体育旅游品牌化，通过推动文旅体融合发展、创建一批体育旅游示范基地等方式，推动体育竞赛表演、健身休闲与旅游活动的融合发展。

二、推动文旅精品线路建设

为进一步推动文旅产业高质量发展，德阳坚持以品牌创建为核心，积极与周边省、市、区域展开深度合作，共同策划和打造具有鲜明区域特色、互补性强且差异性显著的旅游名品。一方面，聚焦"两汉三国、秦蜀古道""大九环线"以及"成德遂渝"三大旅游黄金走廊建设，构建具有强大吸引力的旅游网络。另一方面，积极构建品牌主题线路，精心策划五大旅游主题。一是深化"大遗址"主题旅游线路，深入挖掘和传承历史文化，激活文博文创经济，让游客在领略历史韵味的同时，体验现代文创的魅力。二是精心打造"大熊猫"主题旅游线路，利用德阳独特的生态资源，做强民宿康养经济，为游客提供与自然和谐共处的休闲体验。三是积极融入"大灌区"品牌线路建设，发挥德阳市农业优势，做精假日休闲经济，打造乡村旅游新亮点。四是全力打造"大蜀道"主题旅游线路，依托蜀道文化的独特魅力，做优户外运动经济，为游客提供丰富多彩的户外运动体验。五是有效串联"大九寨"旅游线路，强化区域旅游合作，做牢环线链条经济，形成旅游资源共享、优势互补的良好局面。此外，德阳充分发挥引领示范作用，加大政策扶持和资金投入力度，促进全领域、全行业、全要素的文旅深度融合，提升文旅市场的供给力、产业竞争力，为全市经济社会高质量发展注入了新动能，也为广大游客提供了更加丰富、多元的旅游选择。

三、推动文旅名牌创建

推动文旅名牌创建是深植于市场需求、资源特色、产业融合以及可持续发展的多维考量，是提升德阳文旅知名度和美誉度的关键之举，同时也是拉动经济增长、扩大就业机会以及促进文化传承与创新的重要驱动力。

（一）创建天府旅游名牌

品牌的力量不仅在于其响亮的名字，而且在于其背后深厚的文化底蕴和持续的创新动力。德阳以其丰富的历史文化遗产、独特的自然景观和深厚的民间文化底蕴，为创建天府旅游名牌提供了得天独厚的条件。一是加大对旅游品牌创建的支持力度，创建国家级全域旅游示范区、国家级旅游度假区、5A级旅游景区等，推动文旅规范化、特色化、精细化发展。二是深入挖掘德阳的文化内涵，通过创建天府旅游名县、天府旅游名镇、名村、名宿、名导、名品、名食等方式，提高文旅知名度和美誉度。

（二）创建文旅新业态品牌

德阳始终秉持创新与融合的价值理念，积极探索多元化的发展路径，致力于创建具有鲜明特色和独特魅力的文旅新业态品牌。一是推进文化旅游产业与相关产业深度融合，打造一批文旅新业态产品。整合市内的"三线建设"旧址和现代工业资源，创建国家级、省级工业旅游示范基地。二是利用白马关、九龙山、蓥华山、清平、麓堂等运动、康养基地，打造体育旅游示范基地及康养度假区。三是深挖古蜀文化、红色文化等文化资源，建成青少年研学基地。四是充分利用各区（市、县）所承载的多元化文化历史街区、商贸街区等打造省级以上旅游休闲街区，通过打造夜间灯光秀、文旅演艺节目等，点亮"夜食""夜赏""夜娱""夜游"等高品质夜间消费场景，形成夜间经济集聚区和示范点。

第二节　打造文旅精品的主要困境

虽然德阳在成德文旅同城、文旅融合、打造文旅品牌发展方面取得不小进步，但文旅品牌的竞争力依然有些差强人意。作为旅游目的地，德阳参与旅游市场竞争的人力、资本、土地、技术、管理、设施等投入要素参差不齐，匹配游客多层次需求、增进居民福祉的能力有限等问题依然存在。如何克服惯性思维，提升德阳市文旅品牌竞争力，亟须进一步统筹协调。

一、资源价值转化困境

德阳资源禀赋相对突出，拥有厚重的人文历史文化、民俗文化、宗教文化、娱乐休闲文化等丰富文旅资源。然而，资源价值转化并不理想，存在文化资源活化利用不够、工业资源开发潜力尚未释放等问题。这导致德阳国家级以上文旅品牌不多，旅游产品大部分仍以观光为主导，体验与度假型产品体系尚不完善；景区标准化、精细化打造不够，服务质量水平不高；本土培育和引进的文创团队不多，文创产业增加值占比较低。以三星堆文创为例，虽然其在近些年得到诸多关注，但相比于故宫博物院等知名博物馆，其文创市场占有率仍然较低。此外，旅游市场主体发育不充分，缺少高级别旅游行业组织和文旅龙头企业，对文旅的提升带动能力不够，平台作用发挥不充分。因此，如何实现优势资源的价值转化，是亟待解决的一大难题。

二、开发同质化困境

差异性和特色性是文旅开发的核心竞争力，同质化困境会直接决定德阳文旅融合发展成败。一是受制于专业化的旅游人才队伍建设不足、创新成本高等因素，德阳市难以形成差异化的创新发展思维，极易在有限的客源市场中抢夺资源，走上投入少产出低的发展路径。二是缺乏高品位的、独特的，乃至于世界级的旅游资源，目前尚无一个5A级旅游景区。且旅游产业链条短，各类资源具有小而散的特性，与周边省、市的文旅资源有较大的同质性，难以对游客形成不可替代的吸引力。旅游消费集中表现为"门票经济""观光经济""一日游"等短途旅游活动较为盛行，过夜游客很少。三是缺乏显著差异化的目标功能定位，各种文化元素的叠加堆砌难以让游客形成主题鲜明的直观感受。加之推广模式相对单一，简单化的文旅商品或"文化景观"难以满足游客多元化的价值需求，容易形成审美疲劳。如何去同质化，走创新创意之路是德阳市需要解决的关键问题。

三、应对风险能力困境

首先，德阳目前欠缺成熟的顶层设计和实施路径，无论是文旅融合发展，还是旅游目的地建设，规划布局、人才、土地、税收、金融、法制等方面的文旅产业政策与文旅产业战略契合度不高，难以指导成德文旅深度融合发展，也难以指导德阳市全域旅游建设。其次，由于资金保障不足，德阳在文旅产业投入上没有实现与财政同步增长，用于文化产业的经费占比较低。近年来德阳用于文旅产业发展的专项资金占比不到30%。对标其他知名旅游城市，德阳现有公共服务水平仍有较大差距，文旅设施还存在建设水平参差不齐、空间布局不平衡等问题，这导致文旅综合服务功能不强，"吃、住、行、游、购、娱"等综合配套服务能力不足。因此，在面对公共卫生事件、自然生态环境恶化、文旅政策不连续、资本支撑后劲不足等外部冲击时，德阳抵御风险的能力不足。

四、虹吸效应困境

地方经济发展极易产生虹吸效应，核心城市、中心城市、大城市等具有优势地位的城市，能够将周边城市、中小城市和小城镇的资源要素（人才、投资、人口、信息等）吸引过来，对地方经济发展形成显著影响，容易造成"大树底下不长草"的困境。首先，成都作为中心城市，对周边城市虹吸和溢出效应同时存在，但就目前来看，成德两地还处于竞相发展阶段，虹吸效应大于溢出效应。2019 年成都经济总量达 1.7 万亿元，是德阳的 7.4 倍。成都每两年举办一次中国（成都）国际非物质文化遗产节，德阳却难以争取到举办分会场的机会。成都锦江区三圣乡 2019 年接待游客近 1 200 万人次，是德阳年画村的 10 倍。目前，成都在产业、项目、文创、旅游等方面虹吸效应仍较大。其次，成都都市圈层的各城市都在进行资源、资金、项目、人才等抢夺大战，如眉山实施"全球招商"，近三年累计引进乐高乐园旅游文化区等高端优质项目 313 个，总投资超 8 700 亿元，而德阳在引进重大项目方面还有较大差距。

第三节　提升文旅品牌竞争力的优化路径

一、优化资源配置，提高价值转化率

受区位条件、自然条件、经济水平、社会政治、文化环境等因素影响，德阳文旅资源具有多而零散、小而不精等诸多特点。基于此，一是要加大本土特色资源的发掘、整理力度，详细了解各点位特色优势及缺陷，进而制定符合本土特点的特色农旅路线、红色旅游路线、亲子研学路线、传统文化旅游路线等，形成资源的高效配置，将本地资源禀赋转变为产业发展财富，推动文旅产业蓬勃发

展。二是充分调动政府、企业、行业协会、游客等多个市场主体的角色能动性，建立"合作共建、人员互动、资源共享"的"服务共同体"意识，从资源开发、运营、营销、整合等多个角度促进文化和旅游的深度融合，形成完整的文旅产业体系。同时，引进高品质的文创团队，培育高级别的文旅龙头企业和行业组织，推动文旅资源有效转化为经济资本。三是抓住游客的心理需求和期待，以文旅为桥，开展各种特色鲜明、内容丰富、形式多样的配套活动，让游客在高质量的文旅体验中培育家国情怀，提供高质量的精神文化食粮。

二、激发创新创意，增强文旅吸引力

纵观文旅产业发达城市的成功案例，不难看出：旅游与文化融合程度越高，旅游产品就越精致；旅游体验感越强，旅游吸引力就越大。德阳文旅市场吸引力不足、游客停留时间短、消费空间小等问题的实质是创新性不足。因此注重项目的创新性，实施产业开发的差异性、科技性和主体性，才能充分解决产业链纵向延伸不充分的问题。一是要注重"招商"创新。打破传统的招"企业"、引"资本"等固化观念，举办具有区域影响力的文化旅游节庆活动、赛事、展会、博览会等进行招商引资。二是注重产品创新。加快重点文化元素的"解码""用码"，加强行业合作和产品研发，立足自身优势，打造核心吸引物，形成具有本地特色、实用性强、更具市场竞争力的文旅产品。三是注重营销创新。顺应数字化、网络化、智能化的时代发展趋势，加快线上文旅平台建设，采取"5G+博物馆"发展策略，联合融媒体平台，通过 VR 技术、投影技术等推出数字博物馆，游客通过微信公众号和官网，观看文旅活动、知识展览等。同时加快在线文旅居家消费产品开发，联合 OTA 平台、新媒体平台、旅游达人等进行公共文化产品、文创产品等的开发销售，推动游客实现线下文旅消费向线上文旅消费转移。通过一系列的创新举措，提升德阳在成渝双城经济圈的影响力和竞争力。

三、提高站位布局，增强风险应对能力

文旅融合的核心是以文化为主线、以旅游为载体，通过不断打破产业边界、技术边界、市场边界等，加强多部门的协作联动，构

建价值共同体、服务共同体、空间共同体、产业共同体，增强跨界融合的经济韧性，最终形成文旅融合发展共同体，从而妥善应对"黑天鹅""灰犀牛"式的未知风险，实现文旅经济长期可持续发展。一是要提高政治站位，聚焦目标定位，认真谋划开篇布局。根据本土资源禀赋、文化软实力等因素，通过高质量规划文旅体发展空间、重大产业、重大项目，明确文旅融合发展主方向，构建文旅主体矩阵，促进各文旅主体在价值形态、价值空间与价值体系等方面形成文旅融合价值共同体。二是提高文旅产业经费投入，加强基础公共文化设施建设，合理配置运动健身、文化展陈、数字体验等室内外空间功能，打造空间布局合理、综合服务能力强、辨识度鲜明的复合型公共文化空间，形成文旅融合服务共同体。三是提高文旅产业政策与当地战略实施的契合度，通过健全一揽子扶持政策，完善文旅融合发展生态体系，如：机制保障、政策保障、人才保障等，加大对重点文旅企业和项目的支持力度，营造良好的人才环境，建设一支德才兼备、锐意创新、结构合理、规模宏大的文旅产业人才队伍，从而提高企业自身抵御风险的能力。

四、注重品牌建设，放大溢出效应

Hirschman 的"不平衡增长"理论认为要减少"虹吸"对经济发展不平衡的影响，可以利用"虹吸"通过优势产业优先发展一些主导产业，然后带动整体经济的发展。一是打造品牌线路，紧扣大熊猫、古蜀文化、三线建设、三国文化、冰雪温泉等特色文旅资源，加强与成都的旅游线路联合，着力打造熊猫故乡之旅、古蜀文化之旅、非遗文博之旅、冰雪温泉之旅等品质高端、体验独特、特色鲜明的精品线路和旅游产品，共推旅游"大品牌线路"。二是举办品牌活动，扎实做好川菜川剧国际文化周、"美丽德阳·魅力乡镇"大型乡村文化旅游品牌竞演活动、中国罗江诗歌节等品牌活动，高规格策划并举办巴蜀文明对话大会、巴蜀文化嘉年华、三星堆金色面具狂欢节、白马关三国文化暨国际户外大赛等具有竞争力的文旅品牌推广活动。三是打造品牌演艺，整合资源，引进实力强的投资商以及国际知名创作团队，打造以"古蜀秘境，三国传奇""三苏三李"等为主题的大型文旅驻场演艺，在成德两地大剧院专场演出。

第二十三章　推进文旅消费提质扩容

党的二十大报告指出："着力扩大内需，增强消费对经济发展的基础性作用和投资对优化供给结构的关键作用。"文化旅游业所具有的低污染、高收益、高附加值、可持续性等属性，使其在推动经济增长、拉动消费、增加就业等方面具有重要作用。世界旅游组织此前的研究表明，"当人均 GDP 达到 2 000 美元时，休闲游获得快速发展；当人均 GDP 达到 3 000 美元时，旅游形态以度假游为主；当人均 GDP 达到 5 000 美元时，将步入成熟的度假旅游经济时代，度假休闲需求和消费能力日益增强，并呈现多元化趋势"。2022 年，中国人均 GDP 约为 1.27 万美元，旅游消费滞后于经济的发展，目前正在经历向成熟度假经济过渡的阶段，休闲度假市场仍有极大的发展空间。发展文旅产业既是撬动消费的突破口，也是促进消费拉动经济增长的有效路径，顺应文旅消费转型升级新趋势、深化文旅消费供给侧结构性改革、促进文旅消费扩容提质，是全面建设社会主义现代化国家的重要任务。

第一节　文旅消费的新变化

一、文旅消费规模扩大，消费结构优化

（一）文旅消费规模快速扩大

从 2015 年到 2019 年，我国国内旅游花费从 3.4 万亿元增加到 5.7 万亿元，年平均增长率超过 13%。因为新冠病毒感染疫情的影响，2020—2022 年，我国国内旅游消费和旅游人次相较 2019 年出现急剧下降，在平稳度过新冠病毒感染疫情高峰后，2023 年上半年

旅游呈现爆发式增长，本地游、周边游、跨省游、出境游都有序复苏，全国旅游市场呈现稳开高涨持续回暖的态势。根据文化和旅游部的测算，2023 年我国国内旅游总人数将达到 45.5 亿人次，将实现旅游收入约 4 万亿元，同比增长 95%（见图 23-1）。

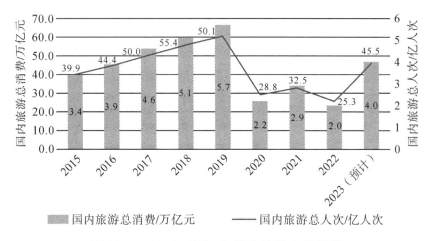

图 23-1　2015—2023 年国内旅游市场规模

（二）文旅消费结构优化

根据国家统计局的数据，2019 年国内消费总花费占最终消费和当年居民消费的比例分别为 10.38% 和 14.84%，对居民消费增长的贡献率大大提高，国内旅游增长更是迅速。2015 年以来，以旅游出行、旅游住宿、旅游餐饮、旅游游览为代表的基本旅游消费占比不断提升，特别是旅游娱乐、旅游住宿、旅游综合服务增长较快，文旅消费产品需求更加趋向于多样化、个性化、自主化、品质化。

二、文旅消费主体壮大，消费偏好改变

（一）中等收入群体带动文旅消费升级

我国中等收入群体预计将从 2021 年的 3.8 亿增长至 2025 年的 6.6 亿，将占 2023 年中国总人口的 46% 左右。中等收入群体具有较高的经济水平和较强的消费能力，有独立客观的消费见解，在满足物质生活之外，愿意将更多时间和精力投入自我提升和尝试新体验的消费上。

（二）年轻人引领文旅消费新潮流

中银消费联合时代数据发布的《当代青年消费报告》显示，"90后"与"00后"已逐渐成为消费主力。2021年，35岁以下的年轻人贡献了约65%的消费增长。"00后"成为出游增速最快、活力最高的人群。房车露营、户外滑雪、文艺演出、主题公园、动漫展都是年轻人青睐的项目。

（三）老年人旅游消费持续增长

当前，我国老年人旅游潜在市场规模已经超过2亿人次，按照国外相关预测，预计到2050年，我国老年人口将突破4.8亿人，占总人口的比重达到36.5%。研究显示，近年来老年游客的平均出游时间为5天，人均消费在3 600元以上，已经形成了一个万亿级市场。

三、文旅消费品类丰富，消费品质提升

在人们有钱、有闲、有素养的情况下，人们崇尚生态、自然、和谐的理念，喜欢与自然亲密接触，也喜欢与历史文化进行深度碰撞。因此，文旅消费的产品品类越来越丰富，乡村游成为常态，自驾游增长迅速体现个性化需求，红色游经久不衰教育作用凸显，冰雪游成为热点获得年轻人青睐，夜间游需求旺盛带动地方商业繁荣，研学游逐渐丰富发展潜力巨大。

四、文旅消费业态创新，极具增长潜力

科技创新、文化创意、场景创造成为现代文旅发展新动能。伴随着互联网、云计算、虚拟现实等技术的应用，文旅"云旅游"新业态开始出现，目前国内至少有30个城市、上千家地区开通线上游览服务，"云旅游"对旅游市场拉动明显。旅游产品线上营销发展迅速，"旅游+直播"带货模式持续火爆，例如美团"安心住"酒店产品通过"云看房"带动住宿产品销售。很多景区采取网上预约方式安排旅游流量。新科技的应用，让消费行为和消费方式更加快捷，人性化特征更加明显。

第二节　德阳文旅消费的现状和问题

一、德阳文旅发展的现状

"十三五"期间，德阳文旅发展环境不断优化，文旅经济持续稳步增长，旅游收入累计 1 592.75 亿元，接待游客总人数累计18 978.65 万人次。其中：国内游客 18 976.78 万人次，入境游客1.871 2 万人次，与"十二五"时期相比，旅游收入和接待游客分别增长了 226.26% 和 141%（见图 23-2、图 23-3）。

图 23-2　2016—2020 年德阳市文旅接待人数情况表

图 23-3　2016—2020 年德阳市旅游总收入情况表

　　因新冠病毒感染疫情管控影响，德阳文旅消费水平 2020 年和 2021 年相较于 2019 年不可避免地出现大幅下降。2023 年以来，文旅消费呈现快速恢复的态势。为进一步促进消费提质扩容，德阳市着力打造消费新场景，激活消费新业态，优化消费新环境，加快消费市场回暖，以"三星堆＋"发展全域旅游，推出系列文旅促销活动，推出特色精品旅游线路，假日游、城市近郊游、乡村游火热，乡野踏青、野外露营、赏花品果、亲子游等休闲体验活动受到热捧。

　　根据德阳市政务服务和大数据管理局提供的数据，对 2023 年"五一"期间人口流动及消费态势进行分析，"五一"假期外来人口到访德阳市的总量达 337.97 万人次，共接待游客 126.86 万人次，同比增长 3.0%，较 2019 年增长 14.67%。外地游客主要来自成都和重庆。成都到访游客最多，占省内到访游客总量的 65.63%，重庆到访德阳市人次较 2022 年增长 41.37%。从德阳市重点景区热度来看，三星堆博物馆热度最高，占假期到访游客总量的 18.96%。广汉、绵竹、中江游客接待量最大，德阳市酒店入住率达 43.0%，广汉、中江、绵竹等部分酒店入住率超过 70.0%。4 月 29 日—5 月 3 日，德阳市各地大型活动现场接待游客人数超 140 万人次，拉动消费近 8 亿元。其中德阳市各区（市、县）精心推出的旌阳畅享和海之旅、"花海漫漫"露营季、星空露营炫彩音乐节暨美食展销会、罗江音乐烧烤节、广汉"三星堆＋火锅"、什邡首届风筝节、绵竹玫瑰节、中江灯光节、龙虾美食节九个大型活动，吸引消费者近 100 万人次，拉动内需消费近 6.5 亿元。

二、德阳文旅消费存在的问题

（一）旅游主题形象不突出，对外吸引力不强

　　德阳拥有底蕴深厚的历史文化资源，但是长期以工业城市的形象对外宣传，造成城市定位不统一，文旅主题不突出，城市形象不鲜明。德阳文化旅游市场的消费主体以德阳本市居民为主，一日游短途游较为盛行，过夜游客较少。

（二）文旅产品体系不丰富，消费水平不高

德阳对购物、娱乐产业的规划和开发不足，产品和服务缺乏标准化和专业化。旅游产品大部分以观光为主，游客融入地方不够，体验型和度假型产品体系不够完善，文创产品不够丰富，文创产业增加值占比较低，对当地经济社会发展的带动效应还未充分发挥。以三星堆博物馆旅游为例，2022年博物馆共接待游客76.31万人，综合收入6 226万元，但是其中门票收入4 186.06万元，文创收入2 039.94万元，只占综合收入的32.8%，体验式和沉浸式旅游需求未能得到充分满足。根据测算，到德阳旅游的游客，平均消费200元/人，远低于成都500元/人的水平。

（三）基础设施配套不优，管理服务相对滞后

德阳目前没有一个5A级景区，旅游餐饮住宿方面以当地民众个体经营为主，标准化的中高端住宿、餐饮缺乏。旅游高峰期接待游客的能力明显不足，"吃住行游购娱"等配套设施跟不上，一些景点处于原始或半原始状态，停留型、参与型旅游目的地开发较少。旅游服务设施方面，旅游厕所、自驾营地、充电桩、目的地导识系统、交通信息等配套缺乏，住宿的舒适性、功能性不够好，一些景区仍然存在通信不畅、充电不便的问题。

（四）新技术应用不广泛，营销推广不足

一是利用新技术开发的"云旅游"线上产品较少，大多是传统文旅产品模式。二是运用携程、去哪儿等专业旅游网络平台以及腾讯、新浪、抖音等社交平台的营销推广不够，本地的特色文旅资源外部知名度不高。三是未建立"大数据决策+整合媒体传播+线上整合营销+线下活动策划执行+文旅市场联盟+文旅征信体系"的综合服务体系，新技术在旅游数据的搜集、统计、分析等方面的作用尚未充分发挥，未能有效整合利用实时文旅消费数据、多维度精准分析，未能给游客提供扎实可靠的数据解读和精准的服务。大多数景区管理服务方式单一且粗放，虽然市文旅局已经建成"智慧文旅"平台，但是各景区目前还没有建设智慧化管理系统，没有接入已经建成的"智慧文旅"平台，不能实现服务的智能化、标准化和共享化。

第三节　德阳文旅消费提质扩容的路径

现代文旅围绕着"吃、住、行、游、购、娱、厕、导、智"九大基础要素和"商、养、学、福、情、奇、文、体、农"九大发展要素，从消费的供给侧、需求侧、保障层三个层面发力，进行业态创新，形成消费扩张新动能，实现文旅消费提质扩容。

一、供给侧：优化要素供给，拓展文旅消费新空间

（一）培育文旅企业，壮大市场主体

一是培育综合性文旅集团，通过资源整合、技术创新、品牌输出、跨界经营、兼并重组等方式，做大做强国有文旅资源平台，打造现代文旅集团和竞争力强劲的文旅龙头企业。二是推进本地大型企业向文旅领域拓展。三是引进国内外知名文旅企业投资落户。四是扶持中小微文旅企业特色化发展。

（二）创新消费场景，完善产品体系

具体措施如下：要提升文旅消费品质，形成文化、生活、休闲、娱乐、购物等多元消费场景良性互动的复合型业态，为市民和游客创造精品文化休闲空间。开发符合市场新需求的产品，提升文博游、节会游、民俗游、工业游等文化体验和沉浸式体验，引导和培育网络消费、体验消费、智能消费新场景。可以以三星堆、白马关为载体，打造"文化遗址+旅游休闲"消费场景；以龙泉山等为载体，打造"山地运动"体验式消费场景；以龙门山为载体，打造"观光+康养"的疗养体验式消费场景；以金鑫公司工业遗址文化园、冶轴文化创意产业园为载体，打造文创体验式消费场景；以旌湖两岸和特色街区为点位，打造夜间消费场景。

（三）推动科技赋能，促进业态创新

具体措施如下：推动"科技+文化+旅游"融合发展，将数字技术全面融入文旅产业，运用5G、超高清、增强现实、虚拟现实、人

工智能等新技术开发云展览、云演艺、云娱乐、数字艺术等"云旅游"新业态。将数字技术与景区文化旅游体验项目开发相结合，创造出全新的"沉浸式互动体验"产品，实现文旅消费的数字化，扩大文旅创意产业的服务范围，培育网络消费、体验消费、智能消费等新热点和新模式。

（四）完善基础设施，扩大公共供给

具体措施如下：一是完善旅游交通服务，连接旅游景点，规划旅游线路，开通旅游营运的铁路和客运专线，方便游客出行；二是完善旅游配套设施，推动建设景区沿线的旅游驿站、旅游厕所、观景平台等，增加加气站、维修站、充电桩、房产营地等配套设施。三是建设智慧景区，对接省市智慧文旅平台，实现信息查询、景区介绍、线上预订、客流疏导、执法监督等多种功能。针对自驾游、短途游、周边游等出游方式，加快补齐基础设施供给短板，加强景区充电桩供应，加强景区厕所环保垃圾箱供给，适当增加自驾车营地、房车营地和驿站的建设。

二、需求侧：拉动消费需求，提升文旅消费能力

（一）深化区域协同，拓展消费市场

现代文旅产业，是区域协同发展的模式之一，区域间各具特色的旅游资源优势互补、信息共享，形成集群优势，从而更具吸引力和竞争力。德阳要融入巴蜀文化旅游走廊，积极参与四川省文化旅游推广营销活动，深入推进成德眉资同城化建设，加强与成都、重庆、眉山、资阳的合作，打造文旅资源共享平台，实现信息共享、活动共建、景点互通。

（二）构建营销矩阵，强化宣传推广

为带动消费需求，文旅产业需应用新媒体深入开展宣传推广工作。一是运用"云技术"构建线上"云旅游平台"，在旅游信息平台中，根据客户需求定制个性化旅游产品。二是加强与腾讯、新浪、携程等网络平台的合作，大力宣传各地区的主打文旅项目、文旅品牌。三是充分与抖音、快手、微博等平台上的知名博主建立战

略合作关系，通过体验式营销抢占文旅新兴市场。

（三）开展文旅活动，激发消费潜力

深耕德阳本土文化，在常态化开展文旅活动的基础上，以"节、会、展、演、创、赛"为抓手，开展具有本土特色的主题文旅活动，包括迎春季、露营季、端午季、国风季、文润季、戏剧季、文创季、美食季、冰雪季九大特色主题，通过文旅活动展示本土丰富的文化旅游资源和独有的风貌，激发消费潜力。

三、保障层：强化要素保障，实现文旅消费可持续增长

（一）创新体制机制，优化发展环境

一是充分发挥德阳市文旅产业发展领导小组作用，建立多部门联动机制，加强信息共享、渠道互通、项目共建。二是探索成立文旅功能区管委会、乡村旅游合作社、旅游管理协会等组织，给予基层、协会、企业更多的自主权，推动文旅资源的市场化开发，激发发展活力。

（二）创新金融服务，提供发展动力

一是拓展文旅融资方式，以文旅专项债项目、政策性银行投资、政策性银行信贷渠道等多种方式，引导社会资金进入文旅产业投资，并积极推广，鼓励社会资本以多种形式参与文旅基础设施建设。二是开发德阳文创金融产品，与银行合作建立文旅贷款产品，给有潜力的文旅企业和文化项目以融资支持。三是创新文旅产业保险产品，针对旅行社、旅游景区、酒店民宿等不同类型的企业购买旅游保险，扶持旅游保险业发展，减轻旅游安全风险的经济压力。

（三）创新用地模式，提升利用水平

一是完善农地"三权分置"，善用经营性建设用地，活用闲置宅基地。打造乡村精品民宿，农业大地景观、农耕体验区等，采用"政府公建配套+企业示范引领+社会资本招商引入合作"的开发模式，发展民宿、康养、文创新业态，实现将乡村资源向资本的转变。二是集约利用土地资源，提升土地资源开发利用水平。深化高效集约灵活用地方式的变革，探索形成适应文旅新经济、新业态、

新模式的用地模式，以高品质空间吸引文旅产业要素聚集，满足建设文旅产业功能区的需要。三是合理利用闲置土地，对一些老旧厂房和街区，比如金新老工业厂区、冶轴文创园等，进行"守旧创新"的改造，在保留原有风貌的基础上，进行文化创意设计和商业营造；对荒山、荒坡、荒滩及废弃矿山等低价值土地，进行乡村旅游、自驾游汽车营地、露营营地等文旅项目的打造，从而提高土地的利用率。

（四）加强人才培育，涵养发展活力

一是实施文旅英才培养计划，建立市级、县级文化旅游英才库，培养高水平的文旅创意人才和技能型人才。二是加强对文化旅游部门干部的培训，提升其管理水平。三是成立"德阳文旅智库"，积极与国内外知名咨询机构合作引进文旅投融资、项目运营、智慧文旅管理的专业型人才，为德阳市文旅产业政策、重点疑难问题提供决策支持。

（五）加强市场监管，保障消费者权益

强化文旅与公安、交通、市场监管等部门的综合执法，建立违规文旅企业"黑名单"制度，建立以游客为中心的旅游服务质量评价体系并及时公布测评结果和旅游警示，加强投诉分析和市场明察暗访。

（六）应用高新科技，建设智慧文旅

依托 5G 网络、人工智能、物联网等新技术，打造智慧景区、智慧博物馆，进一步完善旅游服务管理，提升游客的消费便捷性。一是建立旅游监测网络大数据平台，对景区景点人流状况进行实时监测，数据发布共享，实现数据互联互通。二是探索线上线下协同管理，运用"互联网+旅游"，实现服务智能化、标准化、信息化、共享化。三是运用旅游监测的大数据，分析研判客户需求，进行产品配套和运营方式的升级。

第二十四章　扩大公共文化供给

习近平总书记指出，要"推动公共文化服务标准化、均等化，完善公共文化服务体系，提高基本公共文化服务的覆盖面和适用性"①。

公共文化服务体系建设是满足人民群众基本精神文化需求的主要途径，是建设社会主义文化强国的基础工程，亦是实现文旅融合的必由之路。

第一节　我国公共文化服务的新特点

随着我国社会经济实现跨越式发展，文化体制改革也在不断深化，公共文化服务快速发展，公共文化资源供给总量增速明显，公共文化制度体系逐步完备。新时代，随着我国经济社会不断发展，公共文化服务方式与特点也相应发生了很大变化。

一、公共文化空间多向延展

目前，国内的公共文化空间多以图书馆、博物馆、街道文化站这类公共文化设施为主体。这些场馆类型单一，且数量较少、分布不均，不能有效满足群众日益增长的文化需求。面对此种情况，一些地方开始进行公共文化空间拓展和创新的探索，尝试打造文化产业园区、老旧厂房改造等项目，将现代化理念运用于公共文化空间的打造，突破常规公共文化场所限制，将普通公共文化空间延展至

---

① 习近平出席全国宣传思想工作会议并发表重要讲话［EB/OL］．（2018－08－22）［2023－11－01］．https://www.gov.cn/xinwen/2018-08/22/content_5315723.htm.

科技园、众创空间、商务楼宇等办公集聚区及户外大屏、公园、城市地铁等人流聚集区，极大提升了城市文化的创新能力。

二、公共文化供给主体多方参与

长期以来，公共文化服务体系建设依托文化部门垂直系统的直接管理，公共文化空间的打造及文化活动的举办主要由政府部门主导建设和提供。在此自循环系统中，公共文化服务的基本运行方式仅限于系统内的"单打独斗"。近年来，各地开始涌现出一批批社会机构，积极参与公共文化产品的提供，在公共文化设施的社会化委托经营模式上，在第三方参与公共文化服务评估等方面，均有多方力量的深度参与，出现了公益性文化机构和社会力量双轮驱动的势头。

三、公共文化服务实现数字化发展

"互联网+公共文化"的新概念可以理解为公共文化服务体系整体的数字化发展。移动互联网时代，网络、手机已成为大众主流的信息获取渠道，公共文化服务信息需要更新传播观念和渠道才能覆盖更广泛的受益群体。在数字化、网络化环境下，国内不同类型的公共文化服务机构纷纷依托互联网将本馆的数字资源与服务传递给社会公众。越来越多的政府部门开始顺应时代潮流，开展互联网领域的公共文化服务，在信息的发布和宣传上抢占新媒体阵地。在此背景下，公共文化服务云平台盛行，官方信息发布权威及时，文化活动内容缤纷多样，场馆预订等实用功能也更加便捷。在大数据的精准把控下，定制化、个性化服务得到广泛运用。

四、公共文化服务内容与活动更加多元

传统的公共文化服务内容与活动形式较为单一，文艺作品原创力、精品度和创新度不够，对公众的吸引力也不强。随着国民经济的快速发展和大众社会需求的不断更新，群众的文化需求也愈发多样。政府以鼓励文化消费的方式，积极引导居民文化生活与选择更

加品质化。伴随鲜活时尚的街头文化兴起、标新立异的科技手段与
文化融合应用、青年公益文化为公共文化服务增添活力等现象不断
涌现，公共文化服务也逐渐改变传统面貌，呈现时尚化、科技化和
年轻化的特点。

第二节　德阳市公共文化服务供给的现状和问题

一、德阳市公共文化供给的现状

德阳市聚焦人民群众日益增长的美好生活需要，围绕惠民演
出、文物保护、文艺创作等工作，为群众提供优质文化大餐，推动
实现公共文化事业更高质量发展、为广大人民群众提供更高品质的
生活。

（一）文物保护与利用方面

德阳历史文化底蕴深厚，境内有许多历史文物与遗迹，这是德
阳提高公共文化服务的优势与天然基础。"十三五"期间，德阳争
取到 2023 年国省文物保护专项资金 6 160 万元，占全省总量的
12.37%，市州排名第一。文物保护工作除在原有基础上常规保护
外，还相继完成德阳文庙、旌阳区姜孝祠正殿、广汉龙居寺、雒城
遗址城墙、绵竹市上帝宫、祥符寺藏经楼的修缮和勘查。德阳市共
建立非遗展示场所（展示馆、传习所、专题馆等）9 个，省级非遗
项目体验基地 5 个，出版《德阳市非物质文化遗产精要》《绵竹木
版年画集》《李调元文化研究述论》等资料文集 10 余部，举办 2023
"成德地区船棺葬发现与研究"学术沙龙，搭建成德文化交流合作
平台。

（二）文艺创作方面

文艺是社会精神与风貌的生动展示，近年来，德阳依据本土文
化资源，开发了许多既能反映时代精神风貌，又能代表本土文化特
色的为人民群众所喜闻乐见的公共文化产品。如原创舞蹈《匠·三

星堆之光》、川剧《草鞋县令》《走在幸福路上》《初心》《党旗下的青春》《重逢三星堆》《重逢街1958》等，节目通过舞蹈、音乐、戏剧等多种艺术形式以及沉浸式、体验式、场景式的呈现形式，展现德阳本土的历史故事、神话传说和民风民俗。这些作品以高质量的文艺水准，以贴近现实、融汇古今多种文化元素为主要特征，充分表达了德阳的文化特征与个性，为观众提供了一场场精神上的饕餮盛宴。

（三）文化基础设施建设方面

文化是精神与物质的双向结合，为满足人民群众高质量公共文化需求，德阳市通过活化空间、完善布局，进一步拓展博物馆、文化馆等公共文化场馆服务阵地和场景，形成更具人文关怀、审美品位、文化内涵、服务效能和社会影响力的公共空间，以此提升文化的表达力与渲染力，实现文化惠民，让群众充分感受文化的感染力与浸润度。因此，德阳市按照城市现代化文化建设要求，根据文化的不同功能与特性，在建设能够充分表达各种文化功能的场地的基础上，让公共文化以更加快捷有效的方式深入群众之中。在文化场地打造上，德阳市重点完善了一批场馆设施建设。比如，德阳市以文庙为依托，总投资82 006.8万元，在原有的基础上，重点打造文庙东至泰山北路，南至长江西路，西至南街，北至城隍庙街商圈更新改造项目。打造范围包括文庙广场、文庙博物馆、文庙新天地步行街、德阳商城ABCD区、广场1~4号楼（文华楼/文峰楼/文贤楼/文沁楼）、东方影都、旌阳派出所。新的打造点将城市商圈、地域文化、传统节日、城市改造有机结合起来，不仅提升了城市生活品质，也为群众提供了综合性的文化服务。在精品文化节目打造上，德阳市已经建成并运营玄珠湖"星剧场"群众文化活动中心，以"重逢德阳"为主题，由"德阳之眼""戏剧演艺公园""电影圆梦公园""星梦潮玩公园""文化聚会公园"以及"华谊兄弟星剧场"等7个部分组成，是集文化、旅游、休闲、商业、演艺等于一体的城市文化新地标，有力提升了德阳文化服务供给水平；在历史文化的推介上，建筑面积为 5.5 万平方米的三星堆博物馆新馆现已建成开放，场馆将独特的人文风貌和历史，将城市的历史故事、文化故事完美展出，在提升城市公共文化供给能力的同时也极大提升了德阳的城市魅力。

（四）文化活动供给方面

目前，德阳市不断加大对公共文化服务的投入，大力实施文化惠民工程，投入专项资金 1 360 万元用以提升惠民演出品质，常态化举办"我们的节日""街头艺术项目"等特色活动。文化工作重心和文化资源不断下移，市、县（区）、乡镇（街道）、村（社区）四级公共文化设施网络覆盖率不断提高，公共文化服务供给和技术保障等取得明显成效。已建的公共图书馆、文化馆、电影院很多都已达到现代化标准，乡镇综合文化站、村文化活动室、社区文化活动室、农家书屋全面覆盖。同时，依托丰富的文物载体，举办多样化的文化活动，如组织美术馆展览、社区文化巡演、摄影比赛等群众喜闻乐见的文化活动，满足群众多样化的精神文化需求，让文化在广大群众中得到更好的传承与弘扬。在重大节假日，特别是中秋、春节期间开展系列文化活动，营造浓厚文化氛围。充分展示德阳风格独特的民俗魅力，其中端午龙舟文化活动周、绵竹年画节、广汉"保保节"、罗江诗歌节等已形成活动品牌。此外，亮化升级后的文庙广场、文庙新天地通过游园、巡游、国风走秀、古舞古乐演绎等活动，让市民、游客沉浸式享受"穿越"之旅，在漫步观游中，体验对弈、投壶、祈福、书法、点茶、飞花令等传统游园项目，为群众带来精彩纷呈的文化盛宴。

二、德阳市公共文化供给存在的问题

近年来，德阳市在公共文化服务体系建设方面虽已取得明显成效，但也面临一些困境。与人民群众日益增长的文化需求相比，文化供给的优化、文化丰富内涵的充分挖掘以及加大文化宣传力度等方面还需进一步提升。

（一）文化内涵挖掘不够深入

德阳拥有丰富的历史文化资源，目前虽然在文化产业方面做了大量工作，但还存在本土特色挖掘不够的问题。优势的文化资源并没有通过很好的载体将深刻的思想内涵、较高的审美形式充分展示出来，没有成为大家耳熟能详的文化记忆、符号、精品。优势的文化资源并没有很好地提高德阳的文化知名度与影响力，也尚未形成优势的文化产业。

（二）文化供给能力不足

一方面，与城市相比，德阳的农村文化设施落后、文化活动贫乏现象突出。除送文化下乡的文化节目、农村自行组织的文化活动外，农村文化创造能力、供给能力都较弱，且文化基础设施建设不全。"部分村里的文化室大都是陈旧过时的捐赠，很多村民也不知道有文化室的存在"，文化惠民，文化普及力度不够。另一方面，各类群众对公共文化的需求愈发多元，但德阳公共文化服务产品较为单一，内容更新缓慢，差异化供给不足，在文化产品的高端化、品牌化、多样化方面尚需极大改进。

（三）公共服务建设缺失"智慧+"的翅膀

德阳市除了重点建设的图书馆、星剧场、博物馆外，许多公共文化服务数字化建设短板明显，现代化技术应用欠缺，科技支撑力度不够。群众享受多类型文化，不能像逛淘宝、美团那样，轻松"一触即达""送文化上门"。

第三节　提升德阳公共文化供给能力的措施

一、丰富公共文化产品内涵

新时代，优化公共文化供给，不仅要丰富文化产品实体内涵，也要注重对文化产品价值意蕴的宣传。一是挖掘地区特色文化资源，丰富文化产品实体内涵。尊重群众的欣赏习惯和审美需求，特别是对农村、民族地区的风俗、历史背景等特色文化产品进行挖掘，不断扩充公共文化产品种类，丰富其实体内涵。二是开发文化产品隐性价值，丰富文化产品思想内涵。部分公共文化产品不仅具有实体特性，还附带一定的隐性价值，即思想价值内涵。举办各类非物质文化遗产展览、表演等，能在满足公众娱乐需求的同时，彰显丰富多彩的文化内涵和深厚的历史底蕴。

二、优化公共文化供给要素

从强基础、丰内涵、拓渠道、提效率等层面主动作为，完善文化服务要素，营造良好的供给生态。一是保障经费投入。在现有政府财政支出的基础上，引入社会力量的支持。加大对文化惠民工程和公共文化新媒体建设的投入，包括公共文化宣传网络建设、发展运行、管理的投入等。二是打造文化领军人才。一方面，发掘各地具有特色的文化活跃角色，如非遗传承人、戏曲名角，以特色人物带动特色文化供给。另一方面，从职称评审、福利待遇、学习培训等方面吸引和培育专业人才参与公共文化服务工作。三是完善公共服务设施。加大对农村诸如网络、场馆、文化活动中心等的建设，搭建无线网络，配备自助借阅设备、信息屏等数字化设备。

三、提高公共文化供给质效

采用高科技手段，提高公共文化供给质量和效率。一是搭建线上文化服务平台。建立动态信息采集分析系统，以区域为单位，分门别类汇总地区内数字文化资源。二是智能化升级和重塑线下公共文化服务环境。借助人工智能等高科技手段提升线下公共文化供给效率，利用"AI+AR"技术，通过场景再现，推动沉浸式、体验式学习，不断增强群众的文化体验感和获得感。三是让文化场馆"活起来"。随着社会进步和人们对精神文化、休闲旅游需求的日益增长，各类公共文化场馆逐渐成为公众了解历史文化知识、获取资讯信息、汲取精神营养的新空间，并且成为人们休闲、旅游的重要场所。到网红博物馆、图书馆、美术馆等地打卡，已经成为一种新时尚。通过建造具有独特民族特色、鲜明时代气息和充满艺术魅力的建筑外观，打造极具美感与想象力的学习体验空间；通过创设文化旅游新地标，提升城市文化品位，给人以强烈的视觉刺激，让群众体验内外兼具的城市之美。

乡村振兴篇

第二十五章　乡村现代化理论及实践概述

党的二十大擘画了以中国式现代化全面推进中华民族伟大复兴的宏伟蓝图。全面建设社会主义现代化国家，最艰巨最繁重的任务仍然在农村，守好"三农"基本盘至关重要，应把解决好"三农"问题作为全党工作重中之重。强国必先强农，农强方能国强。习近平总书记在 2023 年中央农村工作会议上更是强调，铆足干劲，抓好"三农"各项工作，大力推进农业农村现代化，为加快建设农业强国而努力奋斗。

第一节　乡村现代化的内涵

乡村现代化是农业先进程度的一个标志，也是现代化的重要组成部分。简单归纳为：用现代物质条件装备农业，用现代科学技术改造农业，用现代产业体系提升农业，用现代经营形式推进农业，用现代发展理念引领农业，用培养新型农民发展农业，提高农业水利化、机械化和信息化水平。

从实践看，可将乡村现代化的路径归纳为两条主线：一是以农村现代化为主线的现代设施农业、乡村产业高质量发展、乡村治理、和美乡村建设等；二是以农业现代化为主线的天府粮仓核心示范区建设等，而这些建设都是乡村现代化的实现形式，是农业农村走向现代化的阶梯。《中共中央 国务院关于做好 2023 年全面推进乡村振兴重点工作的意见》，不仅从发展现代设施农业、强化农业科技和装备支撑、加快发展现代乡村服务业、培育乡村新产业新业态等方面推进农业现代化，而且从乡村发展、乡村建设、乡村治理、建设农业强国、建设宜居宜业和美乡村等工作推进农业成为有奔头的产业，让农民成为有吸引力的职业。因此，乡村现代化是社会经济现代化的基础，是农业农村农民、生产生活生态、政治经济社会发展水平的综合体现。

一、乡村社会生产方式的现代化

乡村社会的生产方式是乡村社会生产力和生产关系的统一体，是生成乡村社会的现实基础。乡村社会的现代化进程，归根结底，就是乡村社会的现代生产力和现代生产关系矛盾运动的过程。乡村社会的现代生产力是整个现代社会生产力的一部分，是推动乡村现代化进程的根本动力；乡村社会的现代生产关系是整个现代社会生产关系的一部分，对乡村现代化进程具有重要的推动作用。因此，正是乡村社会的现代生产力和现代生产关系的矛盾运动过程，充分体现了"现代"的特征和性质。具体来说，乡村社会的现代生产方式主要表现在农业生产和农村基础设施建设两个领域，这两个领域深刻地体现着现代化。一方面，农业的现代化生产是乡村社会现代化发展的基础，不同程度地体现着现代化。自人类社会进入近代以来，农业生产逐步纳入资本主义体系之中，原先的自给自足的小农生产方式逐渐被打破，取而代之的是以机械化、电气化、规模化、智能化、信息化、科技化、市场化、多样化等为特征的新型生产经营方式。这种生产经营方式更加"现代"，正是现代生产力和生产关系的矛盾运动在现代农业生产过程中的集中反映，这种矛盾运动推动了整个乡村社会的现代化进程，促进了乡村现代化的生成、演化与发展。另一方面，乡村现代基础设施的广泛建立，深刻体现着现代化。乡村现代基础设施的建设是乡村现代化进程的重要组成部分，随着乡村现代农业生产的快速发展，乡村的现代基础设施如交通运输设施、文化教育卫生设施、电力水利通信设施等也随之发展起来。乡村现代基础设施的建设，是乡村的现代生产方式的集中体现。没有乡村的现代生产方式，特别是较为发达的现代生产力，

"现代版"的基础设施便无法建立起来。具体而言，乡村"现代版"的农业基础设施体现了规范化、统一化、同质化、便利化和理性化的基本特征。在乡村现代化进程中，虽然还没有完全出现"千村一貌"的现实景象，但同质化的基础设施建设体现着深刻的现代化，是现代社会生产方式的集中体现。

二、乡村社会生活方式的现代化

乡村的现代化进程是方方面面的，不仅体现在乡村的生产方式上，还体现在以消费、交往等为核心的生活方式上。可以说，乡村生产方式的现代化决定着乡村生活方式的现代化，乡村生产方式的现代化也决定着乡村生活方式的现代化。人们的生活方式是什么样的，"这取决于他们进行生产的物质条件""这同他们的生产是一致的——既和他们生产什么一致，又和他们怎样生产一致"①。乡村生活方式的现代化正是取决于乡村生产方式的现代化，而且存在于乡村现代化的进程之中。具体说来，乡村生活方式的现代化主要表现在人们的消费和交往两个关键领域。在消费领域，人们使用的消费工具、手段和方式，如餐具、炊具、通讯工具、交通工具、传媒工具等都体现了深刻的现代化，人们直接用于消费的食品、文化、娱乐等产品也都体现着深刻的现代化。在交往领域，乡村居民那种传统的以狭隘地域为基础的交往空间被打破，人们借助现代社会那些发达的交通、通信、传媒等工具实现了跨地域的交往，乡村的交往方式、手段、内容和对象等深刻地体现着"现代"特征和性质。可以说，在现代化进程中，乡村的现代化越来越突出，人们在平常的生产生活中分享和体验着形式各异、丰富多彩的现代化。

三、乡村社会文化观念的现代化

乡村社会的文化观念是乡村居民的精神、思想、意识、观念等精神性的内容，是确证人之为人的重要标志。乡村的生产方式和生

---

① 中共中央马克思恩格斯列宁斯大林著作编译局. 马克思恩格斯文集：第 1 卷 [M]. 北京：人民出版社，2009：520.

活方式的现代化变革，必然引起村民文化观念的现代化转变。马克思指出，在再生产的行为本身中，不但客观条件改变着，例如乡村变为城市，荒野变为开垦地等，而且生产者也改变着，他炼出新的品质，通过生产而发展和改造自身，造成新的力量和新的观念，造成新的交往方式，新的需要和新的语言①。因此，在乡村现代化进程中，乡村居民文化观念的现代化也越来越突出。乡村居民在参与现代化的生产和交往中，必然生成其文化观念上的现代化，必然通过现代的生产方式、生活方式和交往方式来建构他们的思想世界，其"现代版"的价值观念、审美情趣、思维方式、理想信念、话语表达等文化观念也在不断生成、发展和变化。这些"现代版"的文化观念与传统的文化观念存在较大差异，村民通过各种方式分享着这些新的体验。

以上三个领域是乡村现代化进程中现代化表现比较明显的领域，其他领域如乡村政治、教育、卫生等也都不同程度呈现了现代化特征。乡村现代的生产方式在根本上推动着乡村现代化的进程，也推动着乡村社会现代化的发展。乡村现代化进程中的现代化是一种必然结果。与之相应地，要实现乡村的现代化，既要直面乡村的现代化问题，也要把解决好乡村现代化问题作为现实乡村现代化的基本任务。

第二节　乡村现代化的演进阶段

全面把握我国乡村现代化的实践演进，能够促进乡村振兴顶层设计以更加适应中国式现代化不断深化发展的需要。

一、创建阶段：总结深化以往"三农"建设经验，开启新时代乡村现代化建设征程

中国共产党在根植于"三农"发展基本规律和中国特色社会主义"三农"现实前提下，不断探索出了一条科学性、实践性和特色

---

① 马克思恩格斯文集：第 8 卷 [M]．北京：人民出版社，2009：145．

性的"三农"发展道路。对于一个乡村人口总数高达 5 亿多且占全国人口总数 35% 左右的"大国小农"来说，持续推动我国农业农村现代化向纵深发展，不仅能够对经济的高质量发展产生助推作用，而且是解决新时代现代化发展不平衡不充分问题的重要切入点。新时代，对于如何推动农业农村现代化，适时性地提出了《关于实施乡村振兴战略的意见》，该意见的总体要求、新动能、新格局、新气象、新体系、新风貌等系统规划，使得农业农村的全面进步和农民的全面发展有了总抓手和新着力点。随后，中共中央、国务院印发了《乡村振兴战略规划（2018—2022 年)》，以农业综合生产能力提升重大工程、质量兴农重大工程、农业科技创新支撑重大工程等为依托，搭建了推进乡村振兴的建设体系。此阶段的战略规划是中国特色社会主义农业现代化发展道路上的历史性跨越，反映了我国社会主要矛盾发生新变化而对"三农"工作的系统深入思考。从此以后，开启了新时代以农业农村现代化书写社会主义现代化强国的新篇章。

二、深化阶段：提高生产要素的现代化水平，夯实新时代乡村现代化发展基础

乡村现代化如何与中国式现代化发展进程中的阶段性任务紧密结合，以稳中求进的方式加快促进农业农村现代化成为新时代又一个重要命题。从我国现代化发展的结构来看，"三农"领域的不平衡、不协调、不充分的问题更为突出，只有通过积极主动地补齐农业农村现代化发展中的短板，提高相关生产要素的现代化水平，才能发挥好农业农村现代化与其他现代化的相互促进作用。基于此，该阶段的乡村振兴具有不断深化发展的特点。一方面，在推进过程中以全域、全要素、全方位为主线对关键要素进行了深化调整，构建了以产业、人才、文化、生态、组织"五大要素振兴"为支撑的运作体系，完善发展了以农村公共基础设施、农村供水保障、农村人居环境整治、农村教育、农村基层医疗卫生服务等为基础的保障体系。另一方面，围绕着"三农"发展中的结构性短板破解问题，既从政策配套、基础设施建设及公共服务等关键性"硬件"方面进

行了优化，又从农村教育医疗养老增加、农民科技文化素质培育、乡风家风建设等重要性"软件"方面予以推进，有效降低了城乡发展不平衡所带来的发展阻滞问题。该阶段的乡村振兴实践深度契合了农业农村现代化动能转换的现实需要，把改革创新深入融合到"三农"各层面，极大地推动了我国不同产业、人才、文化、生态、组织等要素间的耦合联动与循环互促，为全面建设社会主义现代化国家好的开局起到了非常重要的支撑作用。

三、升级阶段：积极推动参与主体能动创新，激活新时代乡村现代化内生活力

习近平总书记指出："乡村振兴是实现中华民族伟大复兴的一项重大任务。要围绕立足新发展阶段、贯彻新发展理念、构建新发展格局带来的新形势、提出的新要求，坚持把解决好'三农'问题作为全党工作重中之重，坚持农业农村优先发展，走中国特色社会主义乡村振兴道路。"①在对当前我国乡村现实全面审视和社会资源禀赋充分挖掘的基础上，调动不同主体参与乡村振兴的积极性、主动性、创造性，走"立足于中国国情和中国道路现代化"②的乡村现代化之路。相应地，在该阶段实践中就表现出了更加鲜明的能动创新和内生发展特点。一方面，以更加精准化的制度供给为农业农村高质量发展提供保障。为此，党中央及相关部门先后拟订了若干涉及乡村发展的法律法规、资源规划、激励制度等，使得农业农村法治现代化与国家法治现代化处于同向同行状态。另一方面，突出政策对于乡村现代化主体的赋能作用，极大地开创了各地积极探索乡村现代化之路提质增效的新局面。可以看到，该阶段的乡村发展在"广"和"深"的基础上表现出了越发明显的"精度"和"效度"，形成了以主体能动性发挥为基础的多元主体共建共治共享的发展格局，为推动中国式现代化进程中农业农村现代化的基本实现注入了强劲动力。

---

① 习近平. 在全国脱贫攻坚总结表彰大会上的讲话 [N]. 人民日报，2021-02-25 (1).

② 丁任重，徐志向. 中国式现代化的现实底色 [J]. 经济学家，2022 (12)：15-18.

第三节　乡村现代化的实现路径

习近平总书记强调："没有农业强国就没有整个现代化强国；没有农业农村现代化，社会主义现代化就是不全面的。"[①] 同时也指出：乡村现代化既包括"'物'的现代化"，也包括"'人'的现代化"[②]。从乡村现代化之"物"来看，主要指农业和农村的现代化。实现农业现代化，归根结底是告别传统的"小农"式农业生产方式，实现以规模化、集约化、机械化、智能化、科技化、信息化等为特征的农业经营生产方式的现代化。同时，从提升农村人居环境、建设乡村基础设施、塑造和睦安宁的乡村精神风貌到培养新型农民等，都为加快乡村现代化指明了方向。

一、加快现代农业发展

农业农村现代化是粮食与重要农产品稳定安全供给、满足人民美好生活需要的保障。我国是人口众多的大国，解决好吃饭问题始终是头等大事。在要素成本趋涨、土地资源有限的情况下，只有通过农业农村现代化不断提高农业劳动生产率、土地产出率和资源利用率，才能有效保障粮食和重要农产品稳定安全供给。一是通过设施装备的现代化和现代科技的应用，在现有资源条件下提高农业综合生产能力和农业防灾减灾能力，从而增强粮食和重要农产品供给能力、供给韧性。二是在加强耕地保护和用途管控、严守18亿亩耕地红线的基础上，高标准建设农田和水利设施等，实现农业设施条件现代化。三是通过发展大型智能农机装备等，推动机械装备现代化。四是深入实施种业振兴行动加快优良品种的研发和应用。五是通过现代科技，特别是颠覆性农业技术的发展与应用，扩展农业发

① 习近平. 加快建设农业强国 推进农业农村现代化 [J]. 求是，2023（16）：4-17.
② 中共中央党史和文献研究院. 习近平关于"三农"工作论述摘编 [M]. 北京：中央文献出版社，2019：45.

展空间。在效率提升的基础上，通过生产体系、产业体系与经营体系的现代化，提高粮食与重要农产品生产的价值和效益。

二、加快和美乡村建设

乡村虽小，却关乎广大农民群众的衣、食、住、行，建设基础设施完备、公共服务普惠、乡村文明繁荣的多元乡村，是惠及广大农民群众的重要举措，也是亿万农村居民对美好生活的向往。一要逐步让农村基本具备现代生活条件。深入实施乡村建设"十四五"规划，高质量推进农村路、水、电、气、通信"五网"建设，加快推进宜居宜业和美乡村建设，聚力打造一批"十园十美"之乡。二要加强和改进乡村治理。创新乡村治理方式方法，综合运用传统治理资源和现代治理手段，推广应用积分制、清单制、数字化等治理方式，推行乡村网格化管理、数字化赋能、精细化服务。三要深化农村精神文明建设。积极探索统筹推进城乡精神文明融合发展的具体方式，加强农民思想教育和引导，有效发挥村规民约、家教家风作用，培育文明乡风、良好家风、淳朴民风。推动农村移风易俗，划清传统礼俗和陈规陋习的界限，反对天价彩礼、反对铺张浪费、反对婚丧大操大办、抵制封建迷信，引导农民群众改变陈规陋习、树立文明新风。

三、加快农业农村改革

深化六项改革，聚力创造全省领先农业农村改革经验。一要深化城乡融合发展改革。以片区为单元编制乡村国土空间规划，加快发展区域中心镇、中心村，建立健全城乡融合发展体制机制和政策体系。二要深化农村土地制度改革。深化农村承包地"三权分置"，加大农村土地流转财政支持力度，引导涉农项目、社会资金、金融资本向土地流转区域倾斜，开展农村土地细碎化整治，推动农村承包土地整理连片和规范有序流转。三要深化农村产权制度改革。巩固提升农村集体产权制度改革成果，全面规范集体经济组织运行，积极探索集体资产股份抵押、担保、继承和有偿退出等机制。持续深化农村"三变"改革，推进"三社"融合发展，因地制宜开展土地、劳务、置业、旅游、生产等领域多层次、多形式的合作与联合，多渠道壮大新型农村集体经济。四要深化农村金融服务改革。做优农村金融综合服务体系，搭建"线上＋线下"产融合作平台，完善产融对接机制，开设政银企大数据金融综合服务平台"乡村振兴专栏"，加大政策宣传、拓展融资业务。五要深化供销合作社综合改革。充分发挥供销系统优势，全力推进"数字供销"和现代农产品商贸流通冷链物流配送体系建设，畅通农产品进城外销和工业品、农资下乡线上线下流通渠道。在中心镇、中心村及产业集中区建设发展合作属性的基层供销社、区域为农服务中心等综合运营服务平台。六要深化职业农民制度改革。加快推进新型职业农民制度试点，完善农民职业化准入制度，探索建立与城镇职工同等退养制度、公积金缴存制度。支持农民工返乡创业，加强高素质农民特别是青年农民的职业技能培育，推行"小班制、菜单式"教学，创新"本土导师+外出寄学"模式，培养造就一支爱农业、懂技术、善经营的现代化农民队伍，优化农业从业者结构、改善农村人口结构。

四、加快乡村人才队伍建设

人才是最宝贵的资源，是加快建设乡村现代化的基础性、战略性支撑。乡村现代化，说到底，关键在人。因此，应以乡情乡愁为纽带，有序引导大学毕业生到乡、能人回乡、农民工返乡、企业家入乡，为他们创造机会、畅通渠道、营造环境，帮助其解决职业发展、社会保障等后顾之忧，让其留得下、能创业。同时，对乡土人才进行分类管理、靶向培养，采取开展实用技术讲座、"名师带徒"、订单培训等方式分类培训，培养一批"土专家""田秀才"。巧引活用城市优秀人才，通过志愿服务、教学培训等方式，从教育、卫生、科技等领域选派优秀人才组成"人才服务队"，到农村基层开展技能技术服务。特别是扶持培养一批农村职业经理人、经纪人、乡村工匠、文化能人和非遗传承人等，造就一批视野宽阔、理念先进的"新农人"，为加快建设农业强国提供智力支持和人才支撑。

第二十六章　加快现代农业发展

习近平总书记指出，"产业振兴是乡村振兴的重中之重，也是实际工作的切入点。没有产业的农村，难聚人气，更谈不上留住人才，农民增收路子拓不宽，文化活动很难开展起来。"[①] 加快发展现代农业是充分盘活乡村资源，优化整合城乡资源，有效增加农民收入的关键。德阳市作为四川盆地的重要组成部分，其优越的地理位置为全面推进乡村振兴提供了先天的区位支持，在现代农业发展方面取得了许多值得推广的经验做法，为建设农业强国，实现共同富裕打下了坚实基础。

第一节　德阳现代农业发展现状

德阳市加快发展现代农业，农业农村经济稳步发展。2022 年，全市农村居民人均可支配收入 23 192 元、增长 6.1%，第一产业增加值 296.22 亿元、增长 4.3%，增速与全省持平。

一、粮食生猪生产取得新成效

德阳全面落实"藏粮于地、藏粮于技"战略，狠抓撂荒地、耕地"非粮化"整治，大力实施高标准农田、"五良融合宜机化改造"、扶持发展村集体经济等项目，对部分撂荒地进行坡改梯、小改大，守牢耕地红线，保障粮食安全。2022 年，全市累计有高标准农田 288.15 万亩，其中，新增高标准农田 19.43 万亩。粮食播种面积 476.6 万亩，粮食总产 193.1 万吨，居全省第 8 位，单产 411.5

---

① 习近平. 加快建设农业强国 推进农业农村现代化[J]. 求是，2023（6）：4-17.

千克/亩，居全省第 2 位。油菜播种面积 124.7 万亩，油菜籽产量 24.8 万吨，居全省第 6 位。油菜籽单产 199 千克/亩，位居全省第 1 位。生猪出栏 281.4 万头，同比增长 4.05%。

二、产业融合发展取得新提升

德阳市着力推进农业产业转型升级和壮大优势特色产业，发展"一村一品""一乡一业"，不断增强特色农产品的综合竞争力，产业结构不断优化，农业产能不断提高，农业附加值不断增加。2022年，什邡市湔氐镇聚焦黄背木耳产业成功入选国家农业产业强镇创建名单，获得项目资金 1 000 万元。中江县永安镇永安村成功入选第十二批全国"一村一品"示范村镇名单，绵竹市孝德镇年画村成功入选全国乡村特色产业产值超亿元村名单。德阳市储备农业产业化联合体项目 4 个，举办农民丰收节、年画节、梨花节等各级各类主题农业节庆活动 51 次。

三、经营主体培育取得新突破

德阳市创新"户建场、场入社、社联企、企进园"机制，积极培育以家庭农场为主的新型经营主体，构建新型农业经营体系。旌阳区深入推进家庭农场"信贷直通车"省级试点工作，积极探索金融服务家庭农场有效路径，构建"主体直报需求、协会行业支撑、农担提供担保、银行信贷支持"信贷直通体系。截至目前，旌阳区共计发放"直通贷"17 笔，合计 967.9 万元，发放家庭农场、农民合作社农业生产贷款贴息 32.3 万元。2022 年，德阳市培育市级以上龙头企业 295 家、家庭农场 9 850 家、农民合作社 3 896 家、农业社会化服务主体 956 家。

四、农机装备提质取得新进展

德阳市扎实推进农机政策法规执行、农机推广应用、农机安全监管、农机社会化服务等各项工作，着力促进主要农作物"五良融合"全程全面机械化，加快探索丘陵山区农业机械化发展，加快推进农机智慧化，农业生产机械化水平得到稳步提高。2022 年，在旌阳区、中江县丘陵地区整镇、整村推进"五良"融合宜机化改造3.5 万亩，全面提升丘区农机装备应用水平，主要农作物综合机械化水平达到 76%，在农业装备机械化、智慧化、数字化、无人化上引领全省、形成典范。

五、农业品牌打造取得新亮点

按照四川省农业品牌培育、发展和保护的评价标准，德阳市探索区域公共品牌、企业品牌和产品品牌评价标准体系，推动农业品牌规范有序发展。2022 年，德阳市"三品一标"农产品达 462 个，其中：无公害农产品 369 个、绿色食品 58 个、有机农产品 30 个、地理标志农产品 5 个。现有旌阳枣、什邡黄背木耳、什邡大蒜、什邡川芎、什邡猕猴桃、什邡高山绿茶、什邡红白茶七个产品列入全国名特新农产品目录。德阳年丰食品、旌晶食品、广汉熊家婆食品被列入《四川省农业品牌目录》。

六、农业园区建设形成新布局

德阳市聚焦"2+5"优势特色产业，制定印发了《德阳市推进现代农业园区高质量发展工作方案》，把粮油园区建设作为打造更高水平"天府粮仓"的重要载体，统筹推进国省市县四级农业园区联创联建。紧盯年度四川省星级园区创建目标，实施"一园一策"，推进农业园区基础设施建设，大力改善园区生产条件。推进"资金向园区集中、项目向园区集聚"，整合各级财政和社会资本投入 27亿余元，做强要素支撑，推动"2+5"现代农业产业实现基地化、规模化、机械化、标准化、产业化。2022 年 12 月推荐旌阳区粮油现代农业园区、中江县中药材现代农业园区、什邡市稻菜现代农业园区、绵竹市粮油现代农业园区 4 个园区申报 2022 年度省级现代农业园区考评，力争创省级园区 2 个，实现省五星级园区零的突破。德阳市 2022 年新认定（晋级）市级现代农业园区 9 个，新认定（晋级）县级现代农业园区 11 个。

第二节 德阳现代农业存在的问题

德阳现代农业发展取得的成就虽然有目共睹，但是与东部发达地区甚至与省内的成都等地相比，依然有较大差距。

一、重要农产品稳产保供压力大

耕地和种子两个"要害"问题突出，随着城市化不断发展，耕地数量不断减少。《德阳市"十四五"农业农村现代化发展规划》（德府发〔2022〕16 号）指出：一些地方"占优补劣"等现象导致的耕地质量下降也不容忽视；德阳市种质资源丰富，但种质资源优异基因挖掘和开发利用不够，畜禽品种核心种源对外依赖程度较高，生猪生产面临非洲猪瘟疫情防控和恢复生产双重压力，确保重要农产品供给安全压力较大。

二、农业质量效益和竞争力不强

产业化水平较低，农业产业化龙头企业的辐射带动不强。德阳市农产品加工业较弱，农产品主要是集中在种养业的初级农产品，此类农产品难以拉长销售时间、拓宽销售空间、实现加工增值，这使得农业龙头企业市场竞争力普遍不强，抗风险能力较弱，带动农户增收不明显。目前，德阳市农产品加工业产值与农业总产值之比为 1.8：1，低于全省 1.9：1 和全国 2.2：1 的平均水平。

三、特色农业产业规模化、标准化程度不高

德阳市已建设形成了一批覆盖蔬菜、水果、食用菌、中药材、蚕桑等特色农业产业基地，取得一定成效，但对比兄弟市州的拳头特色农业产业，与资阳、南充的蚕桑，眉山柑橘，攀枝花芒果，绵阳麦冬等产业在产业规模、生产标准、品牌效益等方面还存在一定差距。

四、基层农技服务队伍趋向老龄化，服务能力不强

农技员队伍年龄整体偏大，年轻人数量偏少。基层农技人员现代农业知识贫乏，专业性不强，存在非农技推广专业居多、服务方式陈旧等问题，难以助推现代农业产业发展。

五、丘陵山区宜机化改造建设资金不足

土地平整、农机化生产道路建设、作业基地建设等都需要大量资金投入，然而长期以来，各级政府对农业机械化发展的扶持投入对象主要是平坝地区，这些地方因基础条件好、农业规模化程度高，相对投入少，见效快。丘陵地区土地因地形复杂，田块分散，坡多路陡，种植规模上不去则无法争取到大量的农业扶持项目资金和政策优惠。丘陵山区土地农业基础设施建设投入不足，农业基础设施条件差已经成为丘陵山区土地农业机械化发展最直接的制约因素。

第三节　德阳现代农业发展路径

发展现代农业，首先要保障粮食生产不下降，饭碗始终端在自己手里。具体行动上，要把"土特产"这3个字琢磨透，加大现代园区建设力度，构建现代农业经营体系，推进绿色兴农、质量兴农、品牌强农。

一、实施天府粮仓建设工程

习近平总书记指出：保障粮食和重要农产品稳定安全供给始终是建设农业强国的头等大事。粮食这个饭碗任何时候都必须牢牢端在自己手里，放不得，松不得。一是聚焦打造农业强市，加快建设天府粮仓，全面推进丰产、科技、绿色、智慧、致富"五大"粮仓建设。二是坚决守住耕地红线，坚决遏制耕地"非农化"、防止"非粮化"，落实耕地地力保护补贴、稻谷补贴、种粮大户补贴政策，种植园地优化改造稳步推进。三是加快高标准农田建设，严格

落实工程项目"四制"管理，做好质量控制、巡查和监理工作，把好工程质量验收关，确保项目建设质量。四是大力开展种业振兴行动，推动"四川省专用作物种质创新与应用重点实验室"建设，推进旌阳区、罗江区国家级杂交油菜制种大县建设，支持罗江区打造"制种基地"。五是稳固生猪基础生产能力。做好稳产保供，引导养殖户有序出栏，及时补栏，指导养殖户做好后备母猪储备，保障全市猪肉需求。

二、实施产业融合发展工程

习近平总书记指出："要依托农业农村特色资源，向开发农业多种功能、挖掘乡村多元价值要效益，向一二三产业融合发展要效益，强龙头、补链条、兴业态、树品牌，推动乡村产业全链条升级，增强市场竞争力和可持续发展能力"①。一是加快一二三产业融合发展，实现产加销全面贯通、农文旅深度融合。二是深入挖掘文化资源，拓展乡村旅游观光、休闲度假功能，加快培育绵竹玫瑰小镇、什邡雪茄小镇等一批特色小镇及全国、省级乡村旅游重点村。三是突出建设标准化生产基地和发展加工营销，支持中江县持续推进全国农产品加工业示范基地建设，完善电商（物流）服务体系，打造一批结构合理、链条完整的优势特色产业集群。四是继续实施乡村休闲旅游精品线路工程，《德阳市"十四五"农业农村现代化发展规划》（德府发〔2022〕16号）中提出：开发一批休闲农业和乡村旅游精品线路。探索"农村产业+旅游""农村风景+旅游""农村文化+旅游""民俗节气+旅游""特色资源+旅游"等融合发展新模式。

三、实施经营主体培育工程

习近平总书记指出："立足小农数量众多的基本农情，以家庭经营为基础，坚持统分结合，广泛开展面向小农的社会化服务，积极培育新型农业经营主体，形成中国特色的农业适度规模经营。"②

---

① 习近平. 加快建设农业强国 推进农业农村现代化 [J]. 求是，2023（6）：4-17.
② 同①.

深入学习党的二十大精神，认真领会习近平总书记关于"三农"工作的要求，在经营主体培育上要下好先手棋、打好主动仗。一是牢牢抓住人才这个强农兴农的根本，拓宽干部选拔吸纳渠道，优化农村干部队伍结构，选拔农业专业技术人才，发挥老干部传帮带作用，造就一支懂农业、爱农村、爱农民的"三农"干部队伍。二是培养一批新型职业农民，重点培育新型农业经营主体、合作经济组织带头人和农民企业家队伍，不断增强农业农村的内在活力。三是实施"小农户"振兴计划，构建以家庭经营为基础、合作与联合为纽带、社会化服务为支撑的现代农业经营体系。完善支持家庭农场、农民合作社、供销合作社高质量发展的政策体系和工作机制。

四、实施农机装备提质工程

一是加快丘陵山区适宜农业机械的引进推广。建立部门协作配合机制，围绕水稻机械化插秧、果蔬菜园机械化、畜禽养殖机械化推广等重点，制定科学合理、相互适应的机械化作业规范和农艺标准、作业品种和栽培模式。二是加大丘陵山区宜机化改造投入。将宜机化改造纳入政府预算，设立专项资金，长期投入建设农机化生产道路、农业机械库棚，打破丘陵地区小规模土地"有机难用"局面。三是大力引进先进农业机械制造企业。瞄准农业机械化需求，加快推进农机装备创新，引进农业生产企业研发适合国情、农民需要、先进适用的各类农机，既要发展适应多种形式适度规模经营的大中型农机，也要发展适应小农生产、丘陵山区作业的小型农机以及适应特色作物生产、特产养殖需要的高效专用农机。四是大力探索农机社会化服务新模式。做好机械化生产和农机社会化服务工作。加强"全程机械化+综合农事"服务中心建设，一方面解决小农机户单打独斗、作业能力不强的问题，另一方面拓宽合作社服务领域、增强服务功能，为土地流转、全程托管等新型农业模式的推广打好基础。

五、实施农业品牌打造工程

习近平总书记指出："要跳出本地看本地，打造为广大消费者所认可、能形成竞争优势的特色，如因地制宜打造苹果村、木耳乡、黄花镇等。"① 具体措施如下：一是锁定市场需求，培育壮大特色产业。用好"三品一标"品牌优势，开展农产品加工提升、农业新型流通促进和特色品牌打造行动，加大科技创新力度，调优、调高、调精农业产业，依托德阳市资源优势，引导涉农企业和种植大户从事特色产业，打造道泉泡菜、米老头等一批企业品牌，大力培育什邡黄背木耳、中江丹参、旌阳米粉稻等一批绿色优质农产品品牌。二是建立市级特色农产品储备库，加大对新型农业经营主体的引导力度，深入挖掘地域特色内涵，打造农产品高端品牌，提高附加值、提升市场竞争力、延伸产业链、降低市场风险。三是提高农业品牌文化赋能，依托中国消费品博览会、农博会、中国农民丰收节等展会节庆活动，通过网络购物节、云展会等方式，加强品牌推介、拓宽销售渠道。

六、实施农业园区建设工程

德阳市加快园区梯级发展，推动国家现代农业产业园、省级农业科技示范园提档升级。一是在现代农业园区建设上增活力。做好现代农业园区项目储备和实施，接续开展"一园一策"行动，抓好现有已获评省星级园区的提档升级工作，进一步补齐短板；加快省级培育园区的建设，建设一批示范性强、建设水平高的市级粮食园区；深化彭什川芎产业园、中金蔬菜食用菌产业园、青广粮油产业园区建设。二是在乡村振兴示范县创建上求突破。对标对表国家乡村振兴示范县创建条件，加强向上沟通汇报，提前做好各项准备工作，在创建国家乡村振兴示范县上实现突破。三是在农业产业化发展上促提升。全力培育产业龙头，争创国家级农业产业化龙头企业，积极实施产业化项目，有效牵引"2+5"现代农业产业高质量发展。拓展农业多种功能，推进休闲农业转型升级发展，积极培育、打造一批有知名度、有影响力的休闲农业"打卡地"。

---

① 习近平. 加快建设农业强国 推进农业农村现代化［J］. 求是，2023（6）：4-17.

第二十七章　加快和美乡村建设

党的二十大报告指出，"建设宜居宜业和美乡村"。2023 年中央一号文件对扎实推进宜居宜业和美乡村建设作出具体部署。这是党中央在新时代背景下对乡村建设提出的新任务与新要求，是对乡村现代化目标和内涵的进一步丰富和拓展。首先，建设宜居宜业和美乡村目标的提出，表明我国乡村建设总体上已从满足乡村居民生活温饱的生存型乡村建设，转向满足乡村居民全面小康生活的发展型乡村建设变迁与跃升，体现了我们党对乡村建设规律的深刻把握，也充分反映出亿万农民对建设美丽家园、过上美好生活的愿景和期盼。其次，建设宜居宜业和美乡村这一目标任务是全方位、多层次的，涉及农村生产生活各个方面，涵盖物质文明和精神文明各个领域，既包括"物"的现代化，也包括"人"的现代化，还包括乡村治理体系和治理能力的现代化，是中国式现代化在农村领域的重要特征与必然要求。最后，从党的十八大提出"美丽乡村"以来，到党的二十大强调"宜居宜业和美乡村"，美丽乡村与和美乡村，一字之变，内涵极丰极深。与美丽乡村相比，和美乡村更加强调乡村塑形与铸魂并重，以"和"为内在属性，以"美"为外在表现，二者一体两面、相辅相成，共同助推实现乡村由表及里、由形入神的全面提升。

第一节　宜居宜业和美乡村建设的德阳现状

近年来，德阳市以大力实施乡村振兴战略为抓手，坚持因地制宜、科学规划、精准施策，着力更新乡村风景风貌，大力开展人居环境整治，注重培育文明乡风，持续推进公共服务资源下沉，全方位、高质量地加快推进宜居宜业和美乡村建设，构建"景美业兴人和"的新时代乡村画卷。

一、依托艺术赋能，打造各美其美的乡村图景

德阳市把艺术和乡村融合，以本地丰厚的历史文化积淀和青山绿水为产业基础，以消费和体验升级为产业定位，以美学设计驱动，以美学项目带动，聚力打造艺术乡村精品示范点和示范线，用艺术展现乡村内在之美，满足农民高品质的生活需求，以及城市居民对诗和远方的向往，进一步促进城乡融合发展。一是通过艺术更新乡村风貌，塑造乡村美学新场景。绵竹市邀请专业机构，全域规划与运营，在保留乡村底色、体现农村味道的基础上，致力构建"景村融合"格局，匠心打造出棚花村、清泉村、年画村等具有鲜明个性的艺术乡村。二是串联交通节点，构建由通到融立体艺术新空间。旌阳区以交通美学为切入点，打通节点畅优内外，并沿路注入美学理念，成功打造出魅力龙高路等亮点工程。同时，以"铺路联产致富"为手段，融汇产业带动功能，助力实现"修一条路，美一片景，富一方百姓"。三是培育艺术（文创）产业，激发美学经济新动能。广汉市大力发展乡村"美学经济"，一方面，通过激活乡村资源、拉长产业链条，构建餐饮、住宿、观光旅游业态集群布局；另一方面，运用美学包装，以三星堆为核心打造文旅品牌，并通过节会营销扩大产业辨识度与影响力，打造"业活、村活、人活"的美丽新农村。艺术赋能，让美学驻足农村大地，助力德阳实现了美好乡村入画来。放眼德阳市整个乡村版图，从零星的艺术乡村点位到星罗棋布的艺术乡村群落，在各美其美中绘织出了多姿多彩的美丽乡村游线图。

二、开展"四大革命"，改善农村人居环境面貌

自农村人居环境整治三年行动开展以来，德阳市开展了以农村生活垃圾、生活污水、农村厕所、彩钢棚为重点的农村人居环境整

治"四大革命"，通过巩固提升农村生活垃圾治理水平、注重提高农村生活污水治理能力、加快补齐农村"厕所革命"短板、继续加大农业面源污染防控、推广城乡环卫一体化第三方治理、持续开展村庄清洁行动等举措，着力补齐农村基础设施短板，大幅改善了农村人居环境与面貌。一是实现垃圾处理有力有效。德阳市现有乡镇生活垃圾站（房）4 045 个、垃圾转运站 88 个、转运车辆 346 台，农村收转运处置体系实现了全覆盖。二是推动污水治理务实高效。德阳市 512 个行政村农村生活污水得到有效治理，134 个行政村"千村示范工程"项目建设任务已完成 62 个行政村；旌阳区、罗江区、什邡市经综合整治，全面消除农村黑臭水体。三是落实户厕公厕整改提质增效。全市完成了 369 个农村厕所整村推进项目，新（改）建农村无害化卫生厕所 99 745 户，全市在旅游景区、乡村旅游点共新建、改建旅游厕所 125 座。四是推进彩钢棚整治初见成效。完成农村彩钢棚整治约 1 000 万平方米。五是深耕面源污染防控落地见效。全市畜禽粪便资源化利用率达 95%，畜禽粪便处理设施装备配套率达 97%，全市秸秆综合利用率近 96%，废旧农膜回收率保持 80% 以上。六是开展清洁村庄行动取得实效。全市创建国家卫生乡镇 11 个，省级卫生县城实现全覆盖，创建省级卫生乡镇 57 个，省级卫生村 718 个。

三、紧抓乡村善治，营造安定祥和的社会环境

德阳市高度重视乡村治理，以建设和谐乡村为目标，以完善村规民约、强化网格综治、推进清廉建设等行动为抓手，加快构建"一核三治"基层治理体系，奏响了新时代乡村善治的新乐章。具体措施如下：一是以村规民约树立文明乡风。为落实全域无垃圾专项整治等行动部署，许多乡村通过"坝坝会"的形式，在原有村规民约的基础上，增加"相关评分""红黑榜"等内容，让村民自觉参与村庄环境建设和"村庄绿化、道路硬化、街道亮化、庭院美化"行动。有的乡村还在村规民约中增加了开展"门前三包"、垃圾源头分类等条款，通过推动移风易俗，有效改善农村环境风貌。

二是以网格综治延伸防控触角。为推进平安乡村建设，充分利用网格综治，将村级议事代表推荐确立为网格员，通过网格员第一时间了解村民诉求、向村民传递信息，并及时召开定向议事代表会议解决问题，形成"发现问题在一线、解决问题在一线"的闭环运行机制，将防控网络延伸至基层"神经末梢"。三是以清廉建设筑牢权力边界。聚焦村级重大事项决策、资金管理、项目招投标管理、资产资源处置等集体管理事项，推进小微权力清单制定，通过"清权、清责、清流、清单"四清举措，达到"干部用权明晰、群众办事明白、追究责任明确、办事结果明了"的四明效果。强化"三务"公开，村委必须每月定时公开村级事务管理、基础设施建设、集体"三资"使用等党务、村务、财务情况，以此加强权力监督，保证权力在阳光下运行。

四、突出普惠均等，推进乡村公共服务提质增效

德阳市聚焦提高乡村公共服务便利度，采取了一系列惠民生、暖民心举措，进一步促进城乡基本公共服务均等化，全面提升广大农村群众的获得感、幸福感、安全感。具体措施如下：一是筑牢农村养老服务兜底线。由民政牵头，乡镇作为购买主体，以政府购买服务的方式引入专业化为老社会组织，为散居特困老人、居家养老困难家庭老人提供助餐、助医、助急等居家养老支持服务，有力保障老年人的生活质量，提升老年人的幸福感、获得感。二是善用医疗资源下沉惠民线。动员县级及以上医疗卫生机构医护人员深入县、乡、村开展"万名医护走基层"的志愿服务活动，推动优质医疗资源扩容下沉，切实提升基层医疗卫生能力，全面推进实施健康中国和乡村振兴"两大战略"。三是抓实乡村教育培元益智线。坚持新入职教师向农村倾斜原则，优先确保乡村学校教师人数达标、学科结构完善。深化"县管校用"管理体制改革，在城乡教师双向流动的基础上，大力推动城市优秀教师向乡村学校流动。此外，通过加强乡村教师技能培训提升，以"异地同堂、双师协同"的互助方式，为乡村教师提供体验学习发达城市优秀教师的先进教学理念

与教学方式的机会，助力乡村教师在名师的引领下快速成长。四是引好乡村法律服务导航线。积极构建乡村振兴社会治理公共法律服务体系，先后形成了村（社）法律顾问全覆盖、"四点四级"① 基层公共法律服务体系建设模式、闲置农房使用权流转"四书模式"等典型案例，为乡村的发展安全稳定奠定了坚实的法治根基。

第二节　宜居宜业和美乡村建设的德阳困境

随着宜居宜业和美乡村建设行动的深入推进，德阳市农村基础设施和人居环境明显改善，基本公共服务大幅提升，综合治理体系不断完善，精神文明建设全面加强，一幅业兴民富人和的"富春山居图"渐次铺展。但与此同时，也必须看到，宜居宜业和美乡村建设还存在以下诸多不足：

一、乡村风貌改造缺乏本土元素

一是乡村风貌改造中，当地文化辨识度不高。相关部门没有能够充分挖掘乡村独有的价值，塑造乡村文化自信，部分优势资源"养在深闺人未识"。二是个别乡村仍存在破坏自然生态的情况。三是乡村常住人口在乡村建设中的参与度不高。四是乡村艺术作品的宣传有待加强，未能充分体现和有效输出本地和谐和顺和美的乡村文化。

二、农村人居环境整治存在多维短板

一是统筹协调不强。农村人居环境治理工作覆盖面广，仅市级层面就涉及二十多个相关部门，虽然市、县层面都成立了农村人居环境治理领导小组，但由于统筹力度有所欠缺，且部门之间缺乏有

---

① 四点四级：以实体平台建设为着力点，以司法所规范化建设为切入点，以普惠为民为出发点，以"3+X"功能优化为结合点，分层分类推进公共法律服务体系建设。

效的协同合作机制，尚未形成"齐步走、并排行、共同干、联动抓"的多方共治格局。二是资金保障不足。就德阳市"四大革命"而言，中央和省投入的资金量较大，但地方财政补贴相对不足。此外，运维投入也明显不够，存在农村人居环境基础设施建好后不能持续运行的情况。三是农民的积极性没有调动起来。农民环保意识薄弱，主体意识缺位，加之政府部门宣传引导形式单一，农民对农村人居环境整治知晓率不高，改善农村人居环境的积极性没有调动起来。

三、乡村治理有待脱虚向实

一是治理中坚力量流失缺位。大批青壮年在外务工经商，农村空心化、老龄化问题严重，村委班子平均年龄普遍偏大。二是治理理念比较落后。部分乡政府工作人员及村委班子缺乏现代管理理念，法治观念和规则意识也相对薄弱，习惯于以"经验"和靠"面子"办事，存在"和稀泥"现象，未能充分保障农民群众的权益。三是基础支撑薄弱。多数乡村集体经济规模较小，财力支撑不足，导致综合服务水平低，服务内容和服务供给方式单一。

四、基本公共服务水平需乘上突破

一是乡村养老服务供给不足。现有农村养老服务重在兜底线，主要服务于农村留守老人，但即便如此，留在农村的老年群体庞大，养老服务供给不足问题明显。此外，部分农村地区的养老服务基础设施建设供需失衡，且硬件质量也有待提高。二是农村医疗水平与城市差距较大。村医学历总体偏低，普遍缺乏系统的业务学习，工作方法老化、单一，不能满足新形势下农民群众对医疗卫生服务的复杂需求。三是乡村教育方式相对粗放。乡村的留守儿童与孤弱病残青少年较多，心理脆弱且容易自卑，现有的教育方式缺乏对他们情感和心理健康状况的关怀。四是乡村公共法律服务产品开发不够。政府主管部门尚未专门就公共法律服务与乡村振兴的具体实施要求研究、制定配套方案。

五、产村融合面临同质、低效难题

一是统筹规划能力不强。一些乡村在规划设计时，未对特色资源进行全面梳理、深入研究和有机整合，其科学性、前瞻性和可持续性值得商榷。二是项目开发趋同。一些乡村在发展定位、特色产品、节庆活动等方面趋同，难以形成差异化的核心竞争力。三是产业链规模偏小。乡村旅游经营规模普遍偏小，产品和服务标准不完善，尚未形成完整的产业链。"食、住、行、游、购、娱"六要素发展不协调，"日经济"强于"夜经济"。特色农副产品供给呈现粗放、分散特点，品牌化、规模化经营不足。

第三节　宜居宜业和美乡村建设的提升路径

德阳市以问题为导向，从提升乡村风貌、改善农村人居环境、加强乡村治理、优化乡村公共服务、强化产村融合五个方向构建"建设宜居宜业和美乡村"的提升路径。

一、提升乡村颜值，打造现代版"富春山居图"

一是厚植文化本底，增强乡村风貌改造的文化辨识度。通过艺术设计和丰富的文创活动，挖掘当地历史文化资源，提炼具有本地特色的文化和自然符号，赋予其鲜明个性，展示艺术化的魅力，将乡村风貌打造与弘扬当地文化自信充分结合。二是尊重自然之道，贯彻微干预、渐进式的保护性开发。坚持规划先行，注重科学布局，防止建设性破坏。三是深挖、强育本土艺术人才，集智赋能乡村建设工程。坚持就地取材，积极推行乡村常住人口承接农村小型建设项目模式，完善农民参与机制，尊重农民意愿，为农民而建，引导农民全程参与乡村建设。四是讲好乡村艺术文化作品故事，深化农村精神文明建设。乡村建设中打造了诸多艺术作品点位，这些是乡村文化的视觉化表达，应注重推广宣传，把故事编"趣"，把文化做"活"，着力塑造人心和善、和睦安宁的乡村精神风貌。

二、改善农村人居环境，绘就农村生活新图景

具体措施如下：一是提升职能部门的统筹协调能力。健全部门间政策衔接体制，及时调整理顺沟通机制，避免因政策重叠破坏部门间工作整体性，拉低效率。进一步理顺部门关系，明确责任部门和配合部门，形成分工明确、配合高效的工作机制。二是加快健全多元投入体系。创新投融资机制，构建以政府投入为主、村民自筹为辅、市场资金积极参与的多元投入机制。提升财政投入效能，健全地方政府财政资金投入稳定增长机制，科学确定项目实施的有限顺序。拓展政府性基金和专项债券融资渠道，提高土地出让收入、城乡建设用地增减挂钩所获土地增值收益、耕地占补平衡指标收益等资金用于农村人居环境改善的比例。三是完善联农带农机制。加强宣传引导，培养农民的主体责任意识。建立紧密合作的利益共赢机制，通过支持村级组织和农村工匠带头人等承接农村人居环境小型工程项目等方式激励农民全方位参与。

三、深耕乡村善治之路，实现基层治理有力有序

具体措施如下：一是优化政策筑巢引凤。实施乡村人才回流工程，引导和支持本土人才返乡创业就业。建立乡村人才培养机制，打造有文化、懂技术、善经营、会管理的高素质农民队伍。二是强化党领导下的"三治融合"。充分发挥党建引领作用，推行以自治为基础、法治为保障、德治为先导的"三治融合"，发挥"1+1+1>3"的治理效能，构建共治共建共享新格局。三是加强乡村治理基础支撑。立足乡村资源禀赋，因地制宜、因势利导，大力发展乡村优势产业，创新农村集体经济管理体制和经营方式，确保集体资产稳定增收，进一步夯实农村综合服务经费投入保障，也为广大农村青壮年能够在家门口就业提供机会。

四、优化乡村公共服务，推动民生福祉扩面提标

具体措施如下：一是拓宽养老服务供给。强化政策支撑，采取多样化措施吸引专业人才加入农村养老服务队伍。为农村低收入老人的亲属优先预留工作职位，为老年人家属提供优先陪护机会。加强对养老服务组织的日常培训，提高工作人员的专业水平。二是提升医疗服务水平。完善村卫生室的医疗配备设施，重视村医队伍的职业化发展，持续加大对农民的医疗保障力度。三是强化教育精细度。针对农村留守儿童与孤弱病残青少年，加强情感关怀与情绪引导，注重心理健康教育，培养身心健康、向阳而行的社会主义接班人。四是积极开发乡村公共法律服务产品。树立产品思维、用户思维，结合乡村振兴战略实施的要求，不断夯实如人民调解、法律咨询、法律援助等基本产品，不断探索和研发符合农业农村农民需求的公共法律服务产品。

五、强化产村融合发展，铺陈业兴民富美好版图

具体措施如下：一是深化统筹规划力度。以"大统筹"理念完善乡村规划，充分关注乡村资源、乡村建设与乡村产业等深层关联，因地制宜，统筹考虑基础设施、业态、产品和乡村生态、村落空间、民俗民情等生产生活要素，持续推进"多规合一"。二是增进文化赋能。以乡村文化为魂，借风景卖乡愁，加快文化产品及衍生品研发进程，体现特色化差异性。三是注重业态融合。推进农文旅深度融合，延伸产业链，提升价值链，拓宽增收链，打破时令困境，实现全季节、全天候、多元化的特色旅游产品供给。同时，充分利用乡村民居等相关资源，打造有特色有灵魂的乡村民宿，持续撬动过夜经济。

第二十八章　加快农业农村改革

改革是推动农业农村发展的不竭动力，加快农业农村改革，创新农业农村发展机制，有利于推进农业农村现代化发展。农业农村改革涉及的点多、面广，其中处理好农民与土地的关系问题是重中之重。德阳市加快农业农村改革，抓住重点领域，打通城乡要素市场化配置体制机制障碍，推动城乡要素平等交换、双向流动，加快县域内城乡融合发展，增强农业农村发展活力，取得了明显成效，同时新时代加快农业农村改革面临着新形势的挑战，改革要在实践—认识—实践的过程中走向深入，亟需提出加快农业农村改革的新思路、新举措。

第一节　德阳市农业农村改革的现状

德阳市从实行家庭联产承包责任制的广汉改革到三变五社的旌阳实践，在农业农村改革方面一直勇立潮头。党的十八以来，为守好"天府粮仓"德阳片区，坚持问题导向，德阳市以破解乡村振兴"人、地、钱"难题为切入点，深入推进农村土地制度、农村金融服务、城乡融合发展等六项改革，扎实开展 16 项省级以上改革试点，聚焦加快农业农村改革，有效激发了农业农村发展新动能，在改革推进落实情况方面取得了实效。

一、新型农村集体经济焕发新活力

新型农村集体经济作为一种经济发展模式，在德阳的县（市、区）逐渐焕发出新的活力。一是产量与效益得到增加。德阳市施行新型农村集体经济推动了农业的规模化、专业化和现代化，提高了产量和经济效益。通过集体经济的方式，实现了生产要素的优化配置，提高了农业效益。例如：通过集体产权制度改革，2022年全市农村集体经济总收入达4.35亿元。二是管理水平得到提升。德阳市实施集体经济组织"五个一"和"七规范"行动，全面推广"三农"服务平台，管理水平得到了极大提升，2022年完成资金平台支付10.5万笔，金额6.62亿元，村委会与村集体经济组织实现账务分设。三是发展路径得到拓宽。德阳市在45个村开展农村"三变"改革"五社"实践，在69个村探索"三社"融合发展，综合运用财政、金融、土地、项目等政策支持发展，集体经济收入10万元以上的村达462个，三个典型案例在全省推广。四是促进资产得到增值。德阳市创新推行"三书模式"，建成市县乡村四级农村产权交易市场体系，累计完成交易7590宗、金额114.7亿元，最高溢价11.5倍。

二、农村土地制度改革蹚出新路径

德阳市通过确权颁证、规模经营、整治提升等方式，提高了农村土地利用率。一是"小田变大田"。在中江、旌阳探索开展解决农村土地细碎化问题试点，完成细碎土地整治1万余亩，有效耕地面积增加2%，生产效益提高30%。二是"差田变良田"。在永久基本农田中建成高标准农田212.48万亩，占比居全省第1。在罗江、广汉、什邡推进高标准农田建后管护保险试点，提升管护水平。三是"零散变规模"。建成农村土地承包经营权信息应用平台，开展土地承包和流转合同网签试点，推进土地经营权抵押、担保试点，全市农村土地流转面积143.38万亩，流转率45.1%。

三、新型农业经营主体成为主力军

德阳市实施新型农业经营主体提升行动，加快推进农民合作社、家庭农场等经营主体高质量发展。一是健全培育机制。在全省率先整市推进新型职业农民制度试点，建立农技推广新体制，建成基层农技综合服务中心 228 个，培育新型职业农民 1.6 万人次。二是突出示范引领。德阳市培育省级以上家庭农场示范场 208 家、农民合作社示范社 149 家，罗江、广汉成功创建省级家庭农场示范县，农民合作社质量提升，整县推进省级试点实现全覆盖。三是构建服务体系。全市农业社会化服务组织达 1 013 家，农业生产托管服务面积 352 万亩次，农机化率达 76%，建成四川省首个丘区山区智能农机装备创新中心，补齐丘区山区农机发展短板。

四、县域城乡融合发展迈出新步伐

德阳市通过补短板、扬优势、增活力，有效激活县域经济发展新动能。一是创新农村金融服务。建立乡村振兴农业产业贷款风险补偿金制度，创新推出"农交所交易鉴证书质押贷款""助农振兴贷""种植 e 贷"等，全市助农振兴贷 10.9 亿元，给予贴息支持 1 342 万元。二是补齐乡村发展短板。建立县、乡、村三级电商综合服务体系，全市行政村通客车率达到 100%，94.8% 的村普及了卫生厕所、99% 的村覆盖生活垃圾收转运处置体系。三是推进农商文旅融合。全市粮食生产实现"十九连丰"，粮食、油菜单产居全省前列，建成县级以上现代农业园区 51 个，2022 年成功创建天府旅游名县命名县 1 个、2A 级以上旅游景区 4 个，4 个村荣获第三批省级乡村旅游重点村称号。德阳市以"建设著名文化旅游目的地"为目标，构建以三星堆、三国文化、年文化、红色教育、德孝文化等为引爆点的集文化游、乡村游、健康游、工业游于一体的全域文旅融合格局；成功创建全省第一批乡史村史和社区博物馆示范项目 2 个，川西关口景区、神瀑沟景区、易家河坝被评为国家 AAA 级旅游景区，广汉市入围 2022 年全国县域旅游综合实力百强县。

第二节　德阳加快农业农村改革面临的问题

新时代我国社会的主要矛盾是人民日益增长的美好生活需要和不平衡不充分的发展之间的矛盾。这种不平衡不充分发展，尤其表现在农业农村领域，要补齐农业农村发展短板，关键在于深化改革。德阳市在推动农业农村改革往深处走、往实处走方面，取得了可喜的成绩，但同时一些重点农业农村改革真正破题和深度推进还不够，尤其在多元投入机制、农村体制机制创新、土地优势转为资金优势、城乡二元结构等方面还存在不足。

一、多元化投入机制尚未完全建立

在农业农村改革的过程中，多元化投入机制被视为促进农业现代化、增强农村发展活力的重要途径。但这一机制在实际应用中还存在一些问题和局限，具体表现如下：一是投入来源单一。在一些县（市、区），农业投入主要依赖于政府预算，而民间资本、外部投资等多元化资金渠道尚未充分开发。据实地调研，农业投资主要来源于政府投入。二是投资主体不足。除了政府和个体农民之外，企业、合作社和其他社会主体在农业投资中的比重相对较小。这限制了农业产业链的延伸和农业现代化的推进。三是投入方向和结构不合理。尽管农业投入总量逐年增长，但在一些县（市、区）关键领域如农业科技研发、农业基础设施建设等方面的投入仍不足。

二、农村体制机制创新还需加大力度

全面推动乡村振兴取得新进展，关键在于农村体制机制创新。在经济、文化和生态层面，农村拥有巨大的潜在价值，但在农村土地制度、农村产权制度、农村金融制度等方面仍存在不少问题，乡村的价值尚未得到充分的体现，需要进一步的创新与探索。一是农村土地制度问题。许多地方仍然采用传统的集体所有制，限制了农

民的土地使用权和流转权，这导致土地利用效率不高。二是农村产权制度问题。农民对于他们的土地、房屋和其他资产的产权不够明确，这导致农村投资和开发受到限制。三是农村金融制度问题。农村金融机构较少，农民获取融资的难度大，缺乏专门针对农村的金融产品和服务。

三、农村土地资源变资产尚未实现

农村土地资源优势转变成资产优势是农村改革的重要方向之一。这一过程当中遇到了政策、资金等因素的影响，集体经营性建设用地入市试点刚刚起步。闲置宅基地、农房盘活利用难度较大，使得农村土地资源优势并没有完全转变成资产优势。一是集体经营性建设用地入市试点刚刚起步的挑战。从政策制约方面来看，虽然政府已经提出了相关的政策试点，但在具体实施过程中，由于地方政府的保守、担心稳定问题等原因，推进速度较慢。从资金问题方面来看，将土地从集体经营转变为市场化运作需要大量的初期投入，如土地评估和规划、土地整治、基础设施建设等。由于农村经济条件有限，资金成为制约因素。二是闲置宅基地和农房的盘活利用问题。从权属不明确方面来看，在实际操作中，由于权属、使用权等问题不清晰，闲置宅基地和农房的盘活利用变得困难。从转换成本高方面来看，即使权属问题解决，将这些土地和房屋转换为可以产生经济效益的资产，还需要面临诸如重建、改造等成本。从市场需求不足方面来看，在某些县（市、区），即使闲置宅基地和农房得到了盘活，也可能由于地理位置偏远、交通不便等原因，缺乏足够的市场需求。三是农村土地资源转化为资产优势的困难。农村土地资源在理论上具有巨大的经济价值。然而，由于上述的政策、资金、权属等问题，这一资源优势并没有完全转化为资产优势。这意味着农村土地资源的经济潜力没有得到充分的挖掘和利用。

四、城乡发展不平衡不充分较为明显

党的十八大以来，我国在健全城乡发展一体化体制机制、打破城乡二元结构制约方面出台了一系列举措，同时四川省和德阳市对于如何打破城乡二元结构，认真贯彻落实中央决策部署，做出了切实努力，在促进城乡融合方面迈出了坚实步伐。但是我们应看到，由于城乡二元经济结构长期积累的体制机制痼疾难以在短期内打破，我国当前发展不平衡不充分问题在农业农村改革领域较为突出，固有的城乡二元结构在体制和结构上的矛盾，使得我国农村发展滞后，农村经济体制发展不健全。城乡发展不平衡不充分的问题具体表在收入差距、基础设施差异、教育资源分配不均、医疗资源分配不均等方面。具体而言，从收入差距方面来看，2022 年，德阳市农村人均收入为 23 192 元，城镇人均收入为 44 650 元，城乡收入差距仍明显。从基础设施差异方面来看，城市通常拥有更先进的交通、医疗、教育等基础设施，而农村地区这些方面可能较为落后。从教育资源分配不均方面来看，城市地区有更高质量的教育资源，而农村地区缺乏高质量的教育资源。从医疗资源分配不均方面来看，与城市相比，农村地区的医疗资源相对不足，这导致其医疗服务水平和医疗保障同城市存在差距。

第三节　德阳加快农业农村改革的优化路径

德阳市在加快农业农村改革方面，应聚焦打造新时代更高水平的"天府粮仓"，进一步提高农业农村改革的系统性、协调性，着力在推动关键环节改革上取得新突破。进一步而言，要取得新突破，就需要我们认真贯彻落实习近平总书记来川视察的重要讲话精神和中央、省委、市委关于农村改革的重大决策部署，以"十四五"农业农村现代化发展规划为行动纲要，围绕健全乡村振兴"人、地、钱"保障机制，扎实抓好农村土地制度改革、农村集体经济发展、新型农业经营主体培育、乡村投入保障机制等重点改革，以更大的勇气、更实的举措、更高的标准不断开创农村改革新局面，为推动乡村全面振兴、农业农村现代化作出新的更大的贡献。

一、健全农业农村多元化投入机制

实现农村经济的可持续发展，特别是在推动多元化投入机制的健全和完善方面，需要多方面的共同努力。一是完善相关政策。在设立特殊资金方面，通过设立农业发展基金、扶持基金等，以政府财政支持作为引导，吸引社会资本投入农业农村发展。在政策支持方面，出台针对农村地区的税收优惠、补贴、信贷政策等，以降低农业投入成本，鼓励多元化投入。在管理便利化方面，简化农业投资和项目审批流程，降低行政壁垒，促进多渠道资本流入农业领域。二是优化市场机制。在地方市场培育方面，通过地方政府引导和支持，培育农产品市场，激活农村消费和投资需求。在风险管理方面，建立完善的农业保险体系，减少农业生产和投资风险，吸引更多的社会资本投入。在公私合作方面，鼓励和引导公私合作模式在农业项目中的应用，实现政府和社会资本的有效结合。三是强化地方协同。在跨地区合作方面，通过跨地区的合作和协同，打破地方保护壁垒，推动资本、技术、人才等要素的流动，推动资源优化配置。在地方特色发展方面，鼓励地方根据自身特色发展相应的特色农业，形成区域协同效应。在增强地方政府责任方面，强化地方政府在推动多元化投入机制中的作用和责任，确保政策的执行和监管。在社区（村）参与方面，鼓励地方社区（村）参与多元化投入的决策和监管，增强投入机制的公信力和可持续性。

二、加大农业农村体制机制创新力度

"加大农业农村体制机制创新力度"是实现农业农村可持续发展的关键途径之一，需要政府、企业和农民共同参与，形成多方合作的新格局。一是发挥土地价值。农村可以通过土地流转、合作、租赁等方式，引入外部资本和技术，提高土地的使用效率和价值，实现农村经济的多元化发展。二是农村自身的努力。在改革和创新方面，农村需要根据自身的实际情况，进行土地管理和经营的改革和创新，打破传统的束缚，寻找适合自己的土地资产化之路。三是农民培训和教育。农村应当加强农民的培训和教育，提高其对土地资源的盘活和资产化的认知和能力，提升农民的创新能力，确保其能够在土地资产化过程中获得更多的利益。

三、实现农村土地优势变资产优势

实现农村土地资源的盘活和资产化是一个系统工程，需要政府和农村双方的共同努力和合作。具体措施如下：一是需要政府明确角色和责任。在政策支持方面，政府需要出台明确、长期、稳定的土地政策，为土地资源的盘活和资产化提供清晰的方向和框架。在资金支持方面，农村土地资源的盘活和资产化需要大量的初期投入，包括土地评估、基础设施建设、市场开发等。政府可以提供相关的财政补贴、税收优惠、贷款支持等，降低土地资产化的门槛和成本。二是深化土地制度改革。在土地权属清晰方面，制定和完善土地权属、使用、流转等方面的法律法规，确保土地权益明晰、保护有力；加强土地登记制度，明确土地权属关系，消除流转障碍。在土地使用灵活方面，调整和完善土地使用政策，为土地的多元化利用提供合法依据；允许和引导土地适度规模经营，提高土地使用效益。三是推动土地资源的合理流通和优化配置。在土地流通机制方面，合理的土地流转和交易机制，使土地资源能在农村社区内自由流动；建立和完善土地流转市场，激活土地资源，促进土地优化配置。在土地利用优化方面，根据地区经济、社会发展需要，合理规划土地资源，确保土地得到最佳利用；鼓励农业与非农业土地之间的合理转换，增加土地利用的灵活性。四是鼓励土地资源多元化利用。在多元化发展模式方面，积极探索土地资源的多元化利用路径，如家庭农场、农业观光、乡村旅游、农民合作社经营等；鼓励土地与现代农业、乡村振兴等方向的融合发展。在产业链延伸方面，促使土地资源与现代产业相结合，推动农业产业链的延伸，如农产品深加工、产业园区建设等。

四、深入推进县域内城乡融合发展

深化农村改革、促进乡村振兴，不是就农业言农业、就农村言农村，而应从城乡融合发展的角度继续深化改革，进一步推动"人、地、钱"等要素在城乡之间自由流动、平等交换，促进公共资源城乡均衡配置、补齐农村短板，实现工业与农业、城镇与农村相得益彰。具体措施如下：一是建立健全城乡融合发展体制机制。深化户籍制度改革，试行以经常居住地登记户口制度。推进县域内城乡融合发展改革省级试点，探索城乡融合发展新路径。二是统筹推进县域空间布局、产业发展、基础设施、公共服务等一体化建设，逐步探索建立消除城乡二元结构、合理配置城乡资源、促进城乡一体化发展的体制机制，持续推进省级百强中心镇培育创建工作。三是以片区为单元编制乡村国土空间规划，健全乡村建设规划许可管理制度。加强县域商业体系建设，开展县域商业建设行动，整合邮政、供销、快递等资源，加快县、乡、村三级商贸和寄递物流服务体系建设。四是深入推进乡村治理试点示范。推广村级组织依法自治事项、依法协助政府工作事项清单制。建立健全农村社会治安风险隐患信息化排查处置机制。健全农村留守儿童和困境儿童关爱服务体系。健全农村特殊困难老年人关爱巡访制度与帮扶制度。

第二十九章　加快推进乡村人才振兴

农业农村人才是强农兴农的根本。党的十八大以来，农业农村人才队伍不断发展壮大，为农业农村发展取得历史性成就、发生历史性变革提供了有力支撑[①]。"十四五"是全面实施乡村振兴战略的关键时期，"三农"工作在开新局、应变局、稳大局中的重要地位愈发凸显。全面推进乡村振兴，加快农业农村现代化，迫切需要建设一支与其相适应的人才队伍，加强乡村人才保障的意义十分重大。

第一节　德阳乡村人才队伍保障现状

"十三五"时期，德阳市认真贯彻落实习近平总书记关于"三农"工作和人才工作的重要论述，统筹推进农业农村各类人才队伍建设，农业农村各类人才总量不断扩大、结构明显优化、素质稳步提升，为推进乡村振兴提供了坚强有力支撑。

一、新型经营主体培育蓬勃发展

通过经营主体培育、构建社会化服务体系、推动土地规模经营等加快构建现代农业经营体系。在四川省率先整市推进新型职业农民制度试点。2022 年，德阳市培育高素质农民 1.6 万人，发展市级以上农业龙头企业 295 家，建成家庭农场 1 万余家、农民合作社3 800 余家，创建县级以上农业园区 51 个；构建社会化服务体系，

---

① 资料来源：《"十四五"农业农村人才队伍建设发展规划》（农人发〔2021〕9号），2021 年 12 月 17 日。

德阳市有农业社会化服务主体 956 家，年服务面积超 340 万亩次；推进农村承包土地经营权抵押、担保试点，德阳市农村土地流转面积 143.38 万亩，土地流转率 45.1%，居四川省前列①。

二、基层组织负责人选优配强

德阳市扎实推进村（社区）党组织书记通过法定程序担任村（居）民委员会主任，截至 2021 年，"一肩挑"比例达 96%，强化村党组织对集体经济组织的领导，700 余名村党组织书记兼任集体经济组织负责人。1 186 个村（社区）全覆盖建立公共卫生委员会，党组织书记兼任委员会主任，不断提升村（社区）党组织应对公共卫生事件的能力水平。全力推进基层干部队伍年轻化、知识化，换届后，村（社区）党组织书记平均年龄下降 2 岁；大专及以上学历占比提高 7.6 个百分点。创新实施从优秀农民工中公开遴选村干部后备人选工作，市级统筹遴选了 205 人，县级集中遴选了 1 000 余人②。

三、公共管理服务队伍日益健全

2022 年以来，德阳市公共法律服务工作室规范化建设完成率 100%，实现行政村法律顾问全覆盖，成立法治宣传志愿者队伍 243 支，德阳市共遴选并认定符合统一标准的"法律明白人"3 971 人，实现了每个村（社区）有 3 名以上"法律明白人"，推动了乡村治理常态化、长效化。扎实推进"平安法治乡村"建设，德阳市共设置网格 2 303 个，配备专兼职网格员 4 069 人，网格体系纵向覆盖市、县、乡、村，横向覆盖公安、司法、卫健等重点部门③。

---

① 资料来源：《德阳市"十四五"农业农村现代化发展规划》（德府发〔2022〕16 号），2022 年 4 月 18 日。

② 德阳市"六个坚持"不断推进乡村治理体系和治理能力现代化［EB/OL］.（2021-05-18）［2023-05-15］. http://www.moa.gov.cn/xw/qg/202105/t20210518_6367909.htm.

③ 同②.

四、农业科技新力量不断壮大

德阳市深入推进农村科技特派员制度，组织实施"德阳市农村科技特派员选派计划"项目，建立和探索农村科技特派员选派机制，进一步引导市内外科研院所、高校和涉农部门专业技术人员围绕乡村振兴开展创新创业和科技服务；深入落实"科技下乡万里行""人才五进""专家下基层行动工程"等重点项目，组建乡村振兴专家学者"顾问团""讲师团"开展基层服务活动；实施科技特派员选派计划，引导高素质人才资源向农业农村聚集；实施科技项目100项，建设特派员专家工作站30家。加快推动"四川科技兴村在线"平台建设，发展平台专家400人①。

五、返乡入乡创业人才异军突起

德阳市深入贯彻落实省、市促进返乡入乡创业"22条""24条"政策措施，下足"搭建回引平台、优化政策措施、完善服务体系"的"绣花"功夫，凝心聚力营造返乡入乡创业浓厚氛围。2020年以来，德阳市组织30个项目参与四川省农民工及企业家返乡入乡创业项目推介签约，成功引资1.22亿元。2022年，德阳市新增返乡入乡创业7 392人，带动就业3.72万人；挂牌成立农民工综合服务站223家，提供创业服务6.9万余人次；开展返乡创业培训1 261人次；为农民工、大学生、退役军人等787人发放创业补贴694.45万元；新增发放创业担保贷款2.63亿元。罗江区、中江县、什邡市先后被四川省农民工工作领导组评为省级返乡入乡创业示范县（市、区）②。

---

① 资料来源：《推进乡村振兴战略的实施意见》（德委办发〔2022〕14号），2022年12月16日。

② 2022年度德阳"返乡入乡创业明星""返乡入乡创业明星企业（项目）"评选结果出炉200名个人20家企业上榜［EB/OL］.（2022-12-21）［2023-05-15］. https://www.deyang.gov.cn/xwdt/dydt/1721080.htm.

第二节 德阳乡村人才队伍保障存在的问题

随着乡村振兴战略的全面实施，农业农村现代化对人才的支撑保障作用提出新的更高要求，乡村人才队伍肩负的"三农"发展任务更加艰巨繁重，在乡村人才支撑方面仍然存在短板。

一、人才引领农业农村现代化的能力仍需提升

一是农村基层干部能力素质与乡村治理能力现代化要求还有差距。农村基层干部为农业农村发展进步作出了突出贡献，为乡村振兴发挥了积极的带头作用。但是，在乡村振兴新形势下，面对新任务、新难题，农村基层干部在发展理念、工作方法等方面还存在不足。二是农村实用人才示范带动能力有待加强。引领农业科学发展方向，解决关键核心技术难题的科研领军人才缺乏。农村实用人才的年龄、生产规模、种养水平、文化素质参差不齐，总体素质偏低，截至 2022 年底，初中学历的农村实用人才就占人才总量的61.29%。受文化层次的影响，其个人能力发挥有限，发展的产业难以跟上现代农业生产发展需要，示范带动效应不明显。三是农民合作社带头人规范运行意识有待加强，拓展服务能力还需提升。农民专业合作社，合作社内控制度不健全，内部运作不规范，特别是在合作社会计制度的企业化运作方面缺乏有效的监督和制约。

二、人才保障农业农村改革发展能力有待提升

一是农业综合行政执法人才队伍建设规范化水平不高，执法能力有待提升。2020 年，德阳市综合行政执法改革任务基本完成。农业领域实行区级执法，实现同城一个层级执法，构建起权责统一的执法格局。但农业综合执法队伍中大多是从原先分散在农业系统内农业执法机构中划转过来的人员，绝大多数人员非法律专业且年龄较大，缺乏执法经验、执法技巧和依法治农、依法护农、依法兴农

的责任感。二是农村改革人才队伍还不能完全满足农业农村管理服务职能拓展需要，农村产权流转交易、农村宅基地管理、人居环境整治等专业人才缺乏。三是农业公共服务人才知识老化、履职能力不足，不能完全适应乡村振兴新要求。如乡村教师社会地位不高、工资待遇不理想、职称晋升困难等问题未完全解决，很多优秀人才难以长期坚守；乡村医疗卫生人员职称、学历普遍不高，专业技术水平相对薄弱，人才队伍结构缺陷较为突出。

三、人才支撑农业转型升级能力有待加强

一是农业农村科技人才总量不足、分布不均衡。高层次人才特别是领军人才、农业战略科学家、创新团队比较匮乏，具有较强科技应用转化能力和科研能力的企业技术人才存在较大缺口，应用转化能力不足。二是专业化社会化服务组织带头人队伍基础薄弱，联结小农户的桥梁纽带作用发挥不充分。三是农业企业家队伍规模偏小，引领产业转型发展、带动农民融入大市场的能力有待提升。

四、人才发展的支持政策和保障服务有待健全

一是现有人才支持政策统筹协调不够，促进人才发挥作用的机制需要进一步创新。一些人才优惠政策存在重视实力强劲的大企业、忽视小微企业和返乡创业农民工的现象，无法提供涵盖面广、更为细化的有效帮扶。二是农村基础设施和公共服务仍然薄弱，推动人才向乡村流动的机制不健全，人才到农村创业的金融、土地、信贷等支持政策不完善，城市专业人才进入农村服务农村的机制不灵活，农业农村人才的培育、引进、使用、激励政策措施有待强化。三是农村实用人才评价标准有待完善。农村实用人才认定后，扶持政策跟不上，导致其参加认定的积极性不高。

第三节　德阳乡村人才队伍保障路径

加强乡村人才队伍保障，是一项系统工程，需要不断扩大人才队伍规模，努力提升乡村人才队伍素质能力，创新体制机制，完善支持政策，优化发展环境，全方位培养、引进、用好人才，促进人才下乡、返乡、兴乡，吸引各类人才在乡村振兴中建功立业，为全面推进乡村振兴、加快农业农村现代化提供有力支撑。

一、壮大主体人才队伍

德阳市重点培育农村基层组织负责人、家庭农场主、农民合作社带头人三支队伍，提升乡村治理现代化水平，促进乡村产业转型升级，发挥乡村本土人才推动乡村振兴的主体功能和先锋引领作用。一是实施乡村"育苗工程""蹲苗工程"，选派优秀年轻干部到基层直接任职、交流挂职，持续做好选调生到村任职工作，加快形成到基层锻炼、受基层管理、从基层发现的人才培养机制[1]。二是实施高素质农民培育工程，突出抓好农业经理人、家庭农场主、农民合作社带头人、农村集体经济组织带头人的培育，提升农业从业者能力水平。三是探索完善新型职业农民制度。将农业经理人、家庭农场主、农民合作社带头人、农技协领办人、农民工、退伍军人等纳入高职扩招范围，培育产业带头人，吸引发展合伙人，遴选优秀新农人[2]。

二、做强支撑人才队伍

重点做强农业科研人才、社会化服务组织带头人、农村创业带头人三支队伍，更好地发挥其加快农业创新驱动发展，促进小农户

---

[1]　资料来源：《德阳市"十四五"农业农村现代化发展规划》（德府发〔2022〕16号），2022年4月18日。

[2]　同①.

和现代农业发展有机衔接，助力一二三产业融合发展的支撑作用，为推动农业农村现代化注入活力动力。一是加强农业科研人才队伍建设，提升农业科技创新能力。围绕乡村振兴"双环线"，持续建好18个"全国基层农技推广体系改革与建设补助项目农业科技示范基地"，强化示范引领，促进农业科技成果转化应用。实施基层农技推广体系改革和建设项目，加强与四川农业大学、四川省农业科学院、德阳市农业科学院（四川省农业科学院水稻高粱研究所）以及德阳农业科技职业学院等高校、科研院所的合作，支持涉农企业、科研院校开展农技推广服务，壮大科技特派员队伍，促进农业新品种、新技术、新成果率先在德阳推广运用①。二是培育农业社会化服务组织带头人队伍，充分发挥联农带农益农作用。进一步优化现代农业生产经营管理人才培养制度。实施乡村本土建设人才培育工程，积极培育乡村二三产业人才，加快推进农村电商、乡村工匠、文化旅游等人才队伍培育。三是壮大农村创业带头人队伍，为产业发展注入新活力。实施农村创业带头人培育行动，扶持一批返乡创业农民工和在乡创业能人发展乡村产业，鼓励一批入乡创业人员提升乡村产业发展水平。支持农民工返乡下乡就业创业，完善回引优秀农民工返乡创业政策，支持劳务输出大县设立返乡入乡创业"一站式"综合服务平台，探索返乡入乡创业示范区（市、县）创建试点，开展农民工返乡创业大赛、项目推介和明星评选活动。指导各地全面落实农村创业带头人融资、用地、落户、社会保险等扶持政策，吸引各类人才返乡入乡干事创业。鼓励各地依托现代农业产业园、农业产业强镇和优势特色产业集群等项目建设，为返乡入乡创业人员提供办公场所、匹配服务团队、落实扶持政策。办好全国农村创业项目创意大赛，吸引更多人才投身乡村振兴。宣传推介创业典型，发掘一批农村创业带头人，讲好创业励志故事，营造创业良好氛围。

---

① 资料来源：《德阳市"十四五"农业农村现代化发展规划》（德府发〔2022〕16号），2022年4月18日。

三、优化管理服务人才队伍

重点培育农业综合行政执法人才、农村改革服务人才、农业公共服务人才三支队伍，着力提升农业行政执法、技术支撑保障、农村经济管理、农村社会事业发展和乡村治理能力，充分发挥管理服务人才队伍在保安全、防风险、守底线中的兜底和保障作用。一是加强农业综合执法人才队伍建设，强化农业现代化法治保障。建立健全省市县三级农业综合行政执法体系，加快建设专业化、职业化、现代化的农业综合行政执法人才队伍，推动明确执法机构性质和执法人员身份。按照区域特点、执法任务量等工作实际配足配齐执法人员，确保事有人管、活有人干、责有人担。聚焦农资质量、动植物检疫、农产品质量安全等重点领域，强化基层执法人员配备。二是加强农村改革服务人才队伍建设，保障农村改革举措落实落地。健全改革服务体系，指导各级农业农村部门落实农村改革服务职能，明确履职主体，健全工作体系，打造专业化人才队伍。采取多种途径破解农村改革服务人才发展难题，通过公开招录、定向培养、人才聘用、劳务派遣、招募志愿者等方式，充实基层农村改革服务力量。三是加强农业公共服务人才队伍建设，强化农业高质量发展支撑保障。重点推进乡村招才引智行动计划，大力提升乡村教师、医生、农村社会工作人才的综合素质，全面优化乡村公共服务人才体系。深化义教育教师"县管校用"人事管理体制改革，认真落实中小学校长教师交流轮岗制度，引导优秀校长和骨干教师向乡村学校流动[①]。深入实施专家智力服务基层示范行动、"一村一名大学生"培育计划、优秀规划设计团队下乡计划，加强乡村建设与治理人才队伍建设。

四、健全强农兴农的政策保障体系

针对乡村人才发展难题，需要在目前政策的基础上，持续健全

---

① 资料来源：《德阳市"十四五"农业农村现代化发展规划》（德府发〔2022〕16号），2022年4月18日。

乡村人才体系，促进各类人才更好融入乡村、服务乡村、发展乡村。一是健全人才引进政策。坚持需求导向，鼓励农村基层组织、农业企业、农民合作社、农村集体经济组织等通过公开招聘、民主选举等方式，多渠道选拔高素质人才，充实农业农村人才队伍。出台适应农村发展、农村特色的引才政策，提供符合规定的福利待遇以及良好的生活条件，在人才子女教育、养老保险、医疗保险等方面提供保障，建立政府引导、基层组织与企业等主体参与的乡村人才引进机制，吸引各类优秀人才下沉服务乡村、干事创业。二是健全人才培育政策。围绕乡村振兴人才需求，构建农民短期培训、职业技能培训和学历教育相衔接的培育机制，加快培养有文化、懂技术、善经营、会管理的高素质农民队伍，为加快农业农村现代化提供有力人才支撑。加强高素质农民特别是青年农民的职业技能培育，推行"小班制、菜单式"教学，创新"本土导师+外出寄学"模式，培养造就一支爱农业、懂技术、善经营的现代化农民队伍，优化农业从业者结构、改善农村人口结构。三是创新扶持激励保障政策。鼓励各地改善农业农村人才工作和生活条件，打破乡村人才与城市人才在教育医疗、社会保障、公共服务等方面的政策壁垒，破除身份、体制和编制等体制机制障碍，推动乡村人才与城市人才实现"身份认同、待遇趋同、晋升等同"。鼓励各地创造更多发展机会，在县乡公务员遴选和企事业单位招聘中，进一步加大乡村人才比例，拓宽乡村各类人才职业发展空间。鼓励各地加大农业农村人才创业扶持力度，在进修培训、项目审批、信贷发放、土地使用、税费减免等方面给予优惠政策。逐步建立健全符合农业农村人才特点的知识产权保护、争议仲裁、公益性成果经济利益分享等制度，鼓励创新创造，保护农业农村人才合法权益。健全人才使用政策，统筹配置使用机制，探索赋予乡镇更加灵活的用人自主权，对待急需紧缺的特殊人才，实施特殊政策，鼓励从上往下跨层级调剂行政事业编制，推动资源服务向基层倾斜。加强人才服务站、专家服务基地等人才服务平台建设，为农业农村人才提供政策咨询、职称申报、项目申报、融资对接等服务。